全国高等教育自学考试指定教材

领导科学

（含：领导科学自学考试大纲）　　课程代码　00320

（2023 年版）

全国高等教育自学考试指导委员会　组编

主编　彭向刚

中国人民大学出版社
·北京·

中国人民大学出版社自考数字教材配套数字资源使用指南

由全国高等教育自学考试指导委员会组织国内相关领域知名专家，编写了最新版自考教材，并首次配套数字资源。本数字教材有以下特点：

（1）知识点微课贯穿全书，视频扫码随时学。

（2）在线自测题按章分布，边学边练效果好。

（3）支持课程互动和评论，让学习不再孤单。

（4）考试资讯和资源更新，关注公号享服务。

凡是购买正版教材的考生，可凭封面的兑换码免费兑换教材配套数字资源。

数字资源获取方法和使用说明如下：

（1）扫描并关注教材中的“人大社 e 自考”微信公众号。

（2）点击“课程中心”，下拉进入“个人中心”，找到“兑换中心”。

（3）刮开本书所附卡片涂层，获取数字资源兑换码，即可兑换教材配套数字资源。

（4）在“个人中心”—“我的课程”里找到已兑换的课程进行学习。

如兑换码有误或有其他问题，请关注“人大社 e 自考”微信公众号并留言。

组编前言

21 世纪是一个变幻莫测的世纪，也是一个催人奋进的时代。科学技术飞速发展，知识更替日新月异。希望、困惑、机遇、挑战，随时随地都有可能出现在每一个社会成员的生活之中。抓住机遇，寻求发展，迎接挑战，适应变化的制胜法宝就是学习——依靠自己学习、终身学习。

作为我国高等教育组成部分的自学考试，其职责就是在高等教育这个水平上倡导自学、鼓励自学、帮助自学、推动自学，为每一个自学者铺就成才之路。组织编写供读者学习的教材就是履行这个职责的重要环节。毫无疑问，这种教材应当适合自学，应当有利于学习者掌握和了解新知识、新信息，有利于学习者增强创新意识，培养实践能力，形成自学能力，也有利于学习者学以致用，解决实际工作中所遇到的问题。具有如此特点的书，我们虽然沿用了“教材”这个概念，但它与那种仅供教师讲、学生听，教师不讲、学生不懂，以“教”为中心的教科书相比，已经在内容安排、编写体例、行文风格等方面都大不相同了。希望读者对此有所了解，以便从一开始就树立起依靠自己学习的坚定信念，不断探索适合自己的学习方法，充分利用自己已有的知识基础和实际工作经验，最大限度地发挥自己的潜能，达到学习的目标。

欢迎读者提出意见和建议。

祝每一位读者自学成功。

全国高等教育自学考试指导委员会

2022 年 8 月

目　录

全国高等教育自学考试

领导科学
自学考试大纲

全国高等教育自学考试指导委员会　制定

大纲前言

为了适应社会主义现代化建设事业的需要，鼓励自学成才，我国在 20 世纪 80 年代初建立了高等教育自学考试制度。高等教育自学考试是个人自学、社会助学和国家考试相结合的一种高等教育形式，应考者通过规定的专业考试课程并经思想品德鉴定达到毕业要求的，可获得毕业证书；国家承认学历并按照规定享有与普通高等学校毕业生同等的有关待遇。经过 40 多年的发展，高等教育自学考试为国家培养造就了大批专门人才。

课程自学考试大纲是规范自学者学习范围、要求和考试标准的文件。它是按照专业考试计划的要求，具体指导个人自学、社会助学、国家考试及编写教材的依据。

随着经济社会的快速发展，新的法律法规不断出台，科技成果不断涌现，原大纲中有些内容过时、知识陈旧。为更新教育观念，深化教学内容和方式、考试制度、质量评价制度改革，使自学考试更好地为提高人才培养的质量服务，各专业委员会按照专业考试计划的要求，对原课程自学考试大纲组织了修订或重编。

修订后的大纲，在层次上，本科参照一般普通高校本科水平，专科参照一般普通高校专科或高职院校的水平；在内容上，及时反映学科的发展变化，增补了自然科学和社会科学近年来研究的成果，对明显陈旧的内容进行了删减，以更好地指导应考者学习使用。

全国高等教育自学考试指导委员会

公共管理类专业委员会

2023 年 5 月

Ⅰ　课程性质与课程目标

一、课程性质和特点

领导科学是全国高等教育自学考试政治学与行政学（专升本）专业的课程，是为培养和检验自学考试应考者领导科学基本理论知识和应用能力而设置的一门专业课程。

领导科学是一门研究领导活动基本规律的应用学科，其研究对象是领导活动，其主要任务是研究和阐释领导活动规律，概括和分析领导职能的内容及要求，总结领导工作的方法和艺术，指导和促进领导力的提升和领导绩效的改善。领导科学课程以马克思主义和习近平新时代中国特色社会主义思想为指导，系统总结和全面介绍有关现代领导工作的基本概念、基本知识、基本原理和基本方法，帮助学习者更好地适应领导工作的需要，更好地胜任领导工作的岗位职责，更有效地提高领导工作水平。

本课程的主要特点是知识基础性、价值应用性、风格通俗性和内容时代性。在编写过程中，我们力求适应自考需求、彰显课程思政、契合实践逻辑、创新体例安排和严格写作规范，以期更好地体现课程性质和特点。

二、课程目标

领导科学课程设置的目标是：帮助学生理解领导的本质和领导特征，认识领导活动的基本规律，把握领导职能的内容和要求，培养和提高学习者承担领导工作的综合素质，学习基本的领导方法，为现在或将来做好领导工作奠定基础。

三、与其他相关课程的关系

领导科学以辩证唯物主义和历史唯物主义为指导，综合借鉴和运用政治学、社会学、管理学、法学、心理学等学科的理论和方法，丰富和促进领导科学的研究。因此，希望学习者尽量具备上述学科的背景知识。

四、课程的重点和难点

领导科学学习的重点是：绪论、领导体制、领导决策、领导用人、领导素质、领导作风、领导方法、领导艺术。

领导科学学习的难点是：领导本质与特征、领导体制与改革、领导决策与实施、领导用人、领导素质结构及其优化、领导方法与艺术、领导绩效考评等。

Ⅱ　考核目标

本大纲在考核目标中，按照识记（Ⅰ）、领会（Ⅱ）、简单应用（Ⅲ）和综合应用（Ⅴ）四个层次规定其应达到的能力层次要求，这四个能力层次是递进关系。四个能力层次的含义分别是：

识记（Ⅰ）：要求考生能够识别和记忆领导科学的主要内容，如名词、定义、术语、特点、原则、规律、原理等，并能作出正确的表述、判断和选择。

领会（Ⅱ）：要求考生能够全面领悟和理解领导科学基本概念和基本原理的内涵和外延，能掌握和分析有关概念和原理的区别与联系，并能根据考核的不同要求，对领导科学的基本问题作出正确的判断、解释和说明。

简单应用（Ⅲ）：要求考生能够根据已掌握的领导科学知识，分析领导科学的基本问题，得出正确的判断或结论，并能正确地把分析过程表达出来，或者能运用本课程的个别知识点，简要分析和解决我国领导活动中存在的一些简单问题。

综合应用（Ⅳ）：要求考生能够综合运用领导科学的基本概念和基本原理，分析和解决相关领导活动过程中一些比较复杂的理论和实际问题，或者能综合运用本课程的多个知识点，综合分析和解决比较复杂的问题。

需要特别指出的是，试题的难易程度与能力层次的高低不是一个概念。试题的难易程度是指思维过程的复杂程度和分析处理的繁简、技巧。能力层次体现的是对领导科学概念和领导活动规律的理解程度，以及对领导活动规律的综合应用能力，在各个能力层次中，有不同难易度的试题，切勿混淆。

Ⅲ　课程内容与考核要求

第一章　绪　论

一、学习目的和要求

通过本章的学习，正确认识领导的本质与特征、职能与作用，理解领导者与被领导者的关系，掌握开展领导工作的基本原则，认识到现代领导的发展趋势，同时，还要梳理领导科学产生和发展的历史条件，把握领导科学的研究范畴、学科性质、主要任务以及研究方法。

二、课程内容

（一）领导概述

1. 领导的本质与特征。

2. 领导的职能与作用。

3. 领导的基本原则。

4. 现代领导发展趋势。

（二）领导者与被领导者

1. 领导者的含义与特征。

2. 领导者的地位与作用。

3. 被领导者的含义与特征。

4. 被领导者的地位与作用。

5. 领导者与被领导者的关系。

（三）领导科学及其研究

1. 领导科学的产生与发展。

2. 领导科学的研究对象、性质和范围。

3. 领导科学研究的任务和方法。

三、考核知识点及考核要求

（一）领导概述

1. 识记：（1）领导的含义；（2）领导的特征；（3）领导的基本职能。

2. 领会：（1）领导的本质；（2）领导的主要作用；（3）领导力的基本构成；（4）领

导的二重性；(5) 领导的基本原则；(6) 现代领导的发展趋势。

(二) 领导者与被领导者

1. 识记：(1) 领导者的含义与特征；(2) 被领导者的含义与特征。

2. 领会：(1) 领导者的本质；(2) 被领导者的本质；(3) 领导者的地位与作用；(4) 被领导者的地位与作用；(5) 领导者与被领导者的关系。

(三) 领导科学及其研究

1. 识记：(1) 领导科学的产生与发展；(2) 领导科学的研究对象；(3) 领导科学的性质；(4) 领导科学的研究范围。

2. 领会：(1) 领导科学研究的任务；(2) 领导科学研究的方法。

四、本章重点和难点

(一) 本章重点

1. 领导的含义与特征。
2. 领导的主要作用。
3. 领导的基本职能。
4. 领导的基本原则。
5. 现代领导的发展趋势。
6. 领导者与被领导者的含义与特征。
7. 领导者与被领导者的关系。
8. 领导科学的产生与发展。

(二) 本章难点

1. 领导与管理的区别。
2. 领导的二重性。
3. 领导的基本原则。
4. 现代领导的发展趋势。
5. 领导者与被领导者的关系。

第二章　领导体制

一、学习目的和要求

通过本章的学习，了解领导体制的基本内涵和主要特征，掌握领导体制的基本内容，了解领导体制的历史演变过程，熟悉领导体制的基本类型及其优缺点，准确理解中国特色社会主义党政领导体制的本质特征，把握新时代中国党政领导体制改革的主要问题、基本原则和主要方向。

二、课程内容

(一) 领导体制概述

1. 领导体制的内涵。

2. 领导体制的基本内容。
3. 领导体制的功能。
（二）领导体制的类型
1. 领导体制的历史变迁。
2. 现代领导体制的基本类型。
（三）新时代中国党政领导体制的改革与发展
1. 新时代中国党政领导体制改革面临的主要问题。
2. 新时代中国党政领导体制改革的目标与原则。
3. 新时代中国党政领导体制改革的主要方向。

三、考核知识点及考核要求

（一）领导体制概述
1. 识记：（1）领导体制的含义；（2）领导体制的特征；（3）领导管理制度。
2. 领会：（1）领导组织原则；（2）领导组织结构；（3）领导组织机构；（4）领导组织层级；（5）领导体制的功能。
（二）领导体制的类型
1. 识记：（1）领导体制的历史变迁；（2）集权制与分权制的含义；（3）完整制与分离制的含义；（4）一长制与委员会制的含义；（5）层级制与职能制的含义。
2. 领会：（1）中国特色社会主义领导体制的特点；（2）集权制与分权制的优缺点；（3）完整制与分离制的优缺点；（4）一长制与委员会制的优缺点；（5）层级制与职能制的优缺点。
（三）新时代中国党政领导体制的改革与发展
1. 识记：新时代中国党政领导体制改革的基本目标 。
2. 领会：（1）新时代中国党政领导体制改革面临的主要问题；（2）新时代中国党政领导体制改革的基本原则；（3）新时代中国党政领导体制改革的主要方向。

四、本章重点和难点

（一）本章重点
1. 领导体制的含义与特征。
2. 领导体制的基本内容。
3. 现代领导体制的基本类型及其优缺点。
4. 中国特色社会主义领导体制的本质特征。
5. 新时代中国党政领导体制改革的目标、原则、主要方向和面临的问题。
（二）本章难点
1. 领导体制的基本内容。
2. 现代领导体制的基本类型及其优缺点。
3. 新时代中国党政领导体制改革的主要方向。

第三章　领导决策

一、学习目的和要求

通过本章的学习，了解领导决策的含义及类型，认识领导决策的原则与程序，掌握领导决策的方法，理解有关领导决策科学化、民主化、法治化的含义及基本要求，熟悉中国特色新型智库建设等内容。

二、课程内容

（一）领导决策概述

1. 领导决策的含义及特点。

2. 领导决策的类型。

（二）领导决策的原则与程序

1. 领导决策的原则。

2. 领导决策的程序。

3. 领导决策的方法。

（三）领导决策科学化民主化法治化

1. 决策科学化民主化法治化的含义。

2. 决策科学化民主化法治化的基本要求。

3. 中国特色新型智库建设。

三、考核知识点及考核要求

（一）领导决策概述

1. 识记：（1）领导决策的含义；（2）领导决策的特点；（3）领导决策的类型。

2. 领会：领导决策应把握的五个要点。

3. 综合应用：领导决策的类型在实践应用中应注意的问题。

（二）领导决策的原则与程序

1. 识记：领导决策的原则与程序。

2. 领会：领导决策的方法。

（三）领导决策科学化民主化法治化

1. 识记：（1）决策科学化民主化法治化的含义；（2）中国特色新型智库的内涵。

2. 领会：决策科学化民主化法治化的基本要求。

3. 综合应用：建设中国特色新型智库的着力点。

四、本章重点和难点

（一）本章重点

1. 领导决策的类型、程序与方法。

2. 领导决策科学化民主化法治化的基本要求。

（二）本章难点

1. 领导决策的方法。

2. 建设中国特色新型智库的着力点。

第四章　领导用人

一、学习目的和要求

通过本章的学习，了解人才的含义及特征，把握党管人才的内涵，认识人才的类型与价值；掌握人才选拔和使用的原则、标准和制度，熟悉有关党管人才的机制与方法以及新时代党管人才的实现途径等内容。

二、课程内容

（一）领导用人概述

1. 人才的含义及特征。

2. 人才的类型与价值。

3. 选才用人对领导者的要求。

（二）人才选拔

1. 人才选拔的原则和标准。

2. 人才选拔的制度。

3. 人才选拔的方法。

（三）人才使用

1. 人才使用原则。

2. 人才使用制度。

（四）党管人才

1. 党管人才的由来。

2. 党管人才的内涵。

3. 党管人才的机制与方法。

4. 新时代党管人才的实现途径。

三、考核知识点及考核要求

（一）领导用人概述

1. 识记：人才的含义及特征。

2. 领会：人才的类型与价值。

3. 综合应用：选才用人对领导者的要求。

（二）人才选拔

1. 识记：人才选拔的原则和标准。

2. 领会：人才选拔的制度。

(三) 人才使用
1. 识记：人才使用的十大原则。
2. 领会：人才使用制度。
(四) 党管人才
1. 识记：党管人才的内涵。
2. 领会：党管人才的机制与方法。
3. 综合应用：党管人才的实现途径。

四、本章重点和难点

(一) 本章重点
1. 人才的类型。
2. 人才选拔的原则和标准。
3. 人才使用的原则。
(二) 本章难点
1. 德才兼备的标准。
2. 党管人才的机制与方法。
3. 新时代党管人才的实现途径。

第五章　领导素质

一、学习目的和要求

通过本章的学习，理解领导角色的含义和特征，把握现代领导的主要角色定位，掌握领导者个体素质和集体素质的构成要素，充分了解领导素质提升的基本途径。

二、课程内容

(一) 领导角色的定位
1. 领导角色的含义。
2. 领导角色的特征。
3. 领导的多重角色。
(二) 领导素质的构成
1. 领导素质的内涵。
2. 领导者个体素质的构成。
3. 领导集体素质的构成。
(三) 领导素质的提升
1. 努力学习，提高领导者的理论水平。
2. 注重实践，锻炼领导者的职业能力。
3. 经常反省，总结升华领导工作经验。
4. 完善制度，规范领导者的行为方式。

5. 加强教育，完善领导者的培训机制。

6. 建好班子，发挥领导集体结构功能。

三、考核知识点及考核要求

（一）领导角色的定位

1. 识记：（1）领导角色的含义；（2）领导角色的特征。

2. 领会：（1）领导的多重角色。

（二）领导素质的构成

1. 识记：（1）领导素质的内涵；（2）领导者素质的特点；（3）领导者个体素质的构成；（4）领导集体素质的含义。

2. 领会：（1）领导素质的作用；（2）政治品格的基本要求；（3）法律素养的基本要求；（4）履职能力的基本要求；（5）道德修养的基本要求；（6）知识体系的基本要求；（7）身心健康的基本要求；（8）领导集体素质的特征；（9）领导集体素质的构成。

（三）领导素质的提升

1. 简单应用：优化领导个体素质的主要途径。

2. 综合应用：（1）提升领导集体素质的主要途径；（2）中国领导集体素质结构优化的方法。

四、本章重点和难点

（一）本章重点

1. 领导者素质的特点。

2. 领导者政治品质、法律素养、履职能力、道德修养、知识体系、身心健康的基本内容。

3. 领导集体素质结构的特征。

4. 领导集体素质结构的基本内容。

5. 领导素质提升的主要路径。

（二）本章难点

1. 领导者政治品质、法律素养、履职能力、道德修养、身心健康的基本内容。

2. 领导集体素质结构的特征。

3. 领导集体素质结构的基本内容。

第六章　领导作风

一、学习目的和要求

通过本章的学习，了解领导作风的特点与意义，系统认识中国共产党百年作风建设中的理论传承与实践创新，掌握领导作风的基本内容和要求，了解不良领导作风的主要表现，把握加强领导作风建设的途径等内容。

二、课程内容

（一）领导作风概述
1. 领导作风的含义及特点。
2. 领导作风的重要意义。
（二）领导作风的基本内容
1. 中国共产党百年作风建设的理论传承与实践创新。
2. 领导作风的基本内容和要求。
（三）领导作风建设
1. 不良领导作风的主要表现。
2. 加强领导作风建设的基本途径。

三、考核知识点及考核要求

（一）领导作风概述
1. 识记：领导作风的含义。
2. 领会：（1）领导作风的特点；（2）领导作风的重要意义。
（二）领导作风的基本内容
1. 识记：中国共产党百年作风建设的理论传承与实践创新。
2. 领会：（1）新形势下党风建设的基本遵循与行动指南；（2）领导作风的基本内容和要求。
（三）领导作风建设
1. 识记：不良领导作风的主要表现形式。
2. 简单应用：加强领导作风建设的基本途径。

四、本章重点和难点

（一）本章重点
1. 领导作风的基本内容和要求。
2. 加强领导作风建设的基本途径。
（二）本章难点
中国共产党百年作风建设的理论传承与实践创新。

第七章　领导方法

一、学习目的和要求

通过本章的学习，了解领导方法的基本含义与特征，理解领导方法的价值与地位，掌握运用领导方法的基本原则，能够辨析和列举常见的领导思维方法与领导工作方法，并掌握各种领导方法的含义与实施要领。

二、课程内容

（一）领导方法概述

1. 领导方法的含义与特征。

2. 领导方法的价值。

3. 运用领导方法的基本原则。

（二）领导思维方法

1. 问题思维。

2. 系统思维。

3. 战略思维。

4. 辩证思维。

5. 创新思维。

6. 法治思维。

7. 底线思维。

8. 价值思维。

9. 历史思维。

10. 互联网思维。

（三）领导工作方法

1. 调查研究方法。

2. 群众路线方法。

3. “种试验田”方法。

4. 大数据方法。

5. 综合激励方法。

6. 思想政治工作方法。

三、考核知识点及考核要求

（一）领导方法概述

1. 识记：领导方法的含义与特征。

2. 领会：（1）领导方法的现实意义；（2）运用领导方法的基本原则。

（二）领导思维方法

1. 识记：领导思维方法的含义。

2. 领会：各种领导思维方法的特征与实施要点。

（三）领导工作方法

1. 识记：各种领导工作方法的含义与现实意义。

2. 简单应用：各种领导工作方法的实施要点。

四、本章重点和难点

（一）本章重点

1. 运用领导方法的基本原则。

2. 领导思维方法的主要内容。
3. 领导工作方法的主要内容。
（二）本章难点
1. 领导思维方法与领导工作方法辨析。
2. 各种领导工作方法的实施要点。

第八章　领导艺术

一、学习目的和要求

通过本章的学习，了解领导艺术的内容与意义，掌握领导艺术的基本内容和要求，把握提高领导艺术的途径等内容。

二、课程内容

（一）领导艺术概述
1. 领导艺术的含义。
2. 领导艺术的定位。
3. 领导艺术的特征。
（二）领导艺术的主要内容
1. 授权的艺术。
2. 沟通的艺术。
3. 协调人际关系的艺术。
4. 运筹时间的艺术。
5. 驾驭会议的艺术。
6. 处理突发事件的艺术。
（三）提高领导艺术水平的途径
1. 提升工作动机，保持领导艺术的先进性。
2. 运用现代技术，提高领导艺术的科学性。
3. 加强素质修养，增强领导艺术的创造性。
4. 总结实践经验，把握领导艺术的规律性。

三、考核知识点及考核要求

（一）领导艺术概述
1. 识记：领导艺术的含义。
2. 领会：（1）领导艺术的定位；（2）领导艺术的特征；（3）领导艺术与领导权术的区别。
（二）领导艺术的主要内容
1. 识记：（1）领导授权的不同类型；（2）领导授权的主要原则；（3）领导者协调人

际关系的主要方法。

2. 领会：(1) 领导者沟通的艺术；(2) 领导者协调人际关系的艺术；(3) 领导者运筹时间的艺术；(4) 领导者驾驭会议的艺术；(5) 领导者处理突发事件的艺术。

(三) 提高领导艺术水平的途径

综合应用：领导者应该如何提高领导艺术。

四、本章重点和难点

(一) 本章重点

1. 领导艺术的主要内容。

2. 提高领导艺术的途径。

(二) 本章难点

1. 领导授权的内涵。

2. 提高领导艺术水平的要点。

3. 提高领导艺术的途径。

第九章　领导绩效

一、学习目的和要求

通过本章的学习，了解领导绩效的内容与意义，掌握提升领导绩效的原则和方法，把握领导绩效考评的概念和类型等内容。

二、课程内容

(一) 领导绩效概述

1. 绩效与领导绩效的含义。

2. 领导绩效的特点。

3. 领导绩效的基本内容。

4. 领导绩效的重要性。

(二) 领导绩效考评的意义和内容

1. 领导绩效考评的概念。

2. 领导绩效考评的类型。

3. 领导绩效考评的意义。

4. 领导绩效考评的内容。

(三) 领导绩效考评的原则和方法

1. 领导绩效考评的原则。

2. 领导绩效考评的要素。

3. 领导绩效考评的程序。

4. 领导绩效考评的方法。

三、考核知识点及考核要求

（一）领导绩效概述

1. 识记：(1) 绩效的含义；(2) 领导绩效的含义。

2. 领会：(1) 领导绩效的特点；(2) 领导绩效的基本内容；(3) 领导绩效的重要性。

（二）领导绩效考评的意义和内容

1. 识记：领导绩效考评的概念。

2. 领会：(1) 领导绩效考评的类型；(2) 领导绩效考评的意义；(3) 领导绩效考评的内容。

（三）领导绩效考评的原则和方法

1. 识记：(1) 民意测验法的含义；(2) 目标对照法的含义；(3) 比较考评法的含义；(4) 专家考评法的含义；(5) 统计分析法的含义；(6) 自我述职法的含义。

2. 领会：(1) 领导绩效考评的原则；(2) 领导绩效考评的要素；(3) 领导绩效考评的程序。

3. 简单应用：(1) 领导绩效考评的具体方法；(2) 领导绩效考评在实践中要做到的三个结合。

四、本章重点和难点

（一）本章重点

1. 领导绩效的基本内容。

2. 领导绩效考评的内容。

3. 领导绩效考评的原则。

4. 领导绩效考评的方法。

（二）本章难点

1. 掌握领导绩效考评的内容。

2. 应用领导绩效考评的具体方法。

Ⅳ 关于大纲的说明与考核实施要求

一、课程自学考试大纲的目的和作用

课程自学考试大纲是根据专业考试计划的要求，结合自学考试的特点制定的，目的是对个人自学、社会助学和课程考试命题进行指导和规定。

课程自学考试大纲明确了课程学习的内容、广度、深度，规定了课程自学考试的范围和标准。因此，它是编写自学考试教材和辅导书的依据，是社会助学组织进行自学考试辅导的依据，是自学者掌握课程内容知识范围和程度的依据，也是进行自学考试命题的依据。

二、课程自学考试大纲与教材的关系

课程自学考试大纲是进行学习和考核的依据，教材是学习掌握课程知识的基本内容与范围，教材的内容是大纲所规定的课程知识和内容的扩展与发挥。课程内容在教材中可以体现一定的深度或难度，但在大纲中对考核的要求一定要适当。

三、关于自学教材

《领导科学》，全国高等教育自学考试指导委员会组编，彭向刚主编，中国人民大学出版社 2023 年出版。

四、关于自学要求和自学方法的指导

本大纲的课程基本要求是依据专业考试计划和专业培养目标而确定的。课程基本要求还明确了课程的基本内容，以及对基本内容掌握的程度。基本要求中的知识点构成了课程内容的主体部分。因此，课程基本内容掌握程度、课程考核知识点是高等教育自学考试考核的主要内容。

为了有效地指导个人自学和社会助学，本大纲已明确了课程的重点和难点，在章节的基本要求中一般也指明了章节内容的重点和难点。自学要求对各部分内容掌握程度的要求由低到高分为三个层次，依次为：了解、理解、掌握。本课程共 4 学分。

1. 本课程涉及面广，内容丰富，各章节之间既有联系，又有很大区别，对自学考试应考者来说有一定的难度。自学考试应考者首先应全面系统地学习各章内容，记忆应当识记的基本概念，深入理解基本原理，弄懂基本理论与方法的内涵；其次，自学考试应考者应在全面系统学习的基础上有目的地深入学习重点章节，但切忌在没有全面学习教材的情况下孤立地去抓重点。

2. 把学习领导科学的基本理论和领导实践活动、典型案例与现象分析结合起来。本课程注重对领导科学原理的阐述，为了更好地理解领导科学的基本概念和原理，自学考试应考者应注意从领导实践和典型现象入手理解领导科学的概念和规律，重视知识形成的方法、背景和思路，注意总结所学知识的来龙去脉，在理解上下功夫，在理解的基础上进行记忆，切勿死记硬背。

3. 树立理论联系实际的学风，结合我国领导活动实际来学习领导科学。自学考试应考者应在学习理论的同时，思考这些理论和方法在实际领导活动中的应用问题，这要求自学考试应考者首先要弄懂领导科学基本理论的科学内涵，更要学会运用这些理论去分析和解决我国领导活动中的现实问题。自学考试应考者应该注重素质训练和分析问题、解决问题能力的提高，切实把课程学习中的理论和知识变成自己的实际能力。

五、对社会助学的要求

社会助学者应根据本大纲规定的课程内容和考核目标，认真钻研指定教材，熟知考试大纲对本课程总的要求和各章的知识点，准确理解各知识点要求达到的认知层次和考核要求，明确本课程与其他课程不同的特点和学习要求，对自学考试应考者进行切实有效的辅导，防止自学考试应考者在自学中的各种偏差，把握社会助学的正确导向。

要正确处理基础知识和应用能力的关系。社会助学者应努力引导自学考试应考者将识记、领会和应用联系起来，把基础知识和理论转化为应用能力，在全面辅导的基础上，着重培养和提高自学考试应考者分析问题和解决问题的能力，从总体上提高考生的思维能力和综合素质。

要正确处理重点和一般的关系。课程内容有重点与一般之分，但考试内容是全面的，而且重点与一般是相互联系而不是截然分开的。社会助学者应指导自学考试应考者全面系统地学习教材，掌握全部课程内容和考核知识点，在此基础上突出重点。总之，要把重点学习兼顾一般结合起来，切勿孤立地抓重点，更不能猜题、押题。

六、对考核内容的说明

本课程要求考生学习和掌握的知识点都作为考核的内容。课程中各章的内容均由若干知识点组成，在自学考试中成为考核知识点。因此，课程考试大纲按照课程的主要内容和重难点将考试内容分解为考核知识点罗列了出来。由于知识点在课程中的地位、作用以及知识自身的特点不同，自学考试将对各知识点分别按四个认知（或称能力）层次确定其考核要求。

在考试之日起 6 个月前，由全国人民代表大会和国务院颁布或修订的法律、法规都将列入相应课程的考试范围。凡大纲、教材内容与现行法律法规不符的，应以现行法律法规为准。命题时也会对我国经济社会发展的重大方针政策的变化予以体现。

七、关于命题考试的规定

1. 本课程采用闭卷笔试方式进行考试，考试时间为 150 分钟，用黑（蓝）色笔作答。

2. 本课程命题应根据本大纲所规定的考试内容和考试目标确定考试范围和考核要求，

不得任意扩大或缩小考试范围、提高或降低考核要求。考试命题要注意试题须有一定的覆盖面，并适当突出重点章节的内容，加大对重点内容的覆盖面。

本课程在试题中对不同能力层次要求的分数比例一般为：识记占 20%，领会占 30%，简单应用占 30%，综合应用占 20%。

试题要合理安排难度结构。试题难易度分为易、较易、较难、难四个等级。必须注意，试题的难易度和能力层次不是一个概念，在各能力层次中都会存在不同难易度的试题，切勿混淆。

3. 本课程考试采用的题型主要有：单项选择题、多项选择题、简答题、论述题、案例分析题等。各种题型的具体形式可参见“参考样卷”。

4. 本课程考试满分为 100 分，达到 60 分者为合格，合格者得 4 学分，获得本课程的单科合格证书。

附录：参考样卷

一、单项选择题：本大题共 25 小题，每小题 1 分，共 25 分。在每小题列出的备选项中只有一项是最符合题目要求的，请将其选出。

1. 社会化大生产条件下的领导属于

A. 科学领导　　B. 经验领导　　C. 个人领导　　D. 家长领导

2. 领导科学作为一门独立的学问，主要是研究

A. 领导权力的获得　　B. 领导职务的晋升

C. 领导主体的资格　　D. 领导活动的规律

3. 领导实践的本质和目的是

A. 树立个人权威　　B. 实现组织目标

C. 适应外部环境　　D. 宣传动员群众

4. 领导者与被领导者的关系属于

A. 监督与惩处的关系　　B. 权力与责任的关系

C. 主体与客体的关系　　D. 主动与被动的关系

5. 领导活动最基本的职能是

A. 科学决策　　B. 思想工作　　C. 沟通协调　　D. 考核监督

6. 领导者引导职能的首要任务是

A. 科学制定方法　　B. 明确提出任务

C. 正确规划目标　　D. 把握政策原则

7. 管理学中的"鲶鱼效应"启示领导选才用人工作要注重

A. 人尽其才　　B. 人才竞争

C. 人才合作　　D. 先人后事

8. 建立和完善市场经济体制需要充分发挥"看得见的手"与"看不见的手"的作用，其中"看得见的手"是指

A. 宏观调控　　B. 公平竞争　　C. 市场需求　　D. 价值规律

9. 决策民主化和科学化的外在表现是

A. 决策问题　　B. 决策目标　　C. 决策风险　　D. 决策程序

10. 面对不确定性决策，需要边试验边前进，采取"摸着石头过河"的决策方法，这是对决策者的

A. 民主性要求　　B. 灵活性要求　　C. 合法性要求　　D. 时效性要求

11. "善用物者无弃物，善用人者无废人。"这强调了领导者的

A. 人才观念　B. 用人原则　C. 人才意识　D. 用人能力

12. 用人单位以合同方式对通过考试考查的人才予以任用，这种制度属于

A. 选任制　B. 聘任制　C. 委任制　D. 考核制

13. “因人施教”属于思想政治工作方法中的

A. 说理教育法　B. 情感交流法

C. 榜样示范法　D. 个别引导法

14. 人们的思想通常受到社会物质生活条件的制约，这决定了思想政治工作必须坚持的原则是

A. 荣誉激励原则　B. 晋升激励原则

C. 物质利益原则　D. 职业安全原则

15. 领导体制的载体是

A. 领导组织　B. 领导人员　C. 领导方法　D. 领导观念

16. 领导体制在任何国家都具有一定的普遍性和共通性，这是领导体制的

A. 社会属性　B. 自然属性　C. 政治属性　D. 阶级属性

17. 领导者的沟通能力是

A. 善于理解组织目标　B. 善于优化资源配置

C. 善于倾听和反馈意见　D. 善于制定政策和制度

18. 在领导者的知识体系中，处于第一层级的是

A. 基础知识　B. 信息技术

C. 岗位知识　D. 辅助知识

19. 古人云：“不谋万世者，不足谋一时；不谋全局者，不足谋一域。”这句话所主张的观点是

A. 整体与部分相互依存　B. 部分反作用于整体

C. 整体是部分的有机结合　D. 整体决定部分

20. “蹲点”调查属于调查研究方法中的

A. 抽样调查　B. 典型调查

C. 随机调查　D. 问卷调查

21. 领导者控制会议规模的主要方法是

A. 超前部署，充分准备　B. 完善制度，规范管理

C. 合并会议，缩减人员　D. 控制进程，处理冷场

22. 领导活动中经常会面临一些突发事件，其特点是

A. 规律性　B. 预见性　C. 有限性　D. 扩散性

23. 加强工作作风建设，要求领导者做到

A. 密切联系群众　B. 理论联系实际

C. 坚持民主集中　D. 保持艰苦奋斗

24. 有的领导者习惯于从本本出发，对理论和政策照抄照搬，这种做法属于

A. 官僚主义　　B. 形式主义　　C. 教条主义　　D. 宗派主义

25. 通过经常性的实际观察，跟踪了解领导活动的全过程及其表现，这种领导绩效考评的方法是

A. 平时考评　　B. 年终考评　　C. 定性考评　　D. 定期考评

二、多项选择题：本大题共 5 小题，每小题 2 分，共 10 分。在每小题列出的备选项中至少有两项是符合题目要求的，请将其选出，错选、多选或少选均无分。

26. 基于领导者的特殊身份，领导者的特征包括

A. 拥有特权　　B. 负有责任　　C. 当家作主　　D. 多重角色

E. 富于创新

27. 领导决策的基本要素包括

A. 决策风险　　B. 决策目标　　C. 备选方案　　D. 决策环境

E. 决策者

28. 下列属于辩证思维方法的是

A. 两点论　　B. 条件论　　C. 两极论　　D. 转化论

E. 重点论

29. 警示领导者保持艰苦奋斗作风的古训包括

A. 艰难困苦，玉汝于成　　B. 忧劳兴国，逸豫亡身

C. 生于忧患，死于安乐　　D. 成由节俭败由奢

E. 有花堪折直须折，莫待无花空折枝

30. 用群众的观点看待领导者的政绩，这意味着

A. 倾听群众呼声，回应群众诉求　　B. 动员整合民力，打造政绩工程

C. 保障人民权益，实现群众利益　　D. 尊重人民地位，赢得人民满意

E. 坚持人民至上，自觉为民服务

三、简答题：本大题共 5 小题，每小题 6 分，共 30 分。

31. 简述人才选拔制度中的选举制。

32. 简述思想政治工作中的说理教育法。

33. 简述领导体制的含义。

34. 简述当好副职领导的艺术。

35. 简述领导绩效考评中注重实绩的原则。

四、论述题：本大题共 2 小题，每小题 10 分，共 20 分。

36. 试述领导者现代市场经济观念的基本要求。

37. 试述一长制的含义及优缺点。

五、案例分析题：本题 15 分。

38.

统筹推进疫情防控与经济社会发展

统筹做好疫情防控和经济社会发展，既是一次大战，也是一次大考。在防控工作启动

伊始，习近平同志就明确提出，“疫情防控要坚持全国一盘棋”，“疫情防控不只是医药卫生问题，而是全方位的工作，是总体战”，湖北和武汉是重点地区，要打好歼灭战。基于这种认识，党中央推动全国迅速形成统一指挥、全面部署、立体防控的战略布局，形成统筹疫情防控与经济社会发展的系统化工作局面。一方面，围绕着抓好疫情防控这一“头等大事”，党中央要求加强对疫情防控工作的统一领导，实行分区分级精准施策，加强武汉、湖北等重点地区疫情防控，提高收治率和治愈率并降低感染率和病亡率，加大科研攻关力度等，允许和鼓励低风险地区率先复工复产。另一方面，围绕着统筹做好疫情防控和经济社会发展工作，要求既要坚决遏制疫情蔓延势头，又要做好维护社会稳定、宣传教育和舆论引导，保持经济社会平稳运行，还要统筹国内国际，坚持“外防输入、内防反弹”。同时，要面向未来，加快健全国家公共卫生应急管理体系，强化公共卫生法治保障，改革完善疾病预防控制体系，健全统一的应急物资保障体系等。这一系列部署以及随之展开的疫情防控“组合拳”，是运用系统思维统筹领导工作的示范。在中央统一领导和指挥下，我国率先有效遏制了疫情大面积蔓延，率先复工复产和重启经济，最大限度保护了人民生命安全和身体健康。

问题：请运用领导思维方式的相关知识分析上述案例，并谈谈此案例对领导工作的启示。

参考样卷答案

一、单项选择题：本大题共 25 小题，每小题 1 分，共 25 分。

1. A	2. D	3. B	4. C	5. A	6. C
7. B	8. A	9. D	10. B	11. D	12. B
13. D	14. C	15. A	16. B	17. C	18. A
19. D	20. B	21. C	22. D	23. A	24. C
25. A					

二、多项选择题：本大题共 5 小题，每小题 2 分，共 10 分。

26. BDE	27. BCDE	28. ABDE
29. ABCD	30. ACDE	

三、简答题：本大题共 5 小题，每小题 6 分，共 30 分。

31.（1）选举制是指通过群众投票表决选拔人才的一种制度。选举制能较好地体现人才选拔工作的民主性，但只能在一定范围内采用。

（2）选举制的特点是保证选举人有选择权，保证被选举人有竞争性。

（3）选举制的具体形式有等额选举、差额选举。

32.（1）说理教育法是领导者通过向思想政治工作的对象讲解有关理论和道理，以道理说服对方，从而使对方转变思想的一种方法。

（2）说理教育法的要求是说理透彻、具体问题具体分析。

33.（1）领导体制是指社会组织为了实现领导职能，在领导权限划分基础上所进行的机构设置、人员配备以及用以规范领导活动方式的制度体系。

（2）领导体制的具体内涵：是一种权限划分的制度体系；是一定的组织机构体系；是领导干部管理的一系列制度安排。

34.（1）会揽事不揽权，不擅自作主。

（2）会谋事不谋虚，不喧宾夺主。

（3）会干事不误事，不声大压主。

（4）敢作为不乱为，不功高盖主。

35.（1）注重实绩原则就是重点考评领导者实际工作的绩效，强调以结果为导向。

（2）注重实绩原则的要求：一是通过考察领导工作的数量和质量来确定绩效；二是通过纵向和横向的比较来衡量绩效；三是通过综合效益来评价绩效；四是正确处理个人绩效和集体绩效的关系。

四、论述题：本大题共 2 小题，每小题 10 分，共 20 分。

36.（1）认清建立社会主义市场经济体制的客观必然性。

（2）熟悉市场经济运行的基本规律，了解市场经济自身无法克服的缺陷。

（3）明确社会主义市场经济体制的特性，是与社会主义基本制度相结合的市场经济。

（4）明确完善社会主义市场经济体制的目标和任务。目标是健全宏观调控，为建设社会主义现代化提供体制保障；任务是完善基本经济制度、健全统一的市场体系、完善社会保障制度等。

37.（1）一长制又称首长制，是指在一个组织的领导机关内部，其法定的最高决策权完全集中在一位领导者身上的领导体制。

（2）一长制的优点是：权力集中，责任明确，指挥灵敏，行动迅速，决策和执行效率较高。

（3）一长制的缺点是：不利于集思广益，容易发生决策失误；容易产生独断专行、滥用权力。

五、案例分析题：本题 15 分。

38.（1）案例反映的是领导思维方法问题，主要是系统思维方法及其应用。

（2）对系统思维方法的理解。系统思维方法就是运用系统观念，着眼于系统之间、系统内部各要素之间的紧密联系，分析系统的结构方式和要素变化对整体功能的影响，并以此作为行动根据的方法。系统性思维方法体现在整体性思维、结构性思维和动态性思维三个方面。系统性思维方法对领导工作意义重大，具有普遍的指导性和极其重要的应用价值。

（3）系统思维方法在疫情防控工作中的运用。

第一，整体性方面。疫情防控工作实行统一指挥、统一部署，全国一盘棋，形成疫情防控与经济社会发展统筹推进的一体化工作格局。第二，结构性方面。不搞全国“一刀切”，突出武汉和湖北作为全国防疫的重点地区，举全国之力支援武汉和湖北，同时有序做好全国其他地区的防控工作，注重发挥各地区各部门协调联动的积极性；允许有条件的地方率先复工复产；兼顾疫情防控与经济发展、社会稳定；兼顾当前防控任务与未来补短板目标。第三，动态性方面。根据疫情发展变化情况，实时调整疫情防控措施，做到统筹经济社会发展；对不同规模和范围的疫情复发，实行动态化管控，随时调整响应级别；既做好当下，又部署未来。

(4) 此案例对领导工作的启示：一是高度重视思维方法对领导工作的重要意义，提高各级领导者的思维能力和认知水平，以马克思主义世界观和方法论为基础，不断改进思维方法和工作方法。二是坚持系统观念，运用系统思维方法，注重领导工作的整体性、结构性和动态性，克服“单打一”“碎片化”和僵化静止的思维误区和工作习惯。

大纲后记

《领导科学自学考试大纲》是根据《高等教育自学考试专业基本规范（2021 年）》的要求，由全国高等教育自学考试指导委员会公共管理类专业委员会组织制定的。

全国考委公共管理类专业委员会对本大纲组织审稿，根据审稿会意见由编者做了修改，最后由公共管理类专业委员会定稿。

本大纲由对外经济贸易大学彭向刚教授担任主编。参加审稿并提出修改意见的有中共江苏省委党校胡宗仁教授、南京理工大学程倩教授。

对参与本大纲编写和审稿的各位专家表示感谢。

全国高等教育自学考试指导委员会
公共管理类专业委员会
2023 年 5 月

全国高等教育自学考试指定教材

领导科学

全国高等教育自学考试指导委员会　组编

编者的话

历史和实践反复证明，一个政党、一个国家能不能不断培养出优秀领导人才，在很大程度上决定着这个政党的兴衰存亡。党的二十大报告指出，要“建设堪当民族复兴重任的高素质干部队伍。全面建设社会主义现代化国家，必须有一支政治过硬、适应新时代要求、具备领导现代化建设能力的干部队伍”。

新时代新征程，面对错综复杂的国际国内形势、艰巨繁重的改革发展稳定任务、各种不确定难预料的风险挑战，要实现党的二十大确定的战略目标，迫切需要广大党员干部，特别是各级领导干部学习领导科学，提高领导本领。

本书是按照高等教育自学考试教材建设原则和要求编写的。本书以揭示领导本质、分析领导特征为逻辑起点，以认识领导规律、改进领导工作为内容主线，以解析领导职能、描述领导过程为篇章结构，以改善领导方法、提高领导艺术水平为实践指向，以优化领导绩效、实现领导使命为最终归宿。全书在上一版教材基础上着重进行了逻辑结构的调整和内容表达的精练，以确保体系完整而具有科学性、内容新颖而凸显时代感、语言生动而极具感染力、论证充分而富于说服力、着眼实践而增强应用性。

本书由对外经济贸易大学彭向刚教授担任主编。各章编写人员为：第一章由对外经济贸易大学彭向刚编写，第二章、第五章由浙江传媒学院朱丽峰编写，第三章、第四章由对外经济贸易大学程波辉编写，第六章由吉林大学郝玲玲编写，第七章由南开大学蒋建荣编写，第八章、第九章由云南大学袁明旭编写。主编彭向刚对各章节的部分内容进行了多次具体修改，对有的段落完全重写。浙江传媒学院朱丽峰协助主编进行了书稿的排版和部分校对工作。

全书知识体系系统完整，表达方式深入浅出，适合作为高等教育自学考试行政管理专业领导科学课程的教学和自学用书，也可作为党政干部培训、MPA 教育以及广大读者的自学教材和参考书。

编　者
2023 年 5 月

第一章　绪　论

领导者是领导活动的主体，在领导活动中居于主导地位。领导科学是专门研究领导活动及其客观规律的学问。领导科学的产生与发展有深刻的历史必然性。

第一节　领导概述

领导概述

一、领导的本质与特征

领导的本质决定领导活动的方向和目的。领导的特征是领导活动本质的、具体的、外在的表现。掌握和理解领导的本质与特征，是学习领导科学的基础。

（一）领导的本质

领导作为社会中普遍存在并与人类群体活动共生相伴的现象，是一种特殊的社会实践或社会分工。马克思曾指出：“一切规模较大的直接社会劳动或共同劳动，都或多或少地需要指挥，以协调个人的活动，并执行生产总体的运动——不同于这一总体的独立器官的运动——所产生的各种一般职能。一个单独的提琴手是自己指挥自己，一个乐队就需要一个乐队指挥。”① 这是马克思主义经典作家对领导活动一般性质的精辟概括，明确地揭示了领导活动在人类社会群体中的特殊地位和作用。它不是直接的社会劳动，而是间接的指挥协调性的劳动；它不是一般社会成员都能胜任的实践活动，而是出类拔萃的人物才能胜任的工作；它不是仅着眼于个别和局部的运动，而是更多地着眼于总体的运动；它不是组织个别的特殊职能，而是一般职能。因此，可以说，只要有社会群体和群体性活动，就需要一定形式的组织与领导。

那么，到底什么是领导呢？“领”和“导”是两种行为方式。“领”，意即引领、率领、带领、统领，其基础是合法性与权威性；“导”，意即引导、指导、疏导、督导，其基础是先进性与示范性。“领导”合起来是一个多义词，可以是名词，也可以是动词。名词的“领导”是指领导者；动词的“领导”则是指领导活动。这里所讲的“领导”是指领导活动，其字面含义主要是“率领”和“引导”的意思。作为一种社会实践活动，领导就是指领导者为了实现某一特定群体或组织的共同目标，在一定的客观环境影响下，采取恰当的方式方法，率领和引导被领导者完成既定任务的创造性实践过程。简言之，领导就是一种

① 马克思，恩格斯．马克思恩格斯选集：第2卷［M］．3版．北京：人民出版社，2012：208.

系统谋划和组织指挥的活动，是一种特殊的社会分工。

在我国社会主义制度下，领导的本质就是服务，领导者就是全心全意为人民服务的公仆。邓小平明确指出："领导就是服务"。相比于权力和责任，服务在更深的层次上反映了社会主义领导者的本质。社会主义的领导者，不论职位高低，都是人民的勤务员，所做的一切，都是为人民服务。因此，社会主义的领导者就是"对社会负责的公仆"，为人民服务是一切社会主义领导活动的出发点和最终归宿。"领导就是服务"这一命题，充分体现了历史唯物主义的群众观和实践观，也体现了中国共产党的思想路线和工作路线。"从群众中来，到群众中去"，这"一来一去"，是领导工作的全过程，也是认识与决策的全过程，归根结底是领导服务的全过程。所以，"服务"是社会主义领导的本质特征，是区别并优越于其他阶级领导的最根本性的标志。

与领导相关的另一个概念是领导力。领导力是指领导活动的效力，是领导者的职务行为能力及其效果的统一，换言之，领导力就是领导者将"领"和"导"的作用充分发挥出来的能力和效果。因此，可以说，领导力就是一种综合的影响力，包括权力性影响力和非权力性影响力。权力性影响力亦称强制性影响力，是领导者依法依规取得的、由组织赋予的、与其职位和职责相匹配的领导职权的影响力，一般通过发布命令、指示等正式要求来实施，具有法定性、强制性和不可抗拒性。非权力性影响力亦称自然影响力，是领导者基于自身的专业知识、人生阅历、实践经验、履职能力、品德修养、人格境界和领导风格等，自然形成的人格魅力，一般通过人格感召、行为示范、作风影响等得到彰显，使下属真心爱戴、真诚信服和自愿追随。

（二）领导的特征

领导活动作为一种特殊的社会实践形式，具有以下几个特征。

1. 领导是一定社会组织或团体中的特殊劳动，具有组织性和专业性

人类从开始自觉劳动那天起，就以群体的形式存在着，而这种群体形式多为一定的社会组织或团体。一个组织或团体是有一定目的的，但目的往往是抽象的，必须确立具体目标及其实现的途径和步骤；群体目标的实施过程是动态的，必须总揽全局，整体控制；社会活动受到内部和外部多种因素的影响和制约，必须协调关系，因势利导。因此，每一个组织或团体中都需要也必然产生一种特殊的劳动即领导。可见，领导产生于并服务于特定的组织或团体，离开一定的组织或团体，就无所谓领导；没有领导或领导不当，任何组织或团体都不能正常存在和顺利发展。

2. 领导是一种有目的的社会行为，具有主动性和目标性

领导活动是人类为了达到某种群体目标而进行的主动改造自然、改造社会的实践活动。这种活动是调整人与人的关系、处理人与自然关系的社会行为。一个流落到荒岛上的人，尽管为了生存也会进行各种自觉活动，但那些活动不涉及与其他人进行协调的问题，是孤立的，不具有社会性，因而也就不存在领导行为。

3. 领导是一种动态、有序的行为过程，具有过程性和有序性

领导活动的过程性以及领导活动和领导角色的规范性，决定了领导活动不是简单地发号施令，而是一种复杂有序的行为过程。领导活动包括一系列相互联系的环节，从研究现

状、确立目标到搜集信息、拟订方案，从分析方案、制定决策到组织机构、知人善任，直到实施方案、总结评估，这是一个规范有序的复杂过程。领导者在开展领导活动的过程中，不仅要遵循领导工作的制度和规则，而且要遵循领导者的角色规范。

4. 领导是进行总体行为控制的活动，属于整体性和统领性

人们改造自然、改造社会的活动形式是多种多样的，但领导活动的职能是对群体活动进行总体的组织与控制，亦即常说的统揽全局、协调各方，就像乐队指挥并不是对每个演奏者进行个别细琐的指导，而是就整个乐队进行总体行为控制一样，领导活动就是把整体的意志集中到指挥者身上，并籍此对群体成员进行组织调度和综合协调。正是这一点使领导活动与一般的管理活动不同。领导活动是目标导向，管理活动则是结果导向；领导重在价值性引领，管理重在工具性选择；领导着眼于全局、战略和长远，管理则着眼于局部、策略和眼前；领导侧重于谋划和决断，管理侧重于执行与落实；领导决定做正确的事情，管理负责把正确的事情办好；领导致力于推动组织变革，管理重在保障运行秩序。可见，领导具有管理的一般属性，但又高于管理。当然，大多数具体的领导者都兼具领导与管理的双重角色和双重使命，这是组织分工赋予的主体角色的多样性所决定的。

5. 领导具有二重性，即领导的一般属性和领导的具体属性

领导的一般属性亦称为自然属性，领导的具体属性亦称为社会属性。就其一般属性（自然属性）而言，领导根源于人类共同生活和共同劳动的需要，是一种组织指挥行为。领导活动是人类社会的群体活动，因此，在任何一种社会制度中，领导的主要标志都是统一的意志和一定的权力，都具有组织、指挥和决策等总体性职能。这是人类社会共同劳动和共同生活的自然需要，存在于人类社会的始终。就其具体属性（社会属性）而言，领导是有阶级性和社会制度差异的，表现为特定社会制度之下的统御行为。人类社会是自然历史过程，领导活动也是一个具体的历史过程。在阶级社会里，领导活动总是建立在一定生产关系基础之上的，它归根结底要反映一定社会生产方式的内在要求。因此，不同社会制度的领导活动必然带有其鲜明的特点，如阶级社会中领导的统治性和社会主义社会中领导的服务性。当然，领导的这种具体属性或社会属性也不是固定不变的，而是伴随社会关系的变化而变化的。

领导的二重性是相互依存的。领导的一般属性存在于领导的具体属性之中，领导的具体属性以领导的一般属性为基础。但是，领导的本质主要是由其具体的社会属性决定的，因为在领导的二重性中，受一定社会经济关系制约的社会属性占主导地位，起决定作用。

二、领导的职能与作用

（一）领导的基本职能

领导职能是领导者在领导活动实践中为达到一定的组织目标所承担的基本职责。领导工作既有共同的基本职能，又基于不同领域和层次的差别而具有其特殊职能。领导的基本职能主要有以下五个方面。

1. 决策

领导者负责统揽全局和协调各方，因此，谋划思路和制定决策是领导者的基本职责。

领导思路是领导者履行职责的施政纲领，是统揽全局的顶层设计，是关于总体工作的预先安排，也是指导下属遵循的“路线图”。领导决策是贯彻落实领导思路、实现组织目标的方案选择。领导思路是领导决策的先导和根据，领导决策是领导思路的体现和贯彻。思路决定出路，决策引领对策。领导决策贯穿领导活动始终，关乎全局，影响未来，决定事业成败。这项职能主要体现为解读上级方针政策，分析内外环境变化，诊断工作问题短板，确立发展方向目标，择优确定可行方案，组织实施决策方案。

2. 用人

领导者负责选才用人和队伍建设。毛泽东说：“领导者的责任，归结起来，主要地是出主意、用干部两件事。”① 选才用人是领导者的重要职责，知人善任是对领导者用人能力的基本要求。选才，就是根据行业特点和工作需要，制定人才选拔的标准和制度，把好人才入口关；用人，就是根据工作岗位和职责任务的要求，安排使用好人才，使人与人相协调、人与事相适应、人与岗位相匹配、人与团队相融合，做到事得其人、人得其位，人尽其才、才尽其用，人人有事做、事事有人管。这项职能主要体现为领导者正确地知人识人，公正地选人用人，经常地察人育人，合理地考核人和评价人，有效地鼓舞人和激励人等若干环节。

3. 组织

领导者依靠组织体系开展领导工作，运用组织手段调配资源结构。因此，健全组织体系和完善治理结构是领导者的重要职责；开展组织协调和优化资源配置是领导者的重要任务。任何组织都由一系列要素构成，包括宗旨、目标、职能、机构、职位、权责、人员、财物、规制等。领导活动作为一种组织行为，实际上就是对这些组织要素进行最优化配置的过程，致力于将这些要素以最合理、最有效的方式构建起有利于实现组织目标的领导体制和运行机制，在此基础上，充分发挥领导的组织和指挥作用。领导的组织职能主要包括引导、指挥、协调等。引导，就是领导者通过规划目标和愿景，做好思想动员和工作安排，从而引领工作方向和引导群众行为。指挥，就是依靠组织权威，运用领导权能，推动下属为实现既定的目标和任务而有序行动。指挥的方式主要包括命令、说服、示范三种方式。命令以强制性为后盾，是具有明显约束力的指挥方式；说服重在讲清道理，启发自觉，是晓之以理、开展耐心细致的思想工作的过程；示范是通过树立先进典型、推广先进经验，发挥以点带面、典型引路的作用，当然，也包括领导者本人的表率作用。协调就是领导者运用各种措施和手段，促进和保障组织系统同外部环境以及组织内部各个方面、各个部分的工作协调一致，相互配合，高效率地实现领导目标。这项职能主要体现为确立宗旨、设置机构、明确分工、分配权责、整合资源、完善规制、指挥调度、协调运行等。

4. 激励

领导者负责人员调配和人才使用，同时拥有奖惩权和资源分配权。领导者必须善于调动员工的积极性，激发员工潜能。因此，激励是领导者的又一项重要职能。领导者要以人本理论为指导，正确认识人、尊重人、爱护人、鼓励人，善于把握员工的各种行为与员工的需要和发展的关系，营造良好的组织环境，有效激发员工的工作动机，最大限度地保持

① 毛泽东．毛泽东选集：第2卷［M］．2版．北京：人民出版社，1991：527.

和释放员工的工作热情和生命潜能，提高员工的工作绩效。这项职能主要体现为掌握激励理论，遵循激励原则，创新激励方式，应用激励方法，帮助员工理解职业价值，提升职业动机，建立职业信仰，端正职业态度，增强工作主动性、积极性和创造性。本书考虑到领导者履行激励职能一刻也离不开激励方式方法的运用，因此，没有将“领导激励”作为单独一章，而是放在“领导方法”一章中加以阐述。

5. 落实

领导者是组织的代表人物，是各项工作的第一责任人，必须负责抓好工作落实。善于抓落实，是各级领导者的基本功，是我国新时代要求领导干部必须具备的执政本领之一。党的十九大报告指出，要“全面增强执政本领”，包括学习本领、政治领导本领、改革创新本领、科学发展本领、依法执政本领、群众工作本领、狠抓落实本领和驾驭风险本领。后来又强调“推动高质量发展的本领”和“敢于并善于斗争的本领”。可见，抓落实是领导的重要职能，也是领导本领的重要内容。空谈误国，实干兴邦。党的十八大以来，习近平同志在不同场合反复强调“崇尚实干、狠抓落实”“一分部署、九分落实”“踏石留印、抓铁有痕”“坚持钉钉子精神”。“抓落实”职能要求领导者在工作中努力做到广泛动员、人事相宜、健全制度、优化流程、培训队伍、检查督促、科学考评、公平奖惩、结果满意。

（二）领导的主要作用

1. 领导保障社会组织和社会生活协调有序

社会组织是一个复杂的社会系统，有许多人共同进行各种各样的社会活动。马克思在论述资本主义生产管理的二重性时指出：“凡是有许多个人进行协作的劳动，过程的联系和统一都必然要表现在一个指挥的意志上，表现在各种与局部劳动无关而与工场全部活动有关的职能上，就像一个乐队要有一个指挥一样。”[①] 要保证社会组织活动的协调和统一，就必须使分散的个人的意志服从于统一的意志。这就需要领导的统一意志和统一指挥。社会的发展和科技的进步所涉及的领域和因素越来越广，日常事务日趋复杂，人员不断增加，统一意志和统一指挥的必要性和重要性日益突出。社会组织既有高层、中层、基层等纵向层次的区别，又有政治、行政、业务等横向领域的划分。但是，形成统一的意志，实施统一的指挥，对所有社会组织都是“放之四海而皆准”的共同要求。

2. 领导贯穿并影响社会组织和社会生活的全过程

在大千世界中，社会组织的活动是千姿百态、丰富多彩的。然而，就具体过程分析，社会活动是环环相扣而连接起来的复杂链条，其中主要环节有建立组织、选才用人、收集信息、确立目标、制订计划、组织实施、监督检查、控制调节、总结完善等。这个过程的实质就是一个不断地制定决策、执行决策的过程，是一个“决策—执行—再决策—再执行”的循环往复的过程。决策即“出主意”，执行即“使这一切主意见之实行，必须团结干部，推动他们去做”[②]，就是“用干部”。所以，“出主意”“用干部”是领导者的基本职责。正是这种领导职责构成了有效的社会组织活动，并贯穿于社会组织活动过程的始终。

① 马克思，恩格斯．马克思恩格斯选集：第2卷［M］．3版．北京：人民出版社，2012：560.

② 毛泽东．毛泽东选集：第2卷［M］．2版．北京：人民出版社，1991：527.

3. 领导关系到社会组织活动的成败

从环境因素看，任何社会组织都会面临内外环境的变化和挑战，组织应对环境的变化和挑战一刻也离不开领导的科学判断和战略抉择，若领导的战略选择正确，组织的发展就会一帆风顺，若领导的战略选择失误，组织的发展就会困难重重甚至走向毁灭。从组织竞争上看，任何组织的生存发展都会承受竞争的压力和博弈的烦恼，而领导力则是组织的核心竞争力，因为领导力决定着组织的竞争策略和整体运行效能。从领导的地位看，领导处于组织体系的中枢，起着不可替代的主导作用，领导掌控着组织的方向和目标，决定着资源配置的结构和效率，影响组织的基本面貌。因此，领导效能如何，从根本上影响甚至决定着组织的命运。

三、领导的基本原则

所谓领导原则，就是领导活动所遵循的反映领导规律的工作准则，是领导者必须坚持和自觉遵循的指导思想，对领导活动具有普遍的指导作用。

领导原则可分为具体领导原则和一般领导原则。具体领导原则是指反映领导活动的某一方面规律的原则，如领导决策原则、领导用人原则等。一般领导原则则是对贯穿领导活动各个方面、各个环节的共同规律的反映，带有普遍性特点。这里主要分析和研究现代领导活动的一般原则。

党的十八大以来，中国特色社会主义进入新时代。中国共产党确立了习近平新时代中国特色社会主义思想的指导地位。党的二十大报告用“六个必须坚持”概括习近平新时代中国特色社会主义思想的世界观、方法论和贯穿其中的立场观点方法，即必须坚持人民至上，必须坚持自信自立，必须坚持守正创新，必须坚持问题导向，必须坚持系统观念，必须坚持胸怀天下。“六个必须坚持”是马克思主义世界观和方法论中国化时代化的最新成果和最新表达。各级领导干部必须自觉学深悟透习近平新时代中国特色社会主义思想，将“六个必须坚持”所代表的科学世界观和方法论转变为普遍的领导原则，不断提高履职尽责的能力和水平，努力创造经得起历史和人民检验的实绩。

（一）以人为本原则

领导工作作为一种特殊的社会分工，是在领导者和被领导者相互作用的过程中进行的，领导者与被领导者都是人，领导活动一刻也离不开人，离不开人的工作动机和行为方式，离不开以人为中心的各种关系。所以，领导工作的成败主要取决于如何调解好人与自身、人与人、人与事、人与物、人与环境之间的关系，能否充分调动人的主动性、积极性和创造性。可以说，坚持以人为本的原则，是由领导工作的主要矛盾决定的，是社会主义社会对领导者的本质要求。

以人为本是针对“以物为本”而提出的发展理念和工作原则。以人为本原则的根本要义是：人是发展的目的、发展的主体，而不仅仅是发展的手段；要坚持以人为中心，一切从人出发，把人作为观念、行为和制度的主体；人的解放和自由，人的尊严、幸福和全面发展，应当成为个人、群体、社会和领导的终极关怀。

在领导工作中坚持以人为本的原则，要求做到以下几点。

1. 以人为目的，以人为主体

人是一切工作的出发点。这里的“人”，就是作为社会主义现代化建设主体的人民群众。党的创新理论始终坚持人民至上，就是以人为本的原则在中国共产党治国理政活动中的充分体现。所谓人民至上，就是坚持以人民为中心，依靠人民开创历史伟业，带领人民创造美好生活，实现人民共享发展成果。领导者掌权用权，要把人民放在心中最高位置，牢记人民就是江山、江山就是人民；制定目标任务，要落脚在“归根结底就是让全体中国人民都过上好日子”；创造领导政绩，要懂得为民造福是最大政绩，哪里有人民需要，哪里就能创造政绩；评价领导工作，要把人民拥护不拥护、赞成不赞成、高兴不高兴、答应不答应作为衡量一切工作得失的根本标准；想问题、作决策、办事情，要始终把人民群众急难愁盼问题放在心上，致力于切实增强人民的获得感、幸福感和安全感。

2. 以人为重，先人后事

改革开放和社会主义现代化建设的主体是广大人民群众。党的二十大报告指出：教育、科技、人才是全面建设社会主义现代化国家的基础性、战略性支撑。必须坚持科技是第一生产力、人才是第一资源、创新是第一动力，深入实施科教兴国战略、人才强国战略、创新驱动发展战略。可见，没有人则一事无成，没有优秀的人力资源是最大的贫穷。中国式现代化是人口规模巨大的现代化。人口发展是关系中华民族伟大复兴的大事，必须着力提高人口整体素质，加快塑造素质优良、总量充裕、结构优化、分布合理的现代化人力资源，以人口高质量发展支撑中国式现代化。因此，领导者在工作中不能只见物不见人，要认真研究队伍建设，尤其要注重培养、激励和用好人才。毛泽东曾说：“只要有了人，什么人间奇迹也可以造出来。”① 当各种物质资源处于十分有限的情况下，应优先保障人的需要，保障人的生存和发展的需要，尤其要优先保障那些贡献率突出的优秀人才的需要，体现“先人后事”的原则。

3. 珍惜人才，重用精英

领导者要善于发现和依靠关键人才。意大利著名经济学家帕累托（Vilfredo Pareto）在研究英国经济和社会时发现一个有趣的现象：20%的人占有 80%的资源，创造和控制着 80%的财富。后来，这一发现被概括为“80/20 法则”。我们是历史唯物主义者，从社会发展的终极意义上主张人民群众是历史的创造者，但这并不等于否认领袖人物、杰出人才的突出贡献。正是在这个意义上说，领导者要善于发现和依靠关键人才，重用精英分子，并根据效率优先、兼顾公平和按劳分配的原则，以发展的眼光实施资源配置的倾斜政策，向重要岗位、关键部门和优秀人才倾斜。这与马克思主义关于社会公平和共同富裕的发展目标并不矛盾。

4. 人尽其才，各尽所能

领导者在依靠少数关键人才的同时，要使所有人各尽其能。努力做到：事得其人，人得其位；人尽其才，才尽其用；用尽其功，功尽其大；让人人有事做、事事有人管。正如党的十九大报告所指出的：“努力形成人人渴望成才、人人努力成才、人人皆可成才、人人尽展其才的良好局面，让各类人才的创造活力竞相迸发、聪明才智充分涌流。”

---

① 毛泽东．毛泽东选集：第 4 卷［M］．2 版．北京：人民出版社，1991：1512.

5. 激发潜能，消解惰性

竞争才有创新，竞争才出优势，竞争才有活力。美国学者劳伦斯·彼得（Laurence J. Peter）等学者在论述管理学理论时讲述过“鲶鱼效应”的例子，说明竞争才有活力的道理。以前，挪威的渔民为了让沙丁鱼活着上岸，他们在沙丁鱼槽里放进了鲶鱼。鲶鱼是沙丁鱼的天敌，出于天性会不断地追逐沙丁鱼。在鲶鱼的追逐下，沙丁鱼拼命游动，激发了生命的活力，从而活了下来。这个例子说明：没有竞争就没有生机，没有忧患就没有作为。所以，领导者在工作中应适当引进竞争机制，打破使人们慢慢死去的消极的平衡与惰性。

6. 与人为善，人文关怀

以人为本的原则包含着提倡用善意和真诚处理人际关系的准则。贯彻以人为本不能空喊口号，不能贴标签，而要贴近人性，贴近人的生活，贴近基层实际。要倡导人文关怀，增进组织成员之间的信任、理解和宽容；鼓励沟通、交流与合作，预防彼此之间的误会，消除隔阂，促进团结。各级领导干部必须从党性出发，从大局出发，坚持与人为善，坚持团结合作。对于那些心中有怨气、心情不舒畅、心里有顾虑的同事或下属，要多接触、多沟通、多开导，而不要火上浇油，不要伤口撒盐。要善于团结那些批评过自己、与自己有过意见分歧的人，一道为党和人民的事业发展而共同奋斗。

（二）实事求是原则

实事求是，是对党的思想路线的集中概括，是党的基本思想方法、工作方法、领导方法，也是领导者科学精神和科学态度的本质要求。实践反复证明，能不能做到实事求是，是各项领导工作成败得失的关键。

实事求是，是毛泽东同志对马克思主义世界观和方法论所作的中国化表达，反映了马克思主义的精髓和灵魂。“实事”就是客观存在着的一切事物，“是”就是客观事物的内部联系，即规律性，“求”就是去研究。坚持实事求是，就是坚持一切从实际出发来研究和解决问题，坚持理论联系实际来制定和形成指导实践发展的正确路线方针政策，坚持在实践中检验真理和发展真理。坚持实事求是，基础在于搞清楚“实事”，就是了解实际、掌握实情；关键在于“求是”，就是探求和掌握事物发展的规律。

实事求是作为党的思想路线，与党的群众路线相辅相成，在本质要求上完全统一。一方面，实事求是是在实践基础上认识世界的过程，这一过程要通过“从群众中来”才能实现，只有及时发现、总结、概括人民创造的新鲜经验，才能获得正确反映客观规律的真理性认识，才能制定出符合客观规律的科学决策。另一方面，实事求是又是在实践基础上改造世界的过程，这一过程要通过“到群众中去”才能实现，来自群众的正确意见和真理性认识只有为群众所掌握，才能转化为改造世界的实际行动。只有坚持群众路线，才能真正做到实事求是。

坚持实事求是，贯彻党的思想路线，要掌握调查研究这个基本功。调查研究是谋事之基、成事之道，是中国共产党的传家宝。没有调查就没有发言权，没有调查就没有决策权；正确的决策离不开调查研究，正确的贯彻落实同样也离不开调查研究。各级领导干部要大兴调查研究之风，使调研的过程成为加深对党的创新理论领悟的过程，成为保持同人民群众血肉联系的过程，成为推动各项工作科学发展的过程。

（三）问题导向原则

问题是时代的声音。坚持问题导向是马克思主义的鲜明特点，回答并指导解决问题是理论的根本任务。历史和现实充分表明：每个时代总有属于它自己的问题，只要科学地认识、准确地把握、正确地解决这些问题，就能够把我们的社会不断推向前进。

发现问题是重要前提。问题是事物矛盾的表现形式，领导者增强问题意识、坚持问题导向，就是承认矛盾的普遍性、客观性，并善于把发现和认识矛盾作为打开工作局面的突破口。要从历史和现实相贯通、理论和实际相结合、国际和国内相关联的宽广视角，聚焦新时代我国发展和党执政面临的重大理论和实践问题，进行深入思考和全面把握，正视问题、直面问题，掌握解决问题的主动。

正确分析问题是关键环节。领导者要善于具体问题具体分析，弄清楚哪些是体制机制弊端造成的问题，哪些是工作责任不落实造成的问题，哪些是条件不具备一时难以解决的问题。要善于从繁杂问题中把握事物的规律性，从苗头问题中发现事物的倾向性，从偶然问题中揭示事物的必然性。善于抓主要矛盾和矛盾的主要方面，明确有效破解问题的主攻方向，带动全局工作，推进全面发展。

解决问题是根本目的。领导工作要以解决问题为导向，奔着问题去，跟着问题走，盯着问题改，聚焦实践遇到的新问题、改革发展稳定存在的深层次问题、人民群众急难愁盼问题、国际变局中的重大问题、党的建设面临的突出问题，不断提出真正解决问题的新理念新思路新办法。

（四）守正创新原则

以中国式现代化全面推进中华民族伟大复兴，这是前无古人的伟大事业。事业越伟大，越充满艰难险阻，越需要把准方向，越需要开拓进取。习近平同志指出："无论时代如何发展，我们都要激发守正创新、奋勇向前的民族智慧。"① 守正才能不迷失方向、不犯颠覆性错误，创新才能把握时代、引领时代。

守正就是坚守真理、坚守正道，坚持马克思主义基本原理不动摇，坚持党的全面领导不动摇，坚持中国特色社会主义不动摇。干事业不能忘本忘祖，我们共产党人的"本"，就是对马克思主义的信仰，对中国特色社会主义和共产主义的信念，对党和人民的忠诚。这就要求我们始终坚守党的性质宗旨、理想信念、初心使命，在涉及党的领导和我国社会主义制度等根本性问题上，在大是大非面前，必须立场坚定、旗帜鲜明，任何时候任何情况下都不能有丝毫动摇。

创新就是勇于探索、开辟新境，敢于说前人没有说过的新话，敢于干前人没有干过的事情。勇于创新者进，善于创造者胜。回顾中国革命和改革开放的历史进程，我们依靠创新走出了前人没有走出的新路；今天实现中国式现代化，也要靠创新走出人口众多的发展中大国独特的现代化之路。领导工作坚持创新原则，就是全面准确贯彻落实新发展理念，围绕中国式现代化和高质量发展的目标任务，紧跟时代步伐，顺应实践发展，以满腔热忱

---

① 习近平．在纪念中国人民志愿军抗美援朝出国作战70周年大会上的讲话［N］．人民日报，2020－10－24（2）．

对待一切新生事物，不断拓展认识的广度和深度，永不僵化、永不停滞。

守正与创新相辅相成，体现了“变”与“不变”、继承与发展、原则性与创造性的辩证统一。要守正，但不是故步自封，还要往前发展、与时俱进，否则就是陈旧的、过时的、保守的。要创新，但不能偏离马克思主义、社会主义，不能动摇党的领导，否则就是改旗易帜、变质变色。必须坚持守正和创新相统一，在守正中创新，在创新中发展，勇于坚持真理、修正错误，勇于求变、求新、求进，在新的实践中推进理论创新，以新的理论指导新的实践。

（五）系统把握原则

系统把握是具有基础性的思想方法和工作方法。唯物辩证法认为，万事万物是相互联系、相互依存的，整个世界是相互联系的整体，也是相互作用的系统。要坚持发展地而不是静止地、全面地而不是片面地、系统地而不是零散地、普遍联系地而不是单一孤立地观察事物，妥善处理各种重大关系。

经济社会发展是一个系统工程，必须统筹兼顾、系统谋划、整体推进。只有坚持系统把握原则，用普遍联系的、全面系统的、发展变化的观点观察事物，才能把握事物发展规律，提高领导工作水平。因此，要突出系统性、整体性、协同性，加强顶层设计、整体谋划，使改革发展各项举措相互配合、相互促进、相得益彰。增强大局观念，牢固树立全国一盘棋思想，坚持算大账、算长远账，不打小算盘、不搞小聪明，把地区和部门工作融入党和国家事业大局。善于从历史长周期中进行比较分析，从现实细微处洞察事物发展变化，准确把握前进道路上的机遇和挑战，以科学的战略预见未来、引领未来。

“不谋万世者，不足谋一时；不谋全局者，不足谋一域。”领导者要善于通过历史看现实、透过现象看本质，把握好全局和局部、当前和长远、宏观和微观、主要矛盾和次要矛盾、特殊和一般的关系，不断提高系统把握能力，为前瞻性预判、全局性谋划、整体性推进各项事业提供科学思想方法。

（六）民主集中制原则

民主集中制是社会主义国家政权的基本组织原则和领导制度。所谓民主集中制，就是在民主的基础上集中和在集中指导下的民主相结合的原则。既保障个人意愿、主张的充分表达和积极性、创造性的充分发挥，又保证组织意志、智慧的凝聚和集体行动的一致。民主集中制鼓励个人积极参加组织的各项政策和决策的讨论，参与组织事务的管理，鼓励个人意愿和个人主张的充分表达，促进相互交流、取长补短、集思广益，从而在开阔视野和拓宽思路的基础上达成共识，通过思想观念的相互碰撞、思想认识的相互启发形成新的公意。

坚持民主集中制的领导原则，要求领导工作做到以下几点：第一，坚持统一领导。组织行为必须有统一的目标、统一的意志和统一的行为规范。因此，要在统一领导的基础上适度分权。对事关全局的指挥权和决断权必须集中行使，而对涉及局部的、具体业务的事项则要适度地分权。还要处理好原则性和灵活性的关系。统一领导要求在总的目标方向上、共同的行为规范上达到统一，并不是说事无巨细都要做到绝对一致。真正的统一领导应该是“统而不死”“活而不乱”。第二，注重民主公开。党的十九届六中全会通过的《中共中央关于党的百年奋斗重大成就和历史经验的决议》指出："必须坚持党的领导、人民当家作主、依法治国有机统一，积极发展全过程人民民主。"全过程人民民主要求把民主选举、民主协商、民主决策、民主管理、民主监督各个环节贯通起来。领导活动必须重视发扬民主，公开办事制度，公开办事结果，接受群众监督。因此，在制定决策实施领导过程中，必须做到以充分的民主讨论为基础，通过各种形式、各种渠道，保障群众广泛参与，充分表达意见。还要公开办事程序，方便群众对领导活动实行全过程民主监督。第三，采取集体领导和分工负责相结合。集体领导与分工负责相结合，是民主集中制原则对领导活动的基本要求。凡是重大的和涉及全局问题的决策，都必须由领导班子集体讨论，按照民主集中制原则作出决定。然后，把各项工作任务分工落实给各个领导成员分头负责抓好落实。各级领导者必须正确区别一般问题和重大问题，既不能让重大问题由个人或少数人独断专行，又不必事无巨细一概交由领导集体讨论，也不能借口"集体领导"而推卸个人责任，产生无人负责和推诿扯皮的现象；必须明确领导班子成员各自的职责内容、权力范围和责任归属，上级领导不能借口集体领导而不适当地干预下级领导职权范围以内的事务，下级领导不能借口分工负责而搞各自为政，甚至形成小团体、闹独立；必须要制定科学合理的考核制度，进行定期考核，坚持严格问责。

（七）依法领导原则

依法领导原则是指领导者在开展领导活动、行使领导权力、履行领导职责的过程中，实现从人治到法治的转变，遵从宪法和法律的权威，依照宪法和法律的规定行使领导权力，履行领导职责，保证领导工作依法合规。

依法领导原则是全面依法治国的必然要求和重要保证。全面依法治国关系党执政兴国，关系人民幸福安康，关系党和国家长治久安。习近平同志强调："法治兴则国家兴，法治衰则国家乱。什么时候重视法治、法治昌明，什么时候就国泰民安；什么时候忽视法治、法治松弛，什么时候就国乱民怨。"在我们这样一个大国，要实现经济发展、政治清明、文化昌盛、社会公正、生态良好，必须把全面依法治国坚持好、贯彻好、落实好。

依法领导原则的总要求是，全面贯彻落实习近平法治思想，即"十一个坚持"：坚持党对全面依法治国的领导；坚持以人民为中心；坚持中国特色社会主义法治道路；坚持依宪治国、依宪执政；坚持在法治轨道上推进国家治理体系和治理能力现代化；坚持建设中国特色社会主义法治体系；坚持依法治国、依法执政、依法行政，共同推进法治国家、法治政府、法治社会一体建设；坚持全面推进科学立法、严格执法、公正司法、全民守法；坚持统筹推进国内法治和涉外法治；坚持建设德才兼备的高素质法治工作队伍；坚持抓住领导干部这个"关键少数"。其中，中国特色社会主义法治道路本质上是中国特色社会主义道路在法治领域的具体体现，是坚持党的领导、坚持中国特色社会主义制度、贯彻中国特色社会主义法治理论三个方面的统一。中国特色社会主义法治体系本质上是中国特色社会主义制度的法律表现形式，包括完备的法律规范体系、高效的法治实施体系、严密的法治监督体系、有力的法治保障体系以及完善的党内法规体系。

坚持依法领导原则的几个具体要求：第一，要正确理解和把握党与法的关系。习近平同志指出："党和法的关系是一个根本问题，处理得好，则法治兴、党兴、国家兴；处理得不好，则法治衰、党衰、国家衰。”① 在我国，法是党的主张和人民意愿的统一体现，党领导人民制定宪法和法律，党领导人民实施宪法和法律，党自身必须在宪法法律范围内活动，这就是党的领导力量的体现。党的领导和依法治国是高度统一的。只有在党的领导下依法治国、厉行法治，才能充分实现人民当家做主，才能保障社会生活规范有序。当然，全面推进依法治国也有利于加强和改善党的领导，有利于巩固党的执政地位和完成党的执政使命。第二，要正确理解和把握权力与法律的关系问题。领导干部必须服从和遵守宪法法律，党员领导干部还必须遵守党章、党的纪律以及党的优良传统和工作惯例。各级领导干部手中的权力是党和人民赋予的，是上下左右有界受控的，不是可以为所欲为、随心所欲的。因此，各级领导干部要对宪法法律怀有敬畏之心，牢固确立法律红线不能触碰、法律底线不能逾越的观念，不要去行使依法不该由自己行使的权力，更不能以言代法、以权压法、徇私枉法。谁把法律当儿戏，谁就必然受到法律的惩罚。第三，要大力提高领导干部的法治素养，健全法治领导制度，将领导活动纳入法治轨道。各级领导干部是推进全面依法治国的“关键少数”。党领导立法、保证执法、支持司法、带头守法，主要是通过各级领导干部的具体行动来体现和实现的。因此，各级领导干部必须带头尊崇法治、敬畏法律，了解法律、掌握法律，遵守法纪、捍卫法治，厉行法治、依法办事，做尊法学法守法用法的模范，不断提高运用法治思维和法治方式深化改革、推动发展、化解矛盾、维护稳定、应对风险的行为自觉和履职能力。

四、现代领导的发展趋势

随着生产的高度社会化和科学技术的飞速进步，面对情况复杂、结构多样、发展迅速的社会，现代领导活动呈现出以下几个变革趋势。

（一）决策工作专门化

20 世纪之前，决策与执行、立法与行政的分离还只是在政治领域，而现在则扩展到经济、科技、教育、军事等诸多领域。在科技领域，决策与执行的分离产生于第二次世界大战期间，其标志是科学帅才的出现。在经济领域，决策与执行分离的标志是“分权事业部制”的产生。20 世纪 20 年代美国通用汽车公司总裁斯隆（Alfred Pritchard Sloan）在“经理制”的基础上提出“集中决策、分散管理”，建立“分权事业部制”，其实质是决策权与执行权的分离，即所有权与经营管理权的分离。诺贝尔经济学奖得主赫伯特·西蒙（Herbert Simon）进而提出“决策工作专门化”的论点，即一切形式的领导都专门从事决策，而不是决策的执行与操作。

“决策工作专门化”和无所不管、事必躬亲的传统领导方式相比，领导职责任务在范围上虽然窄化了，但由于决策工作需要掌握的信息量大而多变，给习惯于独立作出决策的领导者带来巨大的困难和挑战。在这种情况下，咨询机构和咨询业就应运而生。咨询、参谋自古有之，但古代咨询都是官方的自我咨询、内部咨询，其人员或机构都是官员或官方的下属机构。现代咨询除官方内部咨询外，还有非官方的外部咨询，即民间咨询或专业化

① 习近平．在省部级主要领导干部学习贯彻党的十八届四中全会精神全面推进依法治国专题研讨班上的讲话．

的智库机构。在咨询建议的自主性、客观性方面，外部咨询显然优于内部咨询。

决策与执行的分离，决策内部“谋”与“断”的分离，这是决策工作专门化的重要体现，也是现代民主领导和科学领导产生的现实基础。“领导”不再与“管理”混为一谈，领导活动有其特有的领域、规律，这为确定和研究领导科学的对象、职能、方法、艺术提供了客观依据。

（二）领导主体集团化

集团化是民主领导的一种表现形式。在小生产时代，政治上实行的是君主专制，奉行“朕即国家”的理念，经济上实行的也主要是家长制。在现代社会，很多领域都实行集体领导。在政治领域，一般都实行政党政治，政党制度是现代民主政治的重要组成部分。政党制度的普遍性特征是集体领导。一个国家实行什么样的政党制度，由该国国情、国家性质和社会发展状况所决定。各国政党制度的不同体现了人类文明发展的多样性。在经济领域，充分完备的股份制公司由于其股权的分散化，劳工代表和非股东专家有机会进入决策集团，使得任何个人企图控制企业、实行个人说了算的家长式统治几乎不可能。美国通用汽车公司的股东有100多万个，但最大的股东也只占有总股份的1%。日本松下公司创始人松下幸之助拥有公司的股票也不超过总股本的3%。在这样的组织内，领导的集团化成为现实的组织形态，这为领导决策的科学化、民主化提供了可能。

（三）领导方式民主化

现代领导集团和传统的个人领导的界限，实质是领导集团内部权力如何分配的问题。权力垄断、权责脱节，是专制统治的根本特征，而权力分享、权责一致，则是民主体制的特征。政治领域立法权、行政权的分离，经济领域的企业“分权事业部制”以及民间咨询机构的出现，都可以被看作领导方式民主化趋势的主要表现。

民主意味着人民主权和社会自由、平等，它是人类政治文明发展的成果，是世界各国人民的普遍要求，是全人类的共同价值，当然也是中国共产党和中国人民始终不渝坚持的重要理念。中国的民主是人民民主，人民当家作主是中国民主的本质和核心，体现在民主选举、民主协商、民主决策、民主管理、民主监督等各个环节形成的“全过程民主”。

领导方式民主化意味着：(1) 领导者采取民主的方式实行领导，包括人民立场、参与制度、决策程序等，充分保障人民当家作主的权利得以实现。(2) 领导工作坚持权责一致的原则，有多大权力就要承担多大责任，失职渎职要被问责。(3) 保障监督的独立性，即法定监督机构独立于决策机构之外，更要依法保障公众、社会舆论等其他主体的监督，可以说，监督独立和信息透明已成为领导方式民主化的重要保障机制。

领导方式的民主化必然要求领导行为法治化。近代以前的领导方式主要是领导者以个人的意志理事治国，领导方式多为“人治”型。那时有关领导学方面的著作大多是对帝王将相的政治活动以及个人领导经验的记录和总结。人治的领导方式使得领导活动带有较大的主观随意性。现代领导活动大多在法治框架内，遵循法律规定行使领导权力。因为民主是法治的内容和本质，法治是民主的体现和保障，民主与法治的统一在领导活动上集中体现为法治领导或领导法治化。法治是国家长治久安和走向现代化的重要保障，一个现代化强国必定是一个良法善治、法治昌明的国家。党的二十大报告指出：“必须更好发挥法治固根本、稳预期、利长远的保障作用，法治轨道上全面建设社会主义现代化国家”“全面推进国家各方面工作法治化”。

（四）领导方法科学化

科学化趋势是相对于传统的经验领导而言的，表现在两个方面：一是遵循严格的程序。无论是制定决策还是实施决策，都有一定的程序。西蒙把决策划分为四个阶段，即信息、咨询、决断、审查。他认为这四个阶段可以交叉，但总的过程是有先有后的，不得任意颠倒。严格的决策程序是决策科学化的重要内容，而先定性后查证、边设计边施工等都是不科学或反科学的。二是运用科学的理论、技术和方法，如信息论、运筹学、大数据等。决策过程的各阶段还有相应的信息理论与方法、咨询理论与方法、决断理论与方法等。例如，同样是调查研究，只因方法不同，获得的信息就可能完全不同。这个问题在相当大的程度上与决策和执行的科学化相关。所以，我们提倡开展正确的调查研究。

第二节　领导者与被领导者

领导者与被领导者

一、领导者的含义与特征

（一）领导者的本质

领导者是指在特定组织的职位体系中担任一定领导职务的个人或集体。领导者既可以是个人领导者，也可以是集体领导者。个人领导者如市长、省长；集体领导者如中国共产党中央政治局常委会、某个单位的领导班子等。

领导者的本质是领导者与其他社会实践主体联系时所表现出来的属性，是领导者内在的固有属性。领导者的本质由其在社会活动中所处的政治、经济、文化等地位所决定，并随着社会形态的变化而变化。所以，虽然在任何社会历史条件下，领导者与被领导者都是上下级即领导与被领导的关系，但在不同的社会条件下，这种相同的关系有着显然不同的本质。在原始社会里，没有阶级，没有国家，领导者没有任何特权，手中的权力是“纯粹道德性质的”，领导者与被领导者之间，既没有压迫与被压迫，也没有剥削与被剥削，领导者具有原始普通成员的性质。在阶级社会里，领导者占有生产资料，高居社会之上，广大劳动群众却一无所有，变成统治阶级的奴仆。所以，阶级社会中领导者的本质是广大劳动群众的统治者、剥削者、压迫者、奴役者。在社会主义社会里，领导者与人民群众的利益是一致的，领导者与人民群众是民主的、平等的、同志式的关系，人和人的关系是互助合作、团结友爱，人民是国家的主人，领导是人民的公仆。社会主义领导的服务本质决定了社会主义领导者的性质和作用应当是当权者、负责人和服务员三位一体的有机统一。

（二）领导者的特征

领导者的出现既是社会发展的必然产物，也是人类社会分工的必然要求。领导者一开始就以特殊的身份出现，具备如下特征：

1. 拥有职权

领导者必须担任一定的职务，根据职务的性质、轻重赋予一定的权力。职务是领导者行使权力、履行职责的身份。根据职权一致的原则，有多大的职务，就有多大的职权。领导者的职权是领导者从事领导活动的资格，这种职权是组织赋予的、用于实现组织目标的工作权力。职权有明确而严格的范围限制，与领导者个人的主观特征无关。

2. 负有责任

依据权责一致原则，领导者的职权越大，责任也越重。如果领导者仅有职权而没有相应的责任，就会出现不作为或者乱作为。

社会主义领导者的责任有以下几个方面的内容：（1）政治责任。领导者必须积极贯彻党的路线、方针、政策，在政治上与党中央保持高度一致。（2）工作责任。领导者必须保证本单位的工作任务的高效完成，对达成工作目标承担相应的责任。（3）法律责任。领导者必须在国家宪法、法律、法规和各种组织制度范围内工作，做到依法合规、遵章守纪，否则，需承担法律后果。（4）道德责任。领导者的道德责任是一种特殊性的道德责任形态，它是基于领导者的身份角色所应当承诺和践行的道德义务。如果没有履行这种道德义务或履行得不够好，要受到责任追究。对我国党员领导干部来说，明大德就是坚定理想信念，牢固树立社会主义共同理想和共产主义远大理想；守公德就是坚持立党为公、执政为民，做到全心全意为人民服务；严私德就是严修身和严家风，保持清廉本色。

3. 提供服务

领导者的领导活动基于组织群体共同劳动、共同生活的需要，领导者就是为大家服务的。领导的服务包括指导性的服务、管理性的服务、保障性的服务等内容。每个社会中的领导者，都必须提供服务，这是共性。不过每个社会的领导者提供服务的对象、内容与方式有本质的不同，这是个性。在社会主义社会，领导者必须全心全意为人民服务，从这个意义上说，领导的全部工作职责都是服务性的，具体到某个单位或部门的领导者，所提供的服务包括思想服务、政策服务、组织服务、信息服务、资源服务等。

4. 富于创新

这是领导者区别于普通社会成员的本质所在。一个人之所以能够当上领导者，重要的条件之一就是具有创新素质，善于解放思想和开拓进取。对组织来说，领导的重要价值就是善于驾驭复杂环境，长于解决复杂问题，表现为创造性地提出目标愿景和规划组织战略，创造性地提出解决问题的思路和方案，创造性地总结工作经验并上升为系统理论等。

5. 多重角色

领导者作为个体，不仅具有一般社会成员具有的角色，而且还担任着与一般人不同的领导角色。美国管理学与领导学家亨利·明茨伯格（Henry Mintzberg）把领导角色分成10种：名誉首脑、领导者、联络官、监督者、传播者、发言人、创新者、调解人、分配人、谈判人。在实际工作中，领导者有党务领导、行政领导或业务领导之分，有高层领导、中层领导、基层领导之分，还有专职领导和兼职领导之分。所以，领导者必须扮演不同的角色，同时要具有适应多重角色的规范、态度、行为。

（三）领导者的地位与作用

根据马克思主义认识论，主体是认识和实践活动的发动者、实施者和责任承担者。主体性可概括为自然性、主动性、主观性和创造性。据此，领导者一定是领导活动的主体，领导活动的主客体关系一定是领导者与被领导者的关系。当然，这并不否认人民群众是社会实践活动的主体，是领导活动的重要参与者。

领导者是领导活动的主体，在领导活动中发挥主导作用。首先，领导者在领导活动中居于中心地位。领导者在一定的环境条件制约下，由其正式职权和综合素质共同形成对所辖组织和人员活动的影响力。这种影响力的大小与领导者的职权大小和素质高低成正比。德国一位军事家曾经说过：一头狮子率领的一群绵羊有可能打败一只绵羊率领的一群狮子。这充分说明了领导者的主导性作用之巨大。其次，领导者在领导活动中起发动作用。领导者代表群众的根本利益，负责科学决策，制定规划目标，发布指示命令，开展思想动员。再次，领导者在领导活动中起统率作用。在领导活动过程中，领导者主导工作的顶层设计和组织的机构设置以及人才的选拔使用。当出现矛盾或工作偏差时，领导者负责协调各种关系，平衡各方利益，不断修正完善决策方案。因此，领导者在领导活动中的作用就是“领路”和“导航”。

二、被领导者的含义与特征

（一）被领导者的含义

被领导者是指按照领导的意图，为实现组织目标而从事具体实践活动的个人或集体。被领导者相对于领导者而言，一般可分为两种类型：一种是绝对被领导者，指的是在一切社会组织中均不担任任何领导职务和不承担领导责任，不掌握任何领导权力，而完全接受别人领导的人，如普通的工农商学兵等；另一种是相对被领导者，即相对于下级而言是领导者，而相对于上级而言又是被领导者，如省长领导下的市长、县长等。从这个意义上说，那些掌握一定权力的领导者，实际上又是某种条件下的被领导者，扮演着“领导者”和“被领导者”的双重角色。

被领导者的本质是指被领导者在领导活动中表现出来的内在属性。它是由被领导者在社会中的政治、经济、文化地位决定的。不同社会中的被领导者有着不同的政治、经济、文化地位，也就有着不同的本质属性。

在原始社会中，生产资料实行原始的公有制，人与人之间的关系是平等互助的。被领导者和领导者只是分工的不同，并没有地位的差别。所以，氏族成员或部落成员是原始社会的主人。在阶级社会中，生产资料实行私有制，生产资料被统治阶级占有，被领导者没有或只有少量的生产资料，处于被剥削、被统治的地位。所以，阶级社会中的被领导者的本质就是被统治者、被压迫者。社会主义社会是实行生产资料公有制为主体的社会制度，人民当家作主，国家的一切权力属于人民，人与人之间是平等互助友爱的关系，领导者的出现也只是社会分工的需要，作为人民的公仆和勤务员，领导者只能为人民服务。所以，社会主义社会的被领导者的本质仍然是社会的主人。

（二）被领导者的特征

1. 服从性

被领导者是在领导者的组织指挥下进行实践活动的，被领导者要服从领导者，这是古今中外任何组织通行的原则；否则，群体组织便无法存在，即便存在下来也很快会瓦解。当然，被领导者也是领导者存在的基础。在不同社会制度下，服从的性质是不同的。在阶级社会里，服从是强迫性的服从，而在社会主义社会里，服从是自觉的服从，是基于分工的服从。

2. 受动性

领导者在领导活动中发挥主观能动性，带动被领导者努力实现组织目标。领导者负责带动，被领导者就是受动。带动和受动，双方缺一不可。有领导者的带动，才能有被领导者的受动；同时，有被领导者的受动，才有领导者的带动。其次，这种受动性还取决于被领导者素质的相对局限性。一般来说，领导者总是比被领导者更具有威信，具有影响力、凝聚力和统御力。

3. 对象性

被领导者是领导活动作用的对象。在社会主义社会里，国家的一切权力属于人民，人民有权得到领导者提供的组织服务。因此，被领导者既是领导者组织管理的对象，也是领导者提供服务的对象。

4. 本源性

这是相对于领导者所具有的创新性而言的。被领导者是广大人民群众，是社会实践的主体。领导者开拓创新的思想、理论、计划、方案等不是天生的，也不是领导者头脑中固有的。它主要来自两个方面：一是在学习和接受教育过程中继承、借鉴或发展前人实践的产物；二是从广大人民群众的实践中直接“拿来”的，在民主基础上集中概括出来的。所以说，被领导者是领导者开拓创新的基础，具有领导工作的源泉性。

5. 相对性

被领导者是一个相对的概念，不具有任何领导职务的被领导者一般称为绝对被领导者，担任较低领导职务的，相对于其上级而言也属于被领导者。所以，被领导者既包括绝对被领导者，也包括职位比较低的被领导者。当然，无论哪一种被领导者，都有成为领导者或更高层次领导者的可能。因此，被领导者这个群体具有相对性的特征。

（三）被领导者的地位与作用

被领导者在领导活动中处于重要地位并发挥着基础作用。

1. 被领导者是领导者的工作对象，是领导者的对应面

领导活动是领导者与被领导者相互关系的矛盾运动。这就是说，领导并不是领导者的单方行为，而是领导者与被领导者的互动行为。领导者与被领导者好比一枚硬币的两面，没有了这一面，那一面也就不存在。领导者与被领导者相互依存，谁也离不开谁。

2. 被领导者起着产生与选择领导者的根本作用

领导者一般是从被领导者中成长起来的，领导者的基本素质、领导风格、领导方法与艺术，不可能没有它赖以产生的被领导者的特点，不可能不受被领导者群体素质的制约。古代的被领导者无法产生现代的领导者；西方国家的被领导者也出现不了像毛泽东、周恩来、邓小平这样的中国式领导人物。被领导者不仅起着领导得以产生的基础作用，而且还起着选择领导者的根本作用。随着我国人民民主的不断扩大，法律的不断健全，选举制、罢免制和监督制等不断完善，被领导者既有对领导者的“事先选择权”，即选举权，又有对领导者的事后选择权，即罢免权。

3. 被领导者对实现领导效能起着基础性作用

有人形象地说，自己出主意，由自己去做，这是操作；自己出主意，由自己与别人一起干，这是管理；自己出主意由别人去干，这便是领导。领导目标与领导结果之间的距离需要被领导者的有效执行才能缩短。如果被领导者不能正确理解上级精神和工作要求，不能在本职岗位上发挥主动性、创造性的作用，不能通过高效的执行力来落实领导工作部署，那么，领导目标也就无法实现，领导绩效也就无法获得。所以，被领导者发挥影响领导效能的基础性作用，需要做到以下三点：

（1）服从领导。从根本上说，被领导者服从领导，是领导活动客观规律决定的。领导者制定的方针政策，如果符合人民群众的根本利益，那么，服从领导也就是服从真理、服从科学、服从自己。所以，被领导者的服从不是盲目的。一般地说，被领导者对领导者的服从，以领导者的指示、指令必须合法、符合整体利益为前提。遇到决策错误、领导者以权谋私等违背法律法规和悖逆群众根本利益的领导行为，被领导者不能消极服从，那是对自己、对别人、对组织都负责任的行为。因此，我们鼓励被领导者具有斗争精神，增强斗争本领。这时表面上的“不服从”，是对不合格领导者的抗议和反对，实质上仍然是对正确领导的渴望与服从。

（2）支持领导。领导者在领导活动中处于主导地位，但被领导者并不是完全消极、被动的因素，而是达到一定群体目标的积极主动的力量。被领导者要积极参与领导活动，领导者的一切主张、决策，只有通过被领导者的认同和执行才能实现，得不到被领导者的支持的领导者，办任何事情都不可能成功。被领导者对于本组织的关心程度，对完成本职工作的自觉性和主动性，被领导者的素质能力等都直接决定领导工作的效能。当领导者掌握情况不全面，或对于情况分析不当，因而作出错误的决策时，被领导者要以主人翁姿态，积极提出批评建议，帮助领导者全面、及时、准确地掌握相关信息，修正不正确的决策，减少工作损失。这种行为也是一种支持，而且是更重要、更可贵的支持。

（3）监督领导。被领导者对领导的监督是社会主义民主的具体体现，是实现人民民主权利的一个重要内容，是促使领导者保持公仆本色的有力措施。这种监督有两方面的内容：一是看领导者是否切实按照党和国家的方针、政策履行职责；二是对领导者的成绩和能力进行恰当的评价。对于优秀的领导者，应该建议上级委以重任；对于不称职和违反党纪国法的领导者，被领导者有权要求上级撤换和惩治，也可以按法定程序进行罢免。这种自下而上的监督与自上而下的监督相结合，有利于组织目标的顺利实现。

三、领导者与被领导者的关系

领导者与被领导者的关系，内涵非常丰富。在前面论述领导者与被领导者的性质、特征、地位、作用过程中，都不同程度地涉及领导者与被领导者的关系，如公仆与主人的关系、服务与对象的关系、创新与源泉的关系、主体与客体的关系、权威与服从的关系、主动与受动的关系，等等。

领导者与被领导者之间的关系受到一定社会政治、经济、文化条件的制约。不同的社会条件形成不同的领导者和被领导者的关系。在我国社会主义制度下，领导者与被领导者只是分工的不同，二者的关系主要体现在以下方面。

（一）相互信任的关系

在社会主义国家，一切国家权力属于人民。人民在管理国家事务中，通过一定形式选举代表，确定组织活动的领导人；人民既是国家主人，又是被领导者。各个层级、各个领域的领导既是领导者，又是人民的公仆。他们在权力关系上同出一源，在根本利益上基本一致。因此，领导者与被领导者之间存在相互信任的基础。当然，由于领导者与被领导者的角色不同，心理上必然存在某种距离，看法上也会有不同角度，因此领导者应该采取恰当的方式方法，加强信息沟通和工作协调，促进和保持相互信任。

（二）相互促进的关系

领导者被推选出来作为群众意志的代表和组织活动的领头人，应该比被领导者站得高一些，看得远一些，具备较高的领导素质。因此，被领导者要尊重、支持、服从领导者的正确领导。领导者即使有一些缺点与失误，被领导者也应该从事实出发，善于帮助领导者，促进其改善和加强领导工作。同时，领导者不仅要教育被领导者，也要向被领导者学习。取得领导地位并不意味着领导者绝对比被领导者高明。在领导活动中，领导者必须依靠被领导者，赢得被领导者的爱戴和拥护，所以，领导者要经常向被领导者学习，向专家或有经验的人学习，补充营养，完善自我，在工作中少犯错误和避免犯大的错误。

（三）相互支持的关系

领导者与被领导者是社会组织内部不同分工的担当者。社会分工是社会进步的表现，社会分工与合作是联系在一起的。分工合作的关系也就是相互依赖、相互支持的关系。领导的本质就是服务。被领导者也要积极支持、帮助领导者开展工作。这种相互支持既体现了组织活动的统一性，也体现了领导者与被领导者政治上的平等。

（四）相互转化的关系

对某个人来说，领导者和被领导者的地位不是固定不变的，更不是终身的。随着情况的变化，原先的领导者可以退位成为被领导者。原来的被领导者在实践中锻炼成长，具备了领导者的条件，也可以走上领导岗位。

（五）相互监督的关系

领导活动的重要职能之一是监督检查。这种监督是双向的，既有领导者对被领导者的监督，又有被领导者对领导者的监督。一方面，领导者比被领导者更容易接受新事物、形成新观念、采取新措施，同时，领导者往往是全局利益的代表者，所以，领导者要监督被领导者，以保证组织目标的顺利实现。另一方面，被领导者要对领导者进行监督，领导者必须接受这种监督。因为领导者拥有权力，而不受监督的权力容易产生腐败。领导者不可能对每一项领导工作都做得好，需要被领导者进行监督，及时提出批评与建议。

第三节 领导科学及其研究

领导科学及其研究

领导科学的产生与发展有其深刻的历史必然性。领导科学就是对领导活动规律的认识和反映，是专门研究领导活动的理论、原则、方法、艺术和绩效等的综合性应用学科。学习和研究领导科学需要掌握正确的研究方法。

一、领导科学的产生与发展

任何一门学科的产生都不是偶然的。恩格斯在《自然辩证法》中指出，科学的发生和发展一开始就是由生产决定的。他还说，社会需要会比十所大学更能把科学推向前进。科学是从社会生产与发展的实践中升华出来的，其命运归根结底决定于它是否来源于社会实践和能否满足时代的需要。领导活动自古有之，对领导活动的历史记录也比比皆是，但是，对人类领导活动及其规律进行科学研究，并形成一门独立的科学，则始于 20 世纪中期。领导科学的产生根源于现代社会化大生产的发展和现代科学技术的进步，以及社会分工的变化和进展。可以说，社会需要是领导科学产生和发展的直接动力。

（一）领导科学的产生与发展是现代社会化大生产的产物

近代社会以来，特别是 20 世纪 30 年代以后，社会化大生产的规模越来越大，专业化分工越来越细，社会联系越来越密切，社会生产力迅猛发展。概括说来，现代社会化大生产活动主要有以下三个特点。

1. 现代社会化大生产活动日益复杂，呈现出大科学、大企业、大工程的发展特征

“大科学”这个概念是由美国科学家普赖斯（D. J. Price）在 1963 年出版的《小科学，大科学》一书中提出来的，而后成为科学学及其相关领域中的一个通用概念。所谓大科学，就是指科学研究的规模越来越大、涉及面越来越广、综合性越来越强，包括像高能物理那样的需要大型技术装备和精密仪器的基础理论研究和像海洋科学、环境科学、航空航天那样的需要多学科的协同研究。所谓大企业，就是由市场规划、研究开发、生产储运、营销维修等各部门，以及主体工厂和若干分厂组成的规模庞大的生产经营系统，有的跨国公司甚至成为自成体系的“经济王国”。所谓大工程，指各种大型水利、电力、铁路、桥梁等工程项目，有的不仅在国内跨越数省，甚至跨国、跨洲，需要投入巨大的人力、物力和财力，由若干行业和单位联合分工才能完成。大科学、大企业、大工程的共同特点是：规模宏大、结构复杂、信息巨量、因素众多。面对如此高度综合的生产经营系统和组织管理系统，单凭领导者个人的经验与智慧是无法胜任的，领导者必须有一套科学的原理与方法作为领导活动的指导、依据和媒介。

2. 现代社会化大生产活动发展快，变化大

现代社会随着科学技术的发展，生产力水平极大提高，社会发展变化速度越来越快。尤其是电子计算机在生产中的广泛应用，使生产方式发生了新的革命性变革。科技发明转化为产品生产的周期越来越短；机器设备和工业产品的更新率大大加速。特别是伴随着经济全球化的日益加深，各国之间、各地区之间、各个企业之间的联系越来越广泛，影响变化的因素越来越众多，面对的竞争形势瞬息万变。多变的社会活动要求领导者能够通观全局、审时度势、及时而果断地进行决策，这就必须借助于科学的领导原理与技术方法。

3. 现代社会化大生产活动覆盖广泛，影响深远

现代社会化大生产是建立在整体化、综合化和科学化基础之上的，不仅规模大，而且

影响也大。一旦出现问题，对社会各个领域都会产生巨大而深远的影响，有些影响和后果甚至是灾难性和无可挽回的。因此，无论是从联系的广泛性还是从后果的严重性来看，现代的领导者都不能不重视科学的领导原则、原理和方法。同时，还必须建立适应高度现代化、社会化的大生产活动发展所需要的领导体制，以增强驾驭复杂形势和应对高风险的能力，避免重大领导活动的失误，最大限度地提高领导效能。

（二）领导科学的产生与发展是现代科学技术进步的产物

19 世纪末 20 世纪初，由于力学、物理学的巨大发展，带来了一场科学革命。尤其是第二次世界大战后，自然科学的发展进入了一个新的阶段，出现了原子能、电子计算机和空间技术，发生了影响深远的新一轮科技革命。现代科学技术发展的新趋势是：高度分化和高度综合。一方面，各门学科分类越来越细，分支越来越多；另一方面，各学科彼此渗透，高度综合，不断开辟科学研究的新方向、新领域，产生了许多边缘学科、综合学科、交叉学科。科学技术已经渗透到社会生活的各个方面，经济、政治、军事、教育、文化各个领域无不深受现代科学技术的深刻影响。特别是当代生物研究、工程自动控制技术、通信网络系统的发展，为科学领导提供了最新的基础理论和方法论。电子计算机以及智能机器系统的出现，使人们可以利用数学模型进行各种“模拟试验”。在这个时期，美国行政学家赫伯特·A. 西蒙（Herbert A. Simon）提出了决策程序与原则的“开创性研究”。所有这些理论和技术手段的发展，无疑都是领导活动从经验上升到科学的必要条件，对于领导科学的产生起到了积极的推动作用。

（三）领导科学的产生与发展是现代社会分工发展与深化的结果

社会分工是生产发展、科学发展的重要因素，也是整个社会发展的重要杠杆。社会分工有两个发展方向：一个是按照劳动部门的不同进行的横向分工；另一个是按照劳动过程的不同阶段进行的纵向分工。人类历史上最早发生的是农业与畜牧业以及后来的农业与手工业、体力劳动与脑力劳动相分离的横向分工。正如恩格斯所说，这些分工在带来社会大分裂的同时，也带来社会文明的大发展。而社会的纵向分工相对来说产生得要晚一些，发展也比较缓慢，人们对它的认识与研究就更少。曾有学者将现代社会管理活动的分工表述为决策、咨询、执行与监督的分工，其中决策与执行的分工是导致领导与管理分离的直接社会根源，是领导科学产生的极其重要的客观基础。

社会分工的实质是劳动部门的专门化与固定化，正如马克思与恩格斯所说：“当分工一出现之后，任何人都有自己一定的特殊的活动范围”①，“每个人可以只从事他最拿手的工作”②。

总之，决策与执行的纵向分工是历史的必然，也是历史的进步。由此产生的领导（决策专门化）与管理（执行专门化）的分离以及领导科学的产生与发展，也是历史的必然与历史的进步。

（四）领导科学的产生与发展是领导经验与艺术积累、总结与升华的结果

在人类社会长期的历史发展中，历代统治者都积累了丰富的领导经验与艺术，这些经

---

① 马克思，恩格斯．马克思恩格斯选集：第 1 卷［M］．3 版．北京：人民出版社，2012：165.

② 马克思，恩格斯．马克思恩格斯全集：第 32 卷［M］．2 版．北京：人民出版社，1998：301.

验与艺术散见于历代思想、政治典籍中。我国古代的儒家、道家、法家和兵家等都曾对领导活动做过记录与思考。例如，孔子编选的《尚书》记载了商、周时期奴隶主的政治和行政统治的经验；春秋三传、《国语》和《战国策》中所反映的领导经验与思想，直至今天对我们仍有启示；北宋司马光编撰的《资治通鉴》更是一部关于治国安邦经验与事例汇总的巨著。这些著作都已涉及领导的经验和思想观点，在人类领导思想史上有着重要的地位。然而，由于小生产方式的历史局限性，决定了他们不可能创建领导科学的理论体系，所记载的领导经验与艺术也仅是凭借个别领导者或作者的个人阅历、智慧和经验。在国外，对领导问题的研究自古也不乏其人。如，从柏拉图的《理想国》、亚里士多德的《政治学》、马基雅维利的《君主论》、洛克和孟德斯鸠的“三权分立”学说，到卢梭的《社会契约论》和“天赋人权”思想，都从一定的阶级立场出发，对人类社会的领导行为及其产生发展过程等问题做了一定的研究和论述，但他们或者不能上升为系统的理论，或者受社会阶级的局限而不能得出科学的结论。

到了近现代，随着生产的社会化和科学技术的迅速发展，人类社会的领导艺术发展到一个新的阶段。一方面，由于资本主义的生产方式突破了小生产方式的狭隘界限，世界市场的开拓、企业规模的扩大、跨国企业集团的诞生，使生产管理日益科学化，现代管理学应运而生；另一方面，随着欧美各国工业的迅速发展，人口越来越集中，城市规模逐步扩大，国际经济交往与文化交流越来越频繁，导致领导职能增加、领导方式复杂，越来越要求领导活动科学化。为了适应社会发展和科技进步的趋势，领导理论研究也在不断发展和完善。20世纪30年代以来，现代西方领导理论研究取得了许多进展，大致经历了四个发展阶段，即领导特质研究阶段、行为研究阶段、权变研究阶段和多流派发展阶段，与此相对应，先后产生了领导特质理论、领导行为理论、领导权变理论等。进入21世纪，还出现了许多新型领导理论，比如：分担式领导理论、复杂型领导理论、关系型领导理论、本真型领导理论等。这些研究为领导科学的产生和发展积累了许多实证的研究成果，注入了许多现代元素。

此外，无产阶级革命运动的领导实践，也为领导科学的产生和发展积累了丰富的领导经验与艺术，为领导科学的发展提供了总结、提升的基础。马克思和恩格斯在领导第一国际的工人运动中，列宁和斯大林在领导俄国社会主义革命和建设过程中，以毛泽东为代表的老一辈革命家在领导中国革命与建设的实践中，都积累了许多宝贵的领导经验，形成了一些特色鲜明的领导理论。这些都极大地丰富了领导研究的思想宝库，为领导科学的产生与发展作出了贡献。

（五）领导科学的产生与发展是相关学科交叉影响的必然结果

领导科学在我国的兴起和发展，是在马克思主义的辩证唯物主义和历史唯物主义指导下，吸收相关学科的研究成果基础上实现的。这些相关学科包括管理学、政治学、法学、经济学、决策科学、心理学、社会学、人才学等。

1. 管理学

1911年，美国工程师泰勒（Frederick W. Taylor）发表的《科学管理原理》一书，标志着现代管理思想的产生。管理学逐步从科学管理发展到管理科学，建立了许多分支学科，如经济管理、行政管理、企业管理、工程管理、科研管理等，创立了一系列管理理论和管理方法。管理学将“领导”作为组织管理的五项职能之一加以研究，为领导科学将“领导”作为专门的研究对象奠定了重要基础。

2. 政治学

政治学是历史悠久和学理成熟的学科。现代政治学是构成领导科学最深厚的学理基础之一。政治学在我国的恢复重建与稳步发展，对我国的民主法治建设和政治体制的改革完善发挥了重要作用。政治学对国家、阶级、政党、政府、政治家等问题的深入研究，为我国领导体制的改革和领导科学的发展指明了方向，奠定了坚实的理论基础。

3. 法学

法学是现代社会科学中发展迅速的学科，也是对现代社会影响很深的一门学科。现代社会是法治社会。法治社会以法律制度的健全为基本前提，以法律权威的至上性为社会治理的特点，以依法治理为社会权力运用的基本方式。领导科学在研究领导现象时，一般都要以领导者所在社会与时代的法律制度为基础，在法治框架内对领导者是否合格或优秀进行评判。同时，现代社会的领导者要在法治范围内运用权力。因此，法学为领导科学的发展奠定了重要的法治基础。

4. 经济学

现代经济学的快速发展，为我们借用经济学的丰富学理来理解现代社会的运行过程，提供了既有宏观理论、又有微观分析的有力工具。领导科学研究的展开也需要借助于经济学的帮助。一方面，经济学尤其是政治经济学对国家（政府）作用及其限度的研究、对国家-市场-社会关联性的深入分析，为领导科学对领导的活动背景、领导机制的研究奠定了基础；另一方面，经济学特别是部门经济学对社会经济的理性研究，为领导科学具体分析领导活动展开的各种宏观和微观条件，促进领导干部适应市场经济体制发展要求提供了知识基础和方法论指导。

此外，还有社会学、心理学、人才学、党史党建研究等，都对领导科学的产生与发展提供了学理基础、知识基础和方法论原则。

综上所述，领导科学是适应社会化大生产的客观要求，伴随社会分工的发展，在吸取了古今中外领导思想中的合理成分并借助于现代科学技术推动的基础上，在多学科融合发展中产生和发展的，同时也是在现实的领导实践中不断丰富的。

二、领导科学的研究对象、性质和范围

领导科学具有自身特定的研究对象和研究范围，具有区别于其他学科的性质和任务。

（一）领导科学的研究对象

什么是“科学”？概括地说，科学是正确反映自然、社会、思维等客观规律的知识体系。什么是规律？列宁说：“规律就是关系……本质的关系或本质之间的关系。”[①] 江泽民同志在谈到领导科学的定义时曾指出：领导科学就是领导工作中合乎规律性的东西。

---

① 列宁．列宁全集：第 55 卷［M］．2 版（增订版）．北京：人民出版社，2017：128．

领导科学是研究现代领导工作规律及其方法的一门学问。领导科学的研究对象是领导活动，其根本任务是揭示领导活动发生发展的规律。领导活动是指领导者为实现预定目标，对被领导者进行组织、引导和指挥的一种行为过程。这种过程是领导者、被领导者、组织目标、客观环境、领导体制、方式方法等要素相互影响、相互作用的过程。这种相互影响、相互作用过程中所体现的各要素之间的必然联系，就是领导活动的规律。

领导活动作为领导科学研究的特定对象，在哲学中已经涉及，但只是从哲学最一般的意义上研究领袖与群众的关系，而不是对具体的领导活动规律的把握；在政治学中已经涉及，但只是从如何取得和运用国家权力的角度，研究政治家的活动规律，而不包括对一般领导活动的探讨；在管理学中也已经涉及，但同样并没有把领导活动独立出来做深入系统的研究和概括。领导科学则是把领导活动作为一个相对独立的系统，从这个系统的整体性出发，追踪领导系统的动态过程，对影响领导活动的各种因素做全面的综合考察，从而探讨领导活动规律的一门学问。所以，简单地说，领导科学就是研究领导活动及其一般规律的学问。

（二）领导科学的性质

领导科学是实践性、综合性很强的应用性学科。

首先，领导科学是实践性很强的学科。领导科学是与领导实践紧密相连并为解决领导工作的实际问题而进行研究的学科。领导科学的所有理论内容都不是人们头脑里固有的。不论领导的产生和性质，还是领导的职能和组织，不论领导者的作风和素养，还是领导的方法和艺术，都是人们在长期的、大量的、反复的领导实践基础上进行系统的总结、升华和概括的结果。领导科学的理论一经产生，便对领导实践产生指导和规范作用。

其次，领导科学是综合性很强的学科。这是由领导活动本身的特点所决定的。领导活动是一项高度综合的实践活动，它要解决的问题几乎都是综合性的问题。领导科学这门学科的综合性质，不仅体现在领导活动本身所涉及的对象上，而且体现在现代领导者的综合素质和领导科学知识体系的综合性上。大量实践表明，领导者面临的问题大多是复杂多变的。要从战略上解决这些复杂的综合性问题，就需要领导者具备多方面的知识和在此基础上形成高超的领导艺术。所以，以领导活动规律及其应用为研究对象的领导科学，是一门新的综合性学科。

最后，领导科学是应用性学科。领导科学不是一个基础理论学科，而是和领导实践紧密联系、并为解决领导工作中的实际问题而进行研究的学科，所以，它是一门应用学科。领导科学融多学科知识于一体，目的就在于培养领导者的多方面实践能力，即综合领导能力。领导科学的综合性与领导艺术的统一，体现了领导科学的应用性。领导者的综合能力越高，领导艺术水平就越高，实际应用能力就越强。领导科学以马克思主义作为自己的理论基础，马克思主义的生命力不仅在于认识世界，更重要的是指导人们去有效地改造世界。马克思主义的基本理论在社会生活诸多方面的应用，形成了一系列的应用科学，如政治学、经济学、社会学、文艺学、军事学、法学等。领导科学自然地就成了马克思主义学说体系中很重要的新成员。我们学习和研究领导科学，就要把应用性作为出发点和归宿。

（三）领导科学的研究范围

围绕领导活动的规律问题，领导科学主要研究以下内容：领导的本质与目的；领导的要素与关系；领导的职能与作用；领导活动过程及机制；领导方法和领导艺术。

围绕上述内容，各种版本的教材根据自己的逻辑思路，构建了不同的体例或体系：有的比较细致而丰富，有的比较粗犷而简约；有的侧重理论框架和知识体系的严谨，有的侧重研究前沿的跟踪和深入；有的侧重知识的普及，有的侧重方法与艺术的训练。应该说，大多数教材的差异只是风格上不同、知识体系的时代感不同、内容上的侧重点不同。当然，这里面也不排除作者在某些问题上确实存在着学理和观点上的争鸣。无论是风格的独树一帜、知识的推陈出新、内容的丰富拓展，还是学理上的深入探究、观点上的创新争鸣，都是领导科学发展和完善过程中所需要的，也都有助于中国特色的领导科学的进步。但是，无论怎样，领导科学作为一门相对独立的新兴学科，总要有与自己的研究对象相一致、相联系的核心内容与学科边界，上述所列举的五个方面，应该是大多数人所能接受的领导科学研究的内容范围。

本教材围绕上述五个方面，在广泛吸收已有研究成果的基础上，根据领导科学研究的最新进展和领导工作的实际需要，编排了九章内容。

第一章，绪论。主要介绍和阐述领导及领导者、被领导者的含义与特征及其相互关系，介绍领导科学的研究对象、性质和任务，以及领导科学研究的方法。

第二章，领导体制。主要介绍和探讨领导体制的内容和作用，领导体制的主要类型，领导体制的历史变迁，特别是党的十八大以来关于深化党和国家机构改革的目标、原则、内容及发展趋势。

第三章，领导决策。主要介绍和论述领导决策的含义与类型，领导决策的原则、程序与方法，领导决策体制及其完善。

第四章，领导用人。主要介绍和论述选才用人在领导活动中的地位，用人者的品质要求，人才选拔的原则、标准、制度和方法，人才使用的原则与制度。

第五章，领导素质。主要介绍和论述领导角色的含义与定位，领导个体的素质及养成，领导集体的素质结构及优化等。

第六章，领导作风。主要介绍和论述领导作风的含义、特点与意义，领导作风的基本内容和要求以及改进领导作风的途径。

第七章，领导方法。主要介绍和阐述领导方法的含义与特征，领导思维方法，领导工作方法。

第八章，领导艺术。主要介绍和论述领导艺术的含义与特征，领导艺术的内容与形式，提高领导艺术水平的途径。

第九章，领导绩效。主要介绍和论述领导绩效的含义与意义，领导绩效考评的意义与内容，领导绩效考评的原则与方法，我国当前领导绩效考评研究。

三、领导科学研究的任务和方法

（一）学习和研究领导科学的任务

领导科学的性质决定了学习和研究领导科学的任务，就是为了指导领导工作实践，具体如下。

1. 促进领导工作科学化，致力于提高领导质量和效能

领导科学教学和研究要致力于发现和总结领导规律，生产和传承领导科学知识，促进领导工作的质量和效能，推动领导工作的科学化。

2. 促进领导主体职业化，致力于提高领导者胜任能力

领导科学教学和研究要致力于培养和造就一大批符合中国式现代化建设需要的领导人才，提高领导者队伍的综合素质和岗位胜任力。

3. 促进领导理论系统化，致力于提高领导学研究水平

领导科学教学和研究要以中国式现代化建设的实践为发展动力，致力于积极拓展领导科学的研究领域，改进领导科学的教学和研究方式，不断探索领导工作的客观规律，在总结中外领导工作经验和教训的基础上，发展具有中国特色的现代领导学。

（二）学习和研究领导科学的方法

领导科学的综合性特点决定了领导科学的研究方法涉及面非常广泛，且处于不断的发展变化之中；同时，随着科学技术及经济社会的发展，领导科学的研究方法也在不断更新。总体来说，领导科学的研究方法主要包括以下内容。

1. 领导科学研究的方法论基础

学习和研究领导科学，必须坚持以马克思主义为理论基础，坚持以马克思主义的基本原理与中国革命和建设的具体实际相结合的中国化、时代化创新理论为指导。这主要是因为：第一，领导活动因社会制度不同而性质不同。在社会主义制度下研究领导科学，就要遵循社会主义方向，以促进中国式现代化并最终实现中华民族伟大复兴为目的。第二，马克思主义既是世界观又是方法论。只有运用马克思主义的立场、观点、方法，才能正确而有效地履行领导职能，运用科学的领导方法与艺术，取得好的领导效果。第三，马克思主义经典作家关于领导问题的相关论述，对研究领导科学有着直接的指导意义，是确立马克思主义领导观念与方式的重要理论依据。因此，必须坚持解放思想、实事求是的思想路线，冲破传统观念和各种条条框框的束缚，以中国改革开放和现代化建设的实际问题为中心，为发展和完善中国特色的领导科学而努力。

2. 学习和研究领导科学的具体方法

（1）实证方法。实证方法又称调查研究方法。这种方法是以实事求是的精神，通过实际的调查研究收集大量资料，并进行定性与定量相结合的分析与研究，本着具体情况具体分析的原则，探求领导的特点与规律。利用现代科技手段开展调查研究，是这种研究方法的主要特征。

（2）历史方法。这种方法就是用历史的观点对领导活动进行观察与研究，注重考察领导和领导科学的起源、发展与演变的过程以及这一过程对社会的影响与作用。透过历史的轨迹，提升对领导规律的认识，达到以史为鉴的目的。运用这种方法，学习和研究领导科学要特别重视继承中华民族优秀的文化遗产，坚持古为今用。

（3）比较方法。这种方法主要通过对不同的领导体制、模式等的比较分析，研究不同国家、不同组织之间在领导理念、原则、职能、体制、方式与手段等方面的差异，探寻实

现民主领导、科学领导的途径与方法。运用这种研究方法要特别注意不同对象之间的可比性与可比程度。

（4）案例方法。这种方法的特点是以客观公正的第三者的立场与态度，通过广泛收集各种资料，对已经发生的真实而典型的领导事件进行分析与研究，从正反两个方面发掘案例的价值，丰富领导科学的研究内容，指导领导工作的实践。运用该方法的关键在于资料真实、全面，能够充分反映事件全过程的各个主要因素及其相互关系。

（5）系统方法。系统就是由若干相互关联的要素以特定的结构方式所组成的整体。系统方法就是坚持把事物看作一个整体系统，并从该系统的结构关系出发考察其中的各个组成部分。在领导科学的研究中运用这种方法，是因为领导活动本身就是一个系统，即由领导活动的主体、结构与过程等要素组成的整体。这个系统同时又处于社会环境的大系统中，并且本身又包括次级子系统。因此，只有运用系统研究方法，才能兼顾整体与局部，处理好领导活动的内外部关系。

（6）借鉴方法。学习和研究领导科学，必须注意吸收国外先进的领导经验。正如邓小平1992年视察南方时指出的："社会主义要赢得与资本主义相比较的优势，就必须大胆吸收和借鉴人类社会创造的一切文明成果，吸收和借鉴当今世界各国包括资本主义发达国家的一切反映现代社会化生产规律的先进经营方式、管理方法。"① 邓小平的这一思想同样适用于学习和研究领导科学。

此外，在领导科学的不同研究领域，还有一些特殊的研究方法，如心理研究方法、行为研究方法、量化研究方法等。

---

① 邓小平．邓小平文选：第3卷［M］．北京：人民出版社，1993：373.

第二章　领导体制

领导体制是领导活动的组织载体和制度框架，在领导活动中具有十分重要的地位和作用。充分认识领导体制及其功能，了解我国领导体制的特点及改革，是领导科学研究的重要内容。

第一节　领导体制概述

领导体制概述

一、领导体制的内涵

（一）领导体制的含义

所谓领导体制，是指以领导权限划分为基础所形成的机构设置、人员配备以及规范领导活动的制度体系。领导体制的主要内容是用制度化的形式规定组织系统内的领导权限、领导机构、领导关系及领导活动方式，从而保证领导活动的规范性、完整性、一致性和稳定性。任何组织系统的领导活动都是在既定的体制内进行的规范化、可预见的行为，不是领导者个人的任意行为。领导体制既是对领导活动的一种支持，也是对领导活动的一种约束。

理解领导体制的概念，应注意把握以下三个要点。

1. 领导体制的核心是领导权限划分

领导体制所涉及的核心问题是如何划分领导权限的问题。对领导的职责权限进行合理划分，是保证领导活动规范有序的重要前提。领导系统中的组织机构设置以及一系列制度安排，都是围绕领导权限划分而展开的，都是领导权限划分这一实质内容的外在表现形式。领导权力的分配是否科学，有三个方面的检验标准：一是权力和责任是否一致。如果权责不一致，领导者所拥有的权力大于其应该承担的责任，就容易出现滥用权力、以权谋私等现象。相反，如果领导者所拥有的权力小于其应该承担的责任，就容易出现无力或无法完成领导任务的情况，甚至出现无人负责的情形。二是权力和责任的划分是否明确。如果权责划分明确，则便于领导者用权履职，认真负责；如果权责划分不明确，则容易出现权力重叠、职能交叉、相互推诿、无人负责的情况。三是权力和责任的配置是否得当。权责配置是否得当，包括权力与责任是否对等、权责与领导者的能力水平是否匹配等。如果权责与领导者之间不匹配，就会出现“德不配位”“力不从心”的情形，最终导致无法履职、无力担责。

2. 领导体制的载体是领导系统内部的组织机构

领导权限的划分一般都要体现在组织体系和机构框架之中，换句话说，组织机构是领导权限划分的载体。从这个意义上说，领导体制就是规范领导权限划分并保证领导权力有序运行的组织工具。领导体制作为一种组织机构的设置和安排，它是一种体系化的组织架构，是静态的事权分工制度与动态的运行机制相统一的机构体系，包括职责定位、机构规格、人员安排、权责体系、运行规则等。组织机构一般表现为横向的职责分工和纵向的管理层级。

3. 领导体制的重要内容是具体的领导制度

领导体制是领导功能及其实现条件的制度化表现形式，是以领导权限的划分为核心内容、以实现组织的目标为主要职能的一系列制度规范。领导权限划分的实质是一种分工制度或分职制度，机构的设置实质是一套组织体系的制度化安排，人员配备实质是一套人事、编制管理制度，权责体系和运行规则实质是组织行为、工作行为的规范体系，也是一种管理制度和责任制度。从这个意义上说，领导体制就是关于领导权限划分和机构设置的制度体系。当然，从更大范围来看，领导体制不仅与组织形态有关，也与社会制度有关。

（二）领导体制的特征

领导体制作为国家政治体制的重要组成部分，具有以下主要特征。

1. 根本性

在任何一个社会中，领导活动对组织的命运和社会的发展都起着方向性、根本性的作用。领导体制作为领导活动的制度框架和规范体系，决定着领导权限的划分、领导机构的设置、领导主体的选任、领导行为的规范、领导价值的取向，因此，领导体制在领导活动中具有根本性作用，逻辑在先地制约着领导绩效的高低和领导活动的成败。

2. 系统性

无论是从纵向的垂直层级节制关系来看，还是从横向的职能协作关系来看，领导体制都是一个上下衔接、左右协同、彼此联系、相互依存的组织系统，是由价值、规则、权限、机构、人员等要素相互作用所构成的有机整体。因此，领导体制的好坏不仅与构成领导体制的每一个具体要素有关，而且与这些要素的结构状况有关。领导体制的系统性特征启示我们，在领导体制改革中，既要重视领导体制的单一要素的优化，实现重点突破，又要从整体性出发，综合考虑各种要素之间的结构联系，统筹兼顾，注重系统性变革。

3. 规范性

领导体制本身就是一套行为规范体系，对领导行为起着制约作用。一方面，领导体制的建立与变革要有规范性依据，必须遵循法律法规，按照法定的程序进行，这是确保领导体制权威性、科学性的重要基础。另一方面，领导活动必须在领导体制的框架下进行，接受领导体制的规范和制约，领导体制从根本上影响领导者的领导理念和领导行为。

4. 稳定性

领导者是经常变动的，每一个领导者的思想作风与行为方式也因人、因时、因地而异。但领导体制相对而言则是长期稳定的，它一旦形成就会在较长时期内保持其根本内容不变。领导体制的稳定性，既是规范领导活动及其行为的客观需要，也是领导体制正常发挥作用的前提，并且有利于领导经验与智慧的积淀传承和领导活动的规范与持续。

二、领导体制的基本内容

领导体制的主要内容应该包括以下五个方面。

（一）领导组织原则

领导组织原则，是指领导体制中以权限划分为基础的组织机构设置所遵循的一般原则，是组织机构客观规律的主要表现形式，是机构设置过程中必须依据和遵循的基本行为准则。

领导组织原则一般包括：第一，目标性原则。领导组织机构的设计要与组织的目标保持一致。组织机构的设计必须有利于组织目标的实现和组织任务的完成。第二，统一性原则。领导组织机构体系必须完整，既能涵盖咨询、决策、执行、反馈和监督等领导活动的各个环节，又能有利于实现统一领导，保障领导的权威性。第三，适应性原则。领导组织机构的设立，既要遵循法律法规，坚持依法设置和变革，又要因应组织内外客观环境的变化及时调整，坚持与时俱进，保持组织稳定性与灵活性的统一。第四，高效性原则。领导组织的设置必须符合精简高效的原则，不断降低成本和提高组织效率，避免人浮于事和组织内耗。

（二）领导组织结构

领导组织结构是领导体制的重要构成要素，它是指领导组织内部各个基本要素之间的组合方式及其相互关系。在领导组织结构中存在着两种最基本的关系：一是纵向的领导隶属关系，它决定和体现了组织的上下级关系；二是横向的领导协作关系，它体现了平行的各部门之间的不同分工与工作协同关系。不同时代、不同性质、不同任务目标的领导组织，其具体的组织结构会有所不同。在此主要介绍五种较为常见的组织结构模式，即直线式领导结构、职能式领导结构、复合式领导结构、矩阵式领导结构、事业部式领导结构。

1. 直线式领导结构

直线式领导结构是最早出现的最为简单的领导组织结构，是一种集权式的组织结构形式。在这种领导组织结构中，领导职位、职权、职责从组织的最高层到最低层按照直线垂直配置，形成等级序列，体现自上而下的命令服从关系，一切权力集中在组织的最高层。这种组织结构的优点是关系清晰、层级分明、责任明确、行动迅速，便于统一指挥和集中管理。它的缺点是缺乏专业化分工，容易使上级领导陷入日常事务之中，导致领导者因经验、精力不足而顾此失彼，难以集中时间和精力思考研究重大问题。这种组织结构形式一般适合于简单、重复、标准化的工作和结构简单的组织形态。

2. 职能式领导结构

职能式领导结构是美国管理学家泰勒（Frederick Winslow Taylor）在科学管理理论基础上提出来的。这种领导组织结构的特点是，在上级组织的统一领导下，按照专业分工设置若干职能部门，各职能部门直接对上级领导负责，并在其业务范围内对下级有指挥、协调、监督的权力。其优点在于：一是按职能划分部门，可以明确职责，减轻领导工作负担；二是实行专业化分工，可以提高组织工作效率和组织系统的稳定性；三是权力相对集中，各个职能部门和人员都只负责某一个方面的工作，决策权集中于最高领导层，有利于统一领导和集中管理。其缺点在于：一是横向协调差，容易产生本位主义；二是适应性差，内部沟通困难，组织系统很难对外部环境变化作出及时反应；三是部门利益化，容易出现政策冲突或互相推诿、扯皮的现象，妨碍统一指挥，造成管理上的混乱。

3. 复合式领导结构

复合式领导结构也称直线-职能式结构，是法国管理学家亨利·法约尔（Henri Fayol）总结并创建的组织结构形式。这是整合了直线式和职能式的复合结构，它以直线式结构为基础，并在每个领导层级设立了专门的职能部门，分别执行各种专业职能。这种结构既保持了直线式结构集中统一指挥的优点，又吸取了职能式结构发挥专业作用的优势，成为现代组织普遍使用的一种领导结构模式。但这种结构模式也存在一些缺点或运行风险：一是职责划分不够清晰，直线部门和职能部门之间的职责、职权界定不清，容易产生矛盾和冲突；二是权限划分不当会导致不良后果，如果职能部门权力过大，易导致部门主义干扰直线领导，如果直线领导权力过大，则职能部门形同虚设；三是这种组织结构模式管理人员过多，管理成本较高。

4. 矩阵式领导结构

矩阵式领导结构也称规划-目标式结构，是在直线-职能式结构基础上发展起来的一种结构模式，它既保留了职能式组织的形式，又设立了按照项目划分的横向领导系统，是一种非长期固定的组织结构。在管理活动中，一般把按照职能划分的职能部门和按照项目划分的项目部门结合起来组成一个矩阵。这是一种垂直领导与平行领导并列的领导结构模式，组织成员受到双重领导。

矩阵式领导结构的优点在于：一是加强了横向联系，促进各职能部门之间的信息沟通与职能配合，提高了组织效率；二是实现人力资源的弹性共享，项目组从各职能部门抽调人员组成，有利于减少冗员，可以降低管理成本；三是充分发挥职能部门的专家作用，使得各专业人员之间取长补短，发挥综合优势；四是具有较大的灵活性和适应性，能够使组织较快适应社会环境的变化，适用于大型组织系统。

矩阵式领导结构也存在一些运行风险或挑战：首先，由于组织成员受双重领导，如果领导之间的意见相互矛盾，就容易导致下属无所适从、左右为难，造成指挥和协调方面的困难。其次，组织关系比较复杂，对项目负责人的素质能力要求较高。

5. 事业部式领导结构

事业部式领导结构又称M型结构或者多部门结构，是20世纪20年代初由美国企业管理专家阿尔弗雷德·斯隆（Alfred Pritchard Sloan）在美国通用汽车公司研究创设的，因此也被称为“斯隆模型”。事业部式领导结构，在组织的服务对象、活动领域等基础上，把组织划分为若干个事业部，各事业部在最高领导层和相关职能部门的总体决策下，分别实行相互独立的领导与管理。事业部制组织结构是一种分权制的组织结构形式，事业部具有很大的权力，组织最高领导层除保留人事管理、财务控制、组织监督等权力以外，把其他权力下放到了事业部。事业部是利益责任单位，集利益生产、利益核算和利益责任于一体，具有相对独立的自主权。事业部制领导结构是一种“大权独揽，小权分散”“集中决策，分散经营”的组织结构形式，实质是集中领导下的分权管理模式。

事业部式领导结构的优点主要有：一是权责划分的明确性，各事业部之间可以有比较、有竞争，有利于调动组织内部成员的积极性和主动性；二是事业部的高度自主性，有利于组织的专业化运行，提高组织的灵活性和适应性，有效应对环境变化；三是分散管理的结构性，有利于最高领导层摆脱繁杂日常事务的干扰，集中时间和精力去思考和研究组织的战略问题；四是事业部自成系统、独立运营，部门领导者直接面临各种考验，有利于培养和训练领导人才。其主要缺点在于：一是各个事业部的机构设置重复，导致管理部门和人员的增加，管理成本增多；二是各事业部从本部门的利益出发，容易形成本位主义，忽视组织的整体性；三是由于职权下放过多，容易出现全局性指挥不灵；四是各事业部之间的竞争容易造成人员调动协调困难，影响先进技术和科学管理方法的交流和共享。

（三）领导组织机构

领导组织机构是特定体制内的领导机关的组成模式，一般包括以下五个部分。

1. 决策机构

决策机构也称“决策中心”，是领导组织系统的核心和灵魂，它负责确定组织发展战略、制定政策并发布指令。如果缺乏决策机构或者决策机构没有权威，那么，组织系统就无法有序运转。在一个领导组织机构中只能有一个决策机构，否则，就会政出多门；决策机构必须精干且有权威，否则容易陷入软弱无力或官僚主义；决策机构的任务是进行正确决策，即决定组织做正确的事情，因此，要健全完善决策制度和议事规则，保障决策科学化、民主化。

2. 咨询机构

咨询机构是为决策服务的，是决策机构的思想库、参谋部。咨询机构的主要任务是：第一，负责调查研究和信息资料的收集分析，为决策机构提供可靠信息和预选方案；第二，开展专项研究，为决策机构提供咨询服务；第三，科学预测，提出战略决策建议。咨询机构一般有政研室、参事室、发展研究中心、战略研究中心、顾问委员会等。发挥好咨询机构的作用须具备两个条件：一是咨询机构的相对独立性；二是咨询机构人员素质较高。

3. 执行机构

执行机构是决策机构的具体执行部门，一般由若干协调机构和职能部门组成。执行机构的主要任务是准确、及时、有效地执行决策机构作出的各项决策、决定，即负责正确地做事。在领导决策正确的前提下，执行力的高低就成为组织竞争的焦点。执行机构要很好地完成任务，必须围绕提高“执行力”这个重点做好以下工作：一是抓好学习动员，增强理解力；二是抓好目标激励，增强驱动力；三是抓好沟通协调，增强协同力；四是抓好文化建设，增强凝聚力；五是抓好考核监督，增强督促力；六是抓好设施完善，增强支撑力；七是抓好教育培训，增强胜任力；八是抓好率先垂范，增强感召力。

4. 信息机构

信息机构是为领导决策提供信息服务的专业部门，负责决策信息的输入和处理、政策信息的输出和反馈等。健全完善的信息机构是领导工作科学化、高效化的客观需要。承担信息工作的具体组织机构一般有：综合性办公室、资料室、档案馆（室）、情报部门、信息中心、统计部门、社会调查中心等，信访部门有时也发挥信息机构的作用。信息机构的主要任务是负责有关信息的搜集、整理、筛选和传递工作。当前我们正从信息社会向数字社会迈进，数字社会的核心要素是映射现实社会的海量数据和信息，同时，信息的加速流动带来了生产方式和生活方式的巨大变革，领导机构的运行比以往更依赖数据和信息，更需要遵循数据化的运行模式，这进一步凸显了信息机构在领导机构中的基础性作用。因此，信息机构要充分利用新一代的信息技术和信息设备，及时准确地为咨询机构和决策机构提供真实准确的信息，向执行机构及时反馈决策实施的真实情况。

5. 监督机构

监督机构又称控制系统，是领导决策系统的控制督察部门，一般由相对独立的各类专业职能机构承担不同的监督任务，如纪检、司法、审计、督察、监事、督导等机构。监督机构的主要任务是：对领导决策和实施情况进行监察和督导，及时发现偏离目标的倾向和行为，向领导决策机构提出预警和纠偏建议，由法律授权或接受组织委托查处责任人，保证决策正确和执行有效。发挥监督机构的作用须具备两个条件：一是保障依法独立行使监督职权；二是监督者作风正派、公正无私，并有秉公执法、善于监督的能力。

（四）领导组织层级

领导组织层级包括纵向的领导层次和横向的领导宽度。领导层次是指组织系统中自上而下地实施指挥与监督的权力级差数量，即该组织系统中设置多少层级进行领导和管理。领导宽度又称领导跨度或领导幅度，是指一个领导者直接指挥的下属的数量。

领导层次与领导宽度是密切联系的。一般来说，在同一个组织系统中，领导层次和领导宽度成反比关系，即在组织规模一定的情况下，较大的领导宽度意味着较少的领导层次；反之，较小的领导宽度则意味着较多的领导层次。有学者根据统计分析，提出了领导宽度的“二八律”：在一般的领导机构中，担任正职的领导者宜有两位副职和八位下属，而担任副职的领导者也宜有两位助手和八位下属。当然，在具体的设置过程中，领导的层次和宽度设计需考虑多种因素：第一，组织工作任务的性质。工作任务越复杂，差异越大，就越需要协调，领导宽度就越小，领导层次就越多，反之则增加领导宽度，减少领导层次。第二，工作内容的难易程度与近似程度。工作内容越容易，越近似，则宜采用较大的领导宽度和较少的领导层次，反之则采取较小的领导宽度和较多的领导层次。第三，组织成员素质水平。组织成员的素质高、责任感强，可以采用较大领导宽度的结构，反之则采用较小的领导宽度结构。第四，领导者能力状况。领导幅度的宽窄与领导者的能力成正比，领导层次的多少与领导者的能力成反比。领导者素质高、能力强，领导宽度可以适当增加，领导层次则相对减少。反之，领导层次可以适当增加，领导宽度则相对减小。第五，组织文化的凝聚力。良好的组织文化可以形成一种强大的向心力，凝聚组织成员为共同目标而奋斗。这样，领导层次就可以减少，而领导宽度则可以增大。反之，缺乏良好的组织文化，整个组织像一盘散沙，则领导宽度就小，领导层次就应增加。第六，领导信息系统和技术的先进程度。领导信息系统和技术先进，可以增加领导宽度，减少领导层次；反之则需要增加领导层次，减小领导宽度。

领导组织层次和领导宽度的设置不同，产生了两种基本的领导组织机构形态，即扁平型组织机构形态和锥型组织机构形态。扁平型组织机构形态是指领导宽度较大、领导层次较少的一种组织机构形态。锥型组织机构形态是领导宽度较小且领导层次较多的高、尖、细的金字塔形态。扁平型组织机构形态的优点是：由于组织层次少，信息传递速度快，信息失真的可能性小，发现问题及时，利于纠偏；较大的领导幅度也有利于下属主动性和首创精神的发挥。扁平型组织机构形态的缺点是：由于领导幅度过大，领导者不便对每一位下属进行充分指导和监督；领导者从较多的下属那里取得信息，众多的信息又有可能淹没其中最重要的、最有价值的内容，从而可能影响信息的及时利用等。锥型组织机构形态的优点与局限性刚好与扁平型组织机构形态相反。

（五）领导管理制度

领导体制的有效运行，需要制定和执行一套科学的管理制度，规范人的行为。概括地说，就是有职、有责、有权，做到各司其职、各尽其责、合理用权。领导管理制度主要包括领导干部管理制度、领导工作制度和领导工作责任制度等。领导干部管理制度主要是领导者的选举、招考、任免、晋升、考核、监督、培训、轮换、离退休等方面的制度规范。领导工作制度主要是领导的工作程序、领导规则等，如领导决策制度、领导用人制度、领导办公会制度、请示报告制度、政务公开制度等。领导工作责任制度主要是领导责任制、部门责任制度、岗位责任制度、领导问责制度等。

三、领导体制的功能

领导体制支撑和规范着领导活动，其主要功能包括以下几个方面。

（一）领导体制反映领导制度

领导体制的核心内容是用制度化的形式规定组织的领导权限、领导机构、领导关系及领导活动方式等，具有根本性、全局性、稳定性和长期性的作用。合理的领导体制有助于稳定根本的领导制度，因此，不断改革和完善领导体制非常重要。

（二）领导体制支撑领导活动

领导体制把领导活动的各个相关要素结合起来，使之成为一个有机整体，同时，为领导职责的划分确立了明确的界限，为确定领导层级和规范部门协作提供了明确依据，使各类领导人员各司其职、各负其责，促成领导者与被领导者之间的良性互动，为领导活动的有序开展提供了重要保障和有效支撑。

（三）领导体制规范领导秩序

领导体制作为领导权限划分和领导机构设置的制度体系，本质上是领导资源配置的一种方式，通过对权力、职位、价值、利益等进行合理配置，形成特定的领导结构，进而决定了领导活动的体系结构和运转方式，决定着领导者行使权力、履行职能的行为模式。

（四）领导体制塑造领导主体

领导体制对领导主体具有塑造作用，不仅决定着领导主体的领导观念、领导方式、领导作风，而且还规范和引导着领导主体的行为方式。有什么样的领导体制，就有什么样的领导主体。例如，在集权制的领导体制下，领导者往往独断专行、肆意妄为、滥用权力，在上级领导面前俯首帖耳、唯命是从，在下属面前则耀武扬威、飞扬跋扈。领导体制是否科学，直接决定着领导干部选拔任用的导向和结果。科学的领导体制不仅可以使优秀的领导人才脱颖而出，而且有助于领导者健康成长，有利于塑造、培养和造就更优秀的领导者。

（五）领导体制决定领导绩效

领导绩效不仅仅指领导者个人的工作绩效，还包括领导组织的整体绩效。领导体制作为领导主体活动的制度框架，其中，领导权限和职责划分是否明确、组织机构设置是否合理、领导层级和领导宽度是否得当、领导干部管理是否科学，从根本上决定着领导者和被领导者的积极性、主动性和创造性的发挥。因此，领导体制是影响领导绩效的重要变量。

第二节　领导体制的类型

领导体制的类型

一、领导体制的历史变迁

人类社会是有组织的社会，需要不断改善组织方式以提高组织效能。与此相适应，带来了领导体制的历史变迁。与社会形态的演进次序相联系，领导体制大体经历了以下几个阶段。

（一）自然集体领导体制

自然集体领导是一种原始的、初级的、简单的领导体制，是在原始社会生产力水平十分低下的情况下，产生于原始公有制经济基础之上的。它主要表现为氏族议事会、部落议事会与部落联盟议事会等形式。原始社会的氏族部落议事会是领导体制的最早雏形，这种部落议事会产生于当时社会对简单协作劳动的领导和战争指挥的需要，是一种自然组合并以习惯力量进行调节的自然式集体领导。

（二）个人家长式领导体制

人类社会进入阶级社会后，出现了以权力的高度集中为主要特征的个人家长式领导体制。这种领导体制起源于原始社会末期的父系氏族，家长居于最高地位，拥有财产所有权和对子女的人身统治权等。在奴隶社会和封建社会，个人家长制的模式变成了国家的领导体制。从最高统治者到各级官吏，利用等级森严的奴隶制和封建制实行家长式的独裁统治。古代社会的君主制也属于个人家长式领导体制。

个人家长式领导体制是与小生产方式相适应的领导方式，主要凭借领导者个人的经验、知识和才干履行领导职能。个人家长式领导体制的决策方式是经验决策；活动方式是依靠等级森严的官僚机构，利用行政强制和被迫服从来实现领导意图。个人家长式领导体制的本质是人治的领导方式。在这种体制下，领导者常常以家长的身份和心态对待被领导者。

资产阶级革命后，个人家长式领导体制在国家政体中被逐步铲除，代之以议会民主制等，但个人家长式领导体制在企业中延续很久，后被“经理制”代替。

（三）资本主义社会的领导体制

进入资本主义社会之后，随着社会分工的出现及社会化大生产的发展，西方社会首先出现了职业化的领导管理阶层，这标志着领导体制的逐步规范化、精细化。资本主义国家的领导体制也伴随着资本主义国家政治经济生活的变革而出现了新的变化。

1. 资本主义国家的行政领导体制

资本主义国家主要实行议会民主制，基本的组织原则是“三权分立”，即国家的立法权、行政权、司法权分别由议会、政府（内阁或总统）、法院掌握，三方各自独立行使职权，依法相互制衡。与“三权分立”制度相适应，资本主义国家的行政领导体制主要有三种类型，即内阁制、总统制和合议制。

（1）内阁制。内阁制又称议会制，起源于英国，是由内阁（政府）总揽行政权并对议会负责的一种政府制度。内阁通常由议会中占多数席位的一个政党或几个政党（政党联盟）组成，由多数党领袖担任内阁首相，经国家元首任命，由他们对国家政策作出集体决定。内阁对议会负责并受议会监督。内阁制的主要特点是：第一，强调议会至上。议会是国家最高权力机关，享有立法、组织内阁和监督内阁的权力。内阁由议会产生并对议会负责，内阁首脑和部长（大臣）定期向议会报告工作，接受议会的监督。第二，内阁是由议会（下院）中占多数席位的政党或构成多数席位的政党联盟组成，议会中的多数党或政党联盟即为执政党，其领袖受国家元首的委托组织政府。受命组阁的政党领袖即为内阁总理或首相，总理或首相由国家元首任命。第三，国家元首是国家权力的象征，具有“虚位元首”的性质，不掌握实权，不负实际责任。首相或总理不对国家元首负责。第四，内阁总揽一切行政权力，是国家的最高行政机关，也是政府的最高决策机构，政府首脑掌握实权。内阁成员必须同时是议会的议员。第五，内阁对议会负责，接受议员的质询，解释政府的政策和决议。当议会通过对内阁的不信任案或否决内阁的信任案时，内阁必须辞职，或者内阁首脑提请国家元首下令解散议会，诉诸选民提前举行议会选举，由新议会决定内阁的去留。所以，内阁的任期实际上有时是不固定的。英国是典型的内阁制。内阁制政府是目前西方国家比较普遍的一种政府形式。

（2）总统制。总统制起源于 18 世纪末的美国，是资本主义国家“三权分立”模式下的一种典型政府体制。总统制的特点是：第一，总统独立于议会之外，不由国会（议会）产生，而由公民直接或间接选举产生，总统的选举与国会（议会）的选举分别进行，只对选民负责而不对国会（议会）负责。政府由在大选中获胜的总统组阁，无须获得国会的多数支持。国家最高权力分别由总统和国会（议会）共同行使。第二，总统既是国家元首，又是政府首脑，这种元首是实权元首，行使宪法与法律赋予的权力。总统与政府各部部长组成内阁。总统本人是内阁首脑，掌握国家的最高行政权，统率全国武装力量。第三，政府与国会（议会）是完全分离的，政府成员经参议院同意由总统任命，不得同时兼任国会（议会）议员，不能参加国会（议会）立法的讨论和表决。各种立法提案都由国会（议会）议员提出。第四，政府成员与总统是僚属关系，由总统领导并向其汇报工作。一切问题最后由总统决定。政府不向国会（议会）负责，只对总统本人负责，服从总统的决策，总统随时可以将他们解职。总统需以咨文形式向国会（议会）报告国情、陈述意见。国会（议会）通过的法案须经总统签署才能公布施行。总统有权否决国会（议会）通过的法案，但议会如以 2/3 多数再次通过，该法案即可生效成为法律。国会（议会）不能对总统投不信任票，不能以不信任票迫使总统辞职，总统也无权解散国会（议会）。第五，总统和国会

（议会）的任期是固定的并有任期限制。在美国，总统任期为四年，可以连任但不能超过两届。在法定任期没有届满以前，即使总统和国会意见不合，也必须任满期限。第六，总统如有严重违宪行为时，国会（议会）可以对总统提出弹劾，并提交法院审理，但国会（议会）没有罢免权。第七，国会（议会）中的政党对总统并不产生直接的决定性影响，总统所属的执政党不一定是议会两院中的多数党，有时在一院甚至两院中均处于少数党地位。第八，总统制政府的机构一般分为三类：总统办事机构、政府各部、独立机构。当今采用总统制的国家有美国、墨西哥、巴西、阿根廷、智利、土耳其、韩国、印度尼西亚等。法国是半总统制国家（介于总统制和议会制之间），政府机构包括总统府、总理府和中央各部。

（3）合议制。合议制是指国家最高行政权不是集中在国家元首或政府首脑一人手中，而是由议会产生的委员会集体行使的一种政府组织形式。合议制政府以瑞士为典型代表，它是唯一长期实行合议制的国家。合议制政府的特点是：第一，委员会由议会选举产生，但不一定由议会中的多数党或党派联合产生。行政首脑由委员会在其成员中选任。委员会委员不得兼任议员，有固定任期，可连选连任，委员会以集体领导的形式行使最高行政权。第二，采取合议决定。政府一切决定均由委员会合议决定。委员会实行集体领导，所有命令不是以总统的名义发布，而是以委员会全体的名义发布。所有委员地位平等，权力相当，皆为行政各部部长。委员会主席的实际地位和其他委员相等。一切重要政务均由集体讨论，实行少数服从多数、集体负责的原则。委员会作决定时，必须至少有半数以上委员同意方能生效。每个委员虽然分别担任某一个部的部长，但无权对本部的重大问题单独作出决定，必须经过委员会指定的有关三人小组（均为联邦委员）研究决定。第三，不实行权力分立。不设总统和总理。委员会主席即为国家元首兼政府首脑。主席的职权极其有限，对外作为礼仪上的国家代表，对内负责主持联邦委员会的会议，不得行使联邦委员会的职权，无权任免官吏，无权否决议案，无权解散议会。委员会可以向议会提出法律案，并可将他们的政策随时提交议会讨论，但他们不能参加议会的表决，必须执行议会通过的法律案或其他决定并对议会负责。这种委员会实际上只是议会的一个执行机构。

2. 资本主义国家的企业领导体制

资本主义国家的企业领导体制的历史变迁，经历了以下五个不同的发展阶段：

（1）家长制的领导体制。在 19 世纪中叶以前，家长制一直是西方社会政治、经济、文化组织中普遍盛行的领导体制。无论是企业领导还是科研机构领导，都曾普遍实行家长制的领导。这种领导体制与当时的历史条件相伴而生，也曾起过积极作用。家长制领导体制的本质特点是：领导者凭借自己的地位、权力和经验从事领导与管理。家长制存在的社会条件是工业革命完成之前比较简单的组织形态和组织规模；家长制存在的组织条件是所有权与管理权不分，所有者与管理者合一。

（2）经理制的领导体制。经理制最早产生于 1841 年，它的出现标志着企业所有权与管理权的分离，职业经理阶层兴起。经理制适应了经济发展的需要，推动了近代资本主义企业的发展。经理制产生的社会条件是工业革命后出现的生产劳动专业化的发展。经理人一般都是懂业务技术的“硬专家”，因此经理制也称“硬专家”式领导体制。

（3）“软专家”式领导体制。20 世纪 20 年代以后，由于生产社会化的程度越来越高，经营管理的复杂性凸显且对企业生存发展的作用日益重要，需要具备专门管理知识和管理经验的既懂业务又精通管理的“软专家”领导企业。于是，以经营管理为职业的“软专家”即管理型专家应运而生。“软专家”式领导体制的突出特点是承认并强调管理的专门化、职业化。

(4) 专家集团式的领导体制。第二次世界大战后，尤其是20世纪70年代前后，出现了科学技术和现代生产日益结合的趋势，使领导与管理的规模和复杂性急剧增加，特别是企业战略决策日益突出。于是，在大企业最高层首先出现了集体领导的趋势——所有重大问题的决策均要通过董事会、总经理办公会等机构进行集体讨论作出决定。这类由各种专家组成的决策组织被称作“专家集团”。实行专家集团的集体领导的体制，就是专家集团式的领导体制。其主要特征是：第一，发挥集体领导智慧，弥补个人领导能力的不足；第二，实行“谋”与“断”分离，即咨询与决策分离。“智囊团”“思想库”开始出现。

(5) 多极领导体制。多极领导体制源自经理制的发展与变革。20世纪二三十年代，美国一些大型企业实行集中决策、分散管理的“事业部制”。多极领导体制就是集中与分散相结合的现代领导体制。其主要特征是：把经营决策与具体管理分开，使总经理等公司一级的高层可以摆脱日常事务，集中精力研究处理全局性大事，日常生产、销售等具体管理活动则由各事业部独立自主地承担。这标志着领导职能从管理职能中全面分离出来，既保证了决策的及时性、科学性，又提高了管理的专业性和效率。

(四) 社会主义社会的领导体制

从历史上看，社会主义领导体制的模式有巴黎公社政权形式、苏维埃政权形式、南斯拉夫社会主义自治形式、中国特色社会主义领导体制等。

1. 巴黎公社政权形式

巴黎公社是人类历史上第一个无产阶级专政的政体形式。它虽然仅存了72天，但作为人类历史上第一个无产阶级和劳动人民的民主政权，无论在世界近代史上和国际共产主义运动史上，还是在马克思主义发展史上，它都占有极其重要的历史地位，具有巨大而深远的历史意义。

巴黎公社政权形式的主要特点是：第一，议行合一。巴黎公社抛弃了资产阶级的议会制和三权分立，建立了公社委员会，兼管行政与立法的工作。公社下设十个委员会（相当于政府各部），政府的一切法令和重大事项须经公社委员会讨论通过，再分别由下属委员会执行。第二，全民选举。公社委员会是无产阶级的最高权力机关，向人民负责，由普选产生，并随时可以撤换。第三，廉价政府。所有的公职人员都是社会公仆，普遍实行低薪制。

2. 苏维埃政权形式

在十月革命后，以列宁为首的布尔什维克总结了马克思关于巴黎公社的分析与思考，结合俄国的革命实践与当时的客观状况，推动了“一切权力归于苏维埃”，使苏维埃成为当时的俄国和后来的苏联的最高权力机关，从法律上确立了苏维埃至高无上的地位。

苏维埃政权的主要特点是：第一，议行合一的政治体制。全俄苏维埃代表大会是最高权力机关，享有立法权、任免权，负责制定国民经济发展计划，全权决定苏俄内外政策，并可以自行决定大赦和特赦以影响司法权。在闭会期间，中央执行委员会和中央执行委员会主席团履行全俄苏维埃的最高立法权。第二，代表选举制度。全俄苏维埃代表大会的代表依照经济和生产单位划分基层选区，选举产生省市苏维埃，再由省市苏维埃选举产生全国的苏维埃，选民可以随时召开选民大会撤换本单位选出的苏维埃代表并立即另选他人。随着苏联解体，苏维埃政权也逐渐被其他体制所取代而退出了历史舞台。

3. 南斯拉夫社会主义自治形式

南斯拉夫社会主义自治制度，是从1950年开始在工人自治基础上逐步确立的。南斯拉夫联邦国民议会颁制《关于劳动集体管理国营经济企业和高级经济联合组织的基本法》，规定国家所有制改为社会所有制，实行工人自治。1953年又把自治范围扩展到教育、科学、文化、保健和社会的各个领域，实行社会自治。1964年以后，进一步把社会主义自治制度确定为南斯拉夫政治、经济和社会发展的根本制度。

南斯拉夫社会主义自治制度的主要内容是：第一，在物质生产领域建立联合劳动组织，由劳动者选举工人委员会进行管理，使劳动者真正成为主人。第二，在社会事业部门建立自治利益共同体和其他自治组织以及社会政治共同体等自治形式，在其中建立代表会议，对教育、科学、文化、保健等事务在协商基础上作出决定。第三，在区、自治省和共和国以及联邦，建立代表团制议会，作为劳动人民的直接政权。劳动者和其他公民用直接的无记名投票方式从基层组织中选出一定数量的代表组成代表团，从代表团成员中选派代表参加区、自治省、共和国和联邦议会，参与决定社会政策，罢免、选举干部，发展社会主义新型民主，防止出现干部的独断专行。实行社会自治模式期间，南斯拉夫确实取得了举世瞩目的成就，但同时松散的自治模式也为南斯拉夫最终的解体埋下隐患，由于国家调控不到位，地域和经济发展的不均衡导致民族矛盾上升。1992年4月27日，南斯拉夫联邦议会通过了由塞尔维亚和黑山两共和国联合组成的南斯拉夫联盟共和国宪法，宣布南斯拉夫社会主义联邦共和国彻底解体，实行的社会主义自治制度也随之失败。

4. 中国特色社会主义领导体制

新中国成立后，受苏联模式的影响，建立了与计划经济相适应的中央集权的领导体制；党的十一届三中全会以后，我国的领导体制几经变革，逐步建立和完善了中国特色社会主义领导体制。目前，中国特色社会主义领导体制主要体现在党的全面领导下的党政领导体制。其中，中国共产党的领导体制总体上是实行委员会制，政府领导体制总体上是实行行政首长负责制。

中国特色社会主义领导体制的主要特点如下：

（1）坚持党的全面领导的核心地位。中国共产党的领导是中国特色社会主义最本质的特征，是中国特色社会主义制度的最大优势。党对国家的领导体现为政治核心作用，主要实行政治领导、组织领导和思想领导。党的全面领导是新时代中国特色社会主义制度的鲜明特点，坚决维护党中央权威和集中统一领导，把党的领导落实到党和国家事业各个领域各个方面各个环节，是全面建设社会主义现代化国家必须把握的重大原则。

（2）坚持以人民为中心的领导制度。我国宪法规定，中华人民共和国的一切权力属于人民。人民行使国家权力的机关是全国人民代表大会和地方各级人民代表大会。全国人民代表大会是最高国家权力机关。坚持以人民为中心，将人民立场作为党的根本政治立场，这与党的领导核心地位并不矛盾。中国共产党的根基在人民、血脉在人民、力量在人民。共产党执政就是领导和支持人民当家作主，最广泛地动员和组织人民群众依法管理国家和社会事务，管理经济和文化事业，维护和实现人民群众的根本利益。宪法和法律是党的主张和人民意志相统一的体现。坚持党的领导、人民当家作主和依法治国相统一，这是中国社会主义领导体制的主要特征。

(3) 坚持民主集中制的运行机制。民主集中制是中国共产党的根本组织制度和领导制度。中国共产党及其领导的国家机关都实行民主集中制。民主集中制是党的根本组织制度和领导制度。运用民主集中制原则，可以很好地处理人民与人民代表大会的关系、中央与地方的关系、上级与下级的关系、多数和少数的关系等各种领导关系和复杂矛盾。正确运用民主集中制原则，有利于克服"一把手"的独断专行，也能克服分散主义和软弱涣散的弊病。

(4) 确立全过程人民民主的领导原则。人民民主是社会主义的生命，是全面建设社会主义现代化国家的应有之义。全过程人民民主是我国人民民主的最新发展，具有全链条、全方位、全覆盖的显著特征，是最广泛、最真实、最管用的民主。党的二十大报告把发展全过程人民民主确定为中国式现代化的本质要求之一，提出"全过程人民民主是社会主义民主政治的本质属性"，并就"发展全过程人民民主，保障人民当家作主"作出具体部署。一要加强人民当家做主的制度保障，拓展民主渠道，丰富民主形式，确保人民依法通过各种途径和形式管理国家事务，管理经济和文化事业，管理社会事务；二要全面发展协商民主，完善中国共产党领导的多党合作和政治协商制度，坚持党的领导、统一战线、协商民主有机结合；三要积极发展基层民主，健全基层群众自治机制，加强基层组织建设，完善基层直接民主制度体系和工作体系。

(5) 坚持集体领导与行政首长负责制相结合的工作方式。集体领导和行政首长负责制各有所长，并无绝对的优劣之分。因此，需要根据具体的行政领导工作情境对二者加以灵活运用。我国行政领导体制尽管主要实行行政首长负责制，但并没有排除集体领导，而是在集体领导基础上的行政首长负责制。这既吸取了两者的优势，又包容了两者的不足，还体现了我国社会主义的本质要求。

二、现代领导体制的基本类型

不同类型的领导体制反映了不同的领导权限划分方式。按照权力配置的集中和分散程度，领导体制可以分为集权制与分权制；根据领导系统所接受上级领导数量，领导体制可以分为完整制与分离制；根据领导决策人数多少，领导体制可以分为一长制与委员会制；根据领导系统各部门的职权性质与范围，领导体制可以分为层级制与职能制。

(一) 集权制与分权制

1. 集权制

集权制是指一切重大问题的决定权均集中于上级领导机关，下级只能根据上级的决定和指示办事。集权制的优点在于：权力集中，政令统一，标准一致；指挥方便，能够统一意志，容易做到令行禁止；能够统筹全局，兼顾各方利益；便于统一调度和支配资源，集中力量做大事。其缺点是：灵活性差，应变能力差，不容易顾及特殊情况，不易因时因地制宜；不易调动和发挥下级的积极性、主动性和创造性；容易使下属对上级领导产生人身依附关系，造成上级机关和领导人的独断专行和官僚主义等弊端。

2. 分权制

分权制是指下级机关在自己的管辖范围内，有权独立自主地决定问题，上级对下级决定和处理的事情不得干涉。分权制的优点在于：可以使下级因地制宜地贯彻上级指示，独立自主地开展工作，有利于充分发挥下级的智慧和才干；下级可以从实际情况出发，依据不同的特点处理问题，充分发挥本地区、本部门的优势，容易适应客观环境的变化；可以帮助上级减轻工作负担，有利于防止官僚主义等弊端。分权制的缺点主要表现在：一旦发生矛盾和冲突，容易出现各自为政、政令不一的情形；容易产生地方主义、本位主义、分散主义和不顾国家利益、整体利益的倾向，严重时可能导致全局失控、有令不行、有禁不止，不利于培养团体协作精神。

当然，集权与分权不是绝对的，在一个领导系统中，集权与分权经常同时存在，关键是要处理好集权与分权的适度问题。一方面要有必要的集中统一，另一方面又要有相对的独立自主，力求扬长避短。

（二）完整制与分离制

1. 完整制

完整制又称集约制，也可称一元化领导，指的是同一层次的各机关或同一机关的各个构成单位均接受同一个上级主管领导或主管机关的领导。完整制的优点在于：有利于统一贯彻指令，形成统筹全局的计划和安排；容易协调各方面的矛盾和利益；可以防止政出多门、各自为政的现象，避免因工作重复造成资源浪费；责任比较明确，工作效率较高。完整制的缺点表现在：容易造成上级机构或个别领导者包揽一切，蜕变为家长制领导。

2. 分离制

分离制又称独立制，也可称多元化领导，指的是同一层次的各机关或同一机关的各个构成单位所接受的上级指挥监督权，分属于两个以上平行的领导者或机关。分离制的优点在于：可以使各类组织各司其职，各尽其能，充分发挥主动性、积极性；可以使多元上级之间互相牵制，彼此制约，又相互促进，防止专断和滥用权力；各单位分立，便于彼此之间开展竞争，有利于发现人才。其缺点在于：容易造成各自为政，各行其是，互不协调，重复劳动，推诿责任，造成资源浪费，影响全局利益。

完整制和分离制是一个矛盾的两个方面，是对立统一关系。在实际生活当中，任何领导体制都不可能是非常纯粹的完整制或分离制。因此，要从实际出发，将二者有机结合起来，做到扬长避短。如果实行以完整制为主的领导体制，必须注意融合分离制的某些特点；同样，如果实行以分离制为主的领导体制，要注意兼顾吸收完整制的某些长处。

（三）一长制与委员会制

1. 一长制

一长制又称首长制，也称独任制，指的是组织的法定最高决策权完全集中于一位主要负责人的领导体制。一长制包含三方面内容：一是行政首长对于本单位、本部门乃至本层级的事务具有最高的领导权和最终的决策权，并负主要的或全部的责任；二是一长制建立在一定的民主讨论的基础上，要受制于民主化规则；三是一长制的运作以分工负责制的方式展开，这种分工包括自上而下逐层逐级的权责分工以及同一层次几个单位部门之间的权责分工。一长制的优点在于：权力集中，责任明确，指挥灵敏，行动迅速，决策和执行的效率较高。缺点在于：不能集思广益，受领导者个人的知识与才能的限制较大；一长制下的领导者有决策权和否决权，咨询机构的独立性和参谋作用受到限制；主要负责人如果选择不当，可能造成独断专行、滥用权力，从而出现营私舞弊，危害国家或集体的现象。

2. 委员会制

委员会制又称会议制，指的是组织的法定最高决策权由两位以上主要负责人组成的委员会集体行使的领导体制。委员会制的优点在于：由于实行集体领导，分工负责、相互监督、彼此配合，有利于集思广益、博采众长、考虑周密、避免武断，能够反映各方面的利益，也可以避免个人专断、滥用职权。其缺点在于：一是工作程序复杂，耗费时间和成本较多，决策缺乏效率，有时会因为出现争议导致议而不决、决而不行，以至于坐失良机，贻误工作；二是如果缺乏有号召力的领袖，则容易出现权责不清、责任不明的现象；三是为了求得全体委员的一致结论，容易形成妥协和折中的结果。

一长制与委员会制的优缺点表明，二者并无绝对的优劣之分，关键在于灵活应用。现代社会的各种领导体制都在融合互补。一长制的主要负责人常常把重大问题交给智囊团去拟订决策方案，或交给专门委员会作出处理；委员会制则在减少委员人数、减少副职和虚职方面作出努力，还有的致力于委员个体素质的提高和集体素质结构的优化，以提高领导效能。

（四）层级制与职能制

1. 层级制

层级制又称分级制，指的是领导机构纵向分为若干层级，每一级都对上一级负责，各层级职权性质相同但领导的范围随着层级的降低而缩小，形成从上到下的金字塔形体制。如，部队中的军、师、旅、团、营、连等建制，交通运输系统的交通运输部、交通运输厅、交通运输局等。层级制的优点是：职责分明，权力集中，指挥统一，行动迅速，步调一致，纪律严明；各层级的领导者工作性质相同，人员的升迁或平行调动，都能很快胜任工作。缺点在于：会造成上级领导部门负担过重，容易陷入事务主义，导致滥用权力，草率行事；日常工作中，下级过分依赖上级领导，不利于发挥下级的积极性和主动性。在人类社会长期发展的各个历史时期，无论是行政组织领导、军事组织领导还是宗教组织领导等，大都采用过这种领导体制。但是随着历史的发展，社会组织越来越复杂，社会活动的规模越来越大，这种体制就越来越不能适应形势发展要求了。

2. 职能制

职能制又称功能制或分职制，指的是在同一领导层次内平行设置若干部门，每个部门都以整个组织系统为服务对象，只是工作的性质和内容不同。职能制的优点在于：分工精细，专业性强，领导者能够各司其职，熟悉业务，因此，工作效率较高，同时有利于提高领导者的专业化水平。其缺点在于：分工过细，容易造成机构臃肿，人浮于事；同时各专业部门只注重本身业务，容易因为对整体情况了解不够而出现本位主义和碎片化倾向，带来各部门协调的困难。

在现实生活中，层级制与职能制往往是结合运用的，纯粹的层级制或者纯粹的职能制都是比较少见的。在领导体制和组织机构的改革中应该根据组织的职能目标、层级、规模和环境压力等因素的变化，进行动态分析和判断：哪些层级必须取消或可以减少，哪些职能部门必须撤销或可以合并。

第三节 新时代中国党政领导体制的改革与发展

一、新时代中国党政领导体制改革面临的主要问题

新时代中国党政领导体制的改革与发展

党中央历来高度重视党和国家机构建设和改革。新中国成立后，我国确立了社会主义基本制度，逐步建立起具有中国特色的党和国家机构职能体系；改革开放以来，适应党和国家工作重心转移、社会主义市场经济体制逐步建立和发展阶段发展环境的变化，党中央适时推进党和国家机构改革，各方面机构职能不断得到规范和优化，整体上实现了从计划经济条件下的机构职能体系向社会主义市场经济条件下的机构职能体系的重大转变。特别是党的十八大以来，明确了全面深化改革的总目标是完善和发展中国特色社会主义制度、推进国家治理体系和治理能力现代化，我国的党政领导体制几经变革并逐步完善。

中国党政体制改革在取得巨大成就、积累宝贵经验的同时，面对新时代新任务新要求，特别是在适应“五位一体”“四个全面”的战略性要求以及实现中国式现代化的任务方面，还有一些矛盾和问题亟待破解。党的十九届三中全会通过的《关于深化党和国家治理体系和治理能力现代化的若干决定》将其概括为以下几个方面：

（一）组织机构设置和职能配置不尽合理

从历次的政府机构改革方案内容就可以看出，组织机构设置和职能配置一直是我国党政部门机构改革的重点和核心。随着社会发展和时代变化，适应实现“两个一百年”奋斗目标的要求，目前我国机构设置和职能配置还存在不适应性，具体表现为以下三个方面：第一，一些领域党的机构设置和职能配置还不够健全有力、科学完备，保障党的全面领导、推进全面从严治党的体制机制有待进一步完善，党在部分领域的作用还没有充分有效发挥出来。第二，一些领域党政机构重叠、职责交叉、权责脱节问题比较突出，部分政府机构设置和职责划分不够科学，职责缺位和效能不高问题凸显，政府职能转变还不到位。第三，一些领域中央和地方机构职能上下一般粗，权责划分不尽合理，部分区域和领域人、财、物与职能职责配比不尽科学，难以保证中央和地方“两个积极性”的充分发挥。第四，组织机构功能不健全，咨询机构、信息反馈机构和监督机构等都不够健全和完善。这迫切要求深化党和国家机构改革，科学配置机构职能、完善体制机制，为开启全面建设社会主义现代化国家新征程、实现中华民族伟大复兴的中国梦提供有力制度保障。

（二）基层机构设置和权力配置有待进一步完善

在较长的一段时期内，我国中央集权过多，地方权力过少，后来虽然经过多次改革，但尚未能找到中央和地方权力划分的适度点。这种情形不仅导致中央行政机构的膨胀，而且也影响了地方政府推行政务、处理事务的积极性和工作效率，导致基层治理面临着管理体制的“碎片化”现象，主要表现为政民联通碎片化、权责观念碎片化、服务供给碎片化和事务管理碎片化[①]。在条块并行的政府管理体制中，按照科层制的专业分工与层级节制原则，基层治理的职能被分割在不同层级和不同管理部门之中，形成了以“块”为单元的属地管理和以“条”为线的纵向管理的两种管理模式，导致横向部门各自为政，纵向层级存在堵点，导致形成“条块分割”[②] 的现实。由于两种管理体系权力主体不同，管理目标、责任机制、激励机制、绩效考核也不一致，往往导致“条条管理”和“块块管理”的不一致、不协调，管理和决策权责不清，造成公共事务被分割、被推诿，要么陷入“三个和尚没水吃”的困局，要么产生“九龙治水”的乱象。[③] 于是，基层组织的机构设置、权力配置、运行机制、人员配备和经费保障等承受巨大压力，面临严峻考验，组织群众、服务群众能力需要进一步提高，基层治理体制改革任重而道远。

（三）事业单位公益服务的属性定位需要进一步强化

我国有事业单位 110 多万个、从业人员 3000 多万人，集中了我国 2/3 以上的专业技术人才，广泛分布在教育、科技、文化、卫生等各个领域。目前，全国范围已经完成了事业单位清理规范和分类，根据不同事业单位特点实施分类管理和改革，在推进政事分开、事企分开、强化公益属性等方面取得重大成果。然而，我国公益服务发展仍然不平衡不充分，导致部分定位为公益服务的事业单位承担着行政职责，造成事业单位定位不清晰、职责边界模糊、行政效能不高、制度成本增加的问题。部分从事经营活动的事业单位，戴着事业单位的“帽子”开展市场化经营活动，普遍存在着管理体制不顺、竞争意识不强、运行机制不活、经济效益不高的问题。目前亟待对事业单位进行分类管理，精准定位，厘清权责，提高效率，让事业单位回归公益属性，将不具备公益属性的事业单位实行另类管理。

（四）权力运行制约和监督机制有待进一步健全和完善

改革开放以来，我们党和国家对权力运行的制约和监督、从源头上防治腐败等进行了有益的探索，逐步使权力制约和协调机制更加科学有效，使党和国家监督体系更趋健全，特别是基本健全了党统一领导、全面覆盖、权威高效的党和国家监督体系，成为国家治理体系现代化的重要组成部分。然而，现有的权力运行制约与监督机制在实际运行的过程中依然存在一些难题，主要表现为：领导干部履职缺位、越位、错位、不到位问题不同程度地存在着，滥用职权、以权谋私等问题在一地方仍然屡禁不止；权力运行不够公开透明，

---

① 段尧清．以数字化转型应对基层治理碎片化［J］．国家治理，2020（38）：15－18．

② 人们常用“条块分割”的表述，比喻一个系统中两种指挥和管理体系把公共事务人为地分割成不同领域和不同层级的现象。

③ 燕继荣．条块分割及其治理［J］．西华师范大学学报（哲学社会科学版），2022（1）：1－6．

信息公开不够全面、不够及时、不够详细；各类监督形式的综合优势和整体效应尚未完全形成，不同监督主体之间权责不清，存在“上级监督太远，同级监督太软，下级监督太难”的现象，特别是对党政“一把手”的权力监督仍然是薄弱环节，亟需加强。

（五）机构编制科学化、规范化、法定化相对滞后

机构编制管理是党和国家统筹调控、配置和监督执政资源的过程，旨在根据经济社会发展、人口、面积、行政区划等指标核定各级政府或部门的编制总额、机构的具体编制数额和领导职数。[①] 在机构编制管理实践中，各级政府和部门还存在着编制配置不科学、不合理的问题。一方面，部分政府部门依然存在“超编”“超职数、超规格配备领导干部”等突出顽疾。中组部曾明确指出，当前干部配备中存在“三超两乱”的现象，即超职数配备干部、超机构规格提拔干部、超审批权限设置机构、擅自提高干部职级待遇、擅自设置职务名称等，并多次对超职数干部进行整治。纵观党的十八大后的四轮中央巡视，有19个省（自治区、直辖市）都被中央巡视组指出存在超配干部问题。[②] 另一方面，经济社会发展急需的重点行业和领域面临无编制可用的窘境，比如教育、卫生、食品药品、生态环保、安全生产等监管职能部门行政编制比较缺乏。究其根本，是机构编制法定化、科学化、规范化相对滞后，缺少机构编制立法，尚未形成统一的编制规范，对各类机构编制设置，没有统筹考虑经济社会发展和改革开放的需要，导致机构编制管理不够科学。科学配置党政部门及内设机构数量、人员数量等，加大机构编制违纪违法行为查处力度，依法管理各类组织机构，加快推进机构、职能、权限、程序、责任法定化，是今后我国领导体制改革所面临的重大难题。

二、新时代中国领导体制的改革目标与原则

党的十九届中央委员会第三次全体会议通过了《中共中央关于深化党和国家机构改革的决定》，为我国新时代深化党和国家机构改革作出了重大谋划和部署。

（一）改革的指导思想

深化党和国家机构改革，必须坚持以马克思主义特别是习近平新时代中国特色社会主义思想为指导，适应新时代中国特色社会主义发展要求，坚持稳中求进的工作总基调，坚持正确的改革方向，坚持以人民为中心，坚持全面依法治国，以加强党的全面领导为统领，以国家治理体系和治理能力的现代化为导向，以推进党和国家机构职能优化、协同高效为着力点，改革机构设置，优化职能配置，深化转职能、转方式、转作风，提高效率效能，为实现中华民族伟大复兴的中国梦提供有力制度保障。

（二）改革的基本目标

深化党和国家机构改革，目标是构建系统完备、科学规范、运行高效的党和国家机构职能体系，形成总揽全局、协调各方的党的领导体系，职责明确、依法行政的政府治理体

---

① 曹康泰．地方各级人民政府机构设置和编制管理条例解读［M］．北京：中国法制出版社，2011：5.

② 王姝．中组部首次公布超职数配备干部 近六成超配干部待“消化”［EB/OL］．（2015-01-06）［2023-08-25］．http：//renshi.people.com.cn/big8/n/2015/0106/c139617-26331201-2.html.

系，中国特色、世界一流的武装力量体系，联系广泛、服务群众的群团工作体系，推动人大、政府、政协、监察机关、审判机关、检察机关、人民团体、企事业单位、社会组织等在党的统一领导下协调行动、增强合力，全面提高国家治理能力和治理水平。

（三）改革的基本原则

1. 坚持党的全面领导

党的全面领导是深化党和国家机构改革的根本保证。必须坚持中国特色社会主义方向，增强政治意识、大局意识、核心意识、看齐意识，坚定中国特色社会主义道路自信、理论自信、制度自信、文化自信，坚决维护党中央权威和集中统一领导，把加强“党对一切工作的领导”贯穿改革各方面和全过程，完善保证党的全面领导的制度安排，同时，改进党的领导方式和执政方式，提高党把方向、谋大局、定政策、促改革的能力和定力。

2. 坚持以人民为中心

全心全意为人民服务是党的根本宗旨，实现好、维护好、发展好最广大人民根本利益，是党的一切工作的出发点和落脚点。必须坚持人民主体地位，坚持立党为公、执政为民，贯彻党的群众路线，健全人民当家作主制度体系，完善为民谋利、为民办事、为民解忧、保障人民权益、倾听人民心声、接受人民监督的体制机制，为人民依法管理国家事务、管理经济文化事业、管理社会事务提供更有力的保障。

3. 坚持优化协同高效

优化就是科学合理、权责一致，协同就是有统有分、有主有次，高效就是履职到位、流程通畅。必须坚持问题导向，聚焦发展所需、基层所盼、民心所向，优化党和国家机构设置和职能配置，坚持一类事项原则上由一个部门统筹、一件事情原则上由一个部门负责，加强相关机构配合联动，避免政出多门、责任不明、推诿扯皮，使党和国家机构设置更加科学、职能更加优化、权责更加协同、监督监管更加有力、运行更加高效。

4. 坚持全面依法治国

依法治国是党领导人民治理国家的基本方式。必须坚持改革和法治相统一、相促进，坚持依法治国、依法执政、依法行政共同推进，坚持法治国家、法治政府、法治社会一体建设，依法依规完善党和国家机构职能，依法履行职责，依法管理机构和编制，既发挥法治规范和保障改革的作用，在法治下推进改革，做到重大改革于法有据，又通过改革加强法治工作，做到在改革中完善和强化法治。

三、新时代中国领导体制改革的主要方向

自 1982 年以来，我国已经进行过九次大的行政管理体制改革，从精兵简政到废除干部终身制，从转变政府职能到政企分开，从大部制改革到服务型政府理念的树立，从党政分开到党政协同，积极构建权力运行和监督体系，经过几十年持续不懈的努力，政府管理理念发生重大变化，政府职能转变取得实质性进展，政府组织结构得到调整优化，各级政府和各部门之间的职责关系进一步理顺，政府的制度建设和能力建设也得到了进一步加强。进入新时代，开始纠正国家行政机构改革单兵突进问题，强调党政军群一体化改革的顶层设计。2023 年 3 月 10 日，十四届全国人大一次会议表决通过了《关于国务院机构改

革方案的决定》，在新的发展阶段，进一步创新制度安排、提高国家机构履职能力，将有利于优化强化社会管理和公共服务水平，更好推动社会全面进步、人民共同富裕。新时代中国领导体制改革的方向体现在以下几个方面：

（一）完善保证党的全面领导的制度安排

加强党对各领域各方面工作领导，是深化党和国家机构改革的首要任务。要优化党的组织机构，确保党的领导全覆盖，确保党的领导更加坚强有力。第一，要建立健全党对重大工作的领导体制和领导机制。加强党的全面领导，首先要加强党对涉及党和国家事业全局的重大工作的集中统一领导，充分保证党对重大工作的顶层设计、总体布局、统筹协调、整体推进。第二，要强化党的组织在同级组织中的领导地位。理顺党的组织同其他组织的关系，尤其要加快在新型经济组织和社会组织中建立健全党的组织机构，以便更好地发挥党总揽全局、协调各方的作用，确保党的方针政策和决策部署在同级组织和各类其他组织中得到贯彻落实。第三，优化党的职能部门的职责配置。为了更好地发挥党的职能部门的作用，要优化党的职能部门的职责配置，优化各类党委办事机构和规范设置党的派出机构，强化党组织抓落实的能力，强化协调督办职能。第四，科学设定党政机构。根据坚持党中央集中统一领导的要求，科学设定党和国家机构，准确定位、合理分工、适当整合，通过统筹设置职能相近、联系紧密的部门，防止机构重叠、职能重复、工作重合，充分发挥党和国家机构的整体效能。第五，推进党的纪律检查体制和国家监察体制的有机统一。深化党的纪律检查体制改革，推进纪检监察工作双重领导体制具体化、程序化、制度化，实现党内监督和国家机关监督、党的纪律检查和国家监察有机统一，形成以党内监督为主、其他监督相贯通的监察合力，实现对所有行使公权力的公职人员监察全覆盖。

（二）优化政府机构设置和职能配置

转变政府职能，是深化党和国家机构改革的重要任务。经过四十多年的探索，中国的政府机构改革已经逐渐从自发阶段迈向自为阶段。为了迎接百年未有之大变局中主要矛盾与风险的挑战，围绕推动高质量发展和建设现代化经济体系这个中心，更好地发挥政府经济调节、市场监管、社会管理、公共服务、生态环境保护等职能，必须处理好政府与市场、政府与社会之间的关系，进一步调整优化政府机构设置和职能配置，全面提高政府效能，推动形成改革惠及民生、民心认同改革的良性循环格局。具体要做好以下工作：第一，合理配置宏观管理部门职能。科学设定宏观管理部门职责和权限，强化制定国家发展战略、统一规划体系的职能，更好发挥国家战略、规划导向作用。第二，深入推进简政放权。减少微观管理事务和具体审批事项，最大限度减少政府对市场资源的直接配置，最大限度减少政府对市场活动的直接干预，激发各类市场主体活力。第三，完善市场监管和执法体制，强化事中事后监管。在减少具体审批的同时，要进一步改革和理顺市场监管体制和行政执法体制，改变重审批轻监管的行政管理方式，把更多行政资源从事前审批转到加强事中事后监管上来。一方面，整合监管职能，加强监管协同，形成市场监管合力；另一方面，集中行政处罚权，统筹配置行政处罚职能和执法资源，解决多头多层重复执法问题，完善执法程序，严格执法责任，加强执法监督，做到严格规范、公正文明执法。第四，改革自然资源和生态环境管理体制。实行最严格的生态环境保护制度，构建政府为主导、企业为主体、社会组织和公众共同参与的环境治理体系，为生态文明建设提供制度保障。第五，完善公共服务管理体制。为了适应社会发展需求，回应群众期待，改变当前我国社会服务、社会管理与民生保障体系建设水平相对滞后的现实，今后政府职能的重点应该是健全公共服务体系，推进基本公共服务均等化、普惠化、便捷化、优质化，推进城乡区域基本公共服务制度统一。政府职能部门的工作中心要从单纯注重本行业本系统公共事业发展转向更多创造公平机会和公正环境，促进公共资源向基层延伸、向农村覆盖、向边远地区和生活困难群众倾斜，促进全社会受益机会和权利均等。第六，精简机构设置，提高行政效率。精干设置各级政府部门及其内设机构，科学配置权力，减少机构数量，简化中间层次，推行扁平化管理，形成自上而下的高效率组织体系。

（三）构建党政军群机构协同机制

增强党的领导力，提高政府执行力，激发社会组织和群团组织的活力，增强人民军队战斗力，使各类机构有机衔接、相互协调，形成统一高效的领导体制，是我国党政领导体制改革的重要目标和方向。按照共建共治共享要求，今后的党政领导体制改革要致力于形成党委领导、政府负责、社会协同、公众参与、法治保障的社会治理体制。第一，明确党政职责分工，理顺党政机构职责关系。系统谋划和确定党政机构改革事项，统筹调配资源，减少多头管理和职责分散交叉，使党政机构职能分工合理、责任明确、运转协调。第二，深化人大、政协和司法机构改革。要发挥人大及其常委会在立法工作中的主导作用，加强人民政协的民主监督作用，优化司法职权配置，全面落实司法责任制。第三，推进社会组织和群团组织改革。加快实施政社分开，激发社会组织活力，克服社会组织行政化倾向；推动群团组织增强政治性、先进性、群众性，优化机构设置，完善管理模式，创新运行机制，支持和鼓励社会组织和群团组织承担相宜的公共职能，增强群团组织团结教育、维护权益、服务群众的功能，更好地发挥群团组织作为党和政府联系人民群众的桥梁和纽带作用，实现政府治理和社会调节、居民自治良性互动。第四，加快推进事业单位改革。把握政事分开这条主线，进一步理顺机关与事业单位的关系，全面推进承担行政职能的事业单位改革，理顺政事关系、事企关系，实现政事分开、事企分开。面向社会提供公益服务的事业单位，逐步推进管办分离，强化事业单位的公益属性，破除逐利机制。为机关提供支持保障的事业单位，优化职能和人员结构，同机关统筹管理。第五，健全军地协调机制。推动军民融合深度发展，构建一体化的国家战略体系和能力，必须健全军地协调机制，深化武警部队、民兵和预备役部队跨军地改革，推进公安现役部队改革，等等。

（四）建立简约高效的基层管理体制

科学设置中央和地方事权，理顺中央和地方职责关系，统筹优化地方机构设置和职能配置，形成从中央到地方运行顺畅、充满活力、令行禁止的工作体系，构建简约高效的基层管理体制，不仅能够推进国家治理体系和治理能力现代化，更能带来生机勃发的发展局面，为建设人民满意的党和国家机构奠定坚实根基。

1. 确保集中统一领导的基础上，赋予省级及以下机构更多自主权

地方机构设置既要明确同中央对口的组织机构，确保上下贯通、执行有力，又要增强地方治理能力，把直接面向基层、量大面广、由地方实施更为便捷有效的经济社会管理事

项下放给地方，除中央有明确规定外，允许地方因地制宜设置机构和配置职能。

2. 加强基层政权建设，提升基层治理效能

加强基层政权建设，是夯实国家治理体系和治理能力的基础。在实行扁平化和网格化管理的趋势下，重塑基层组织架构、提升基层治理效能是地方机构改革的主要方向。一是要推动治理重心下移，尽可能把资源、服务、管理放到基层，使基层有人有权有物，保证基层事情基层办、基层权力给基层、基层事情有人办。二是要合理设置和配置各层级机构及其职能。基层政权机构设置和人力资源调配必须面向人民群众、符合基层事务特点，不简单照搬上级机关设置模式，根据工作实际需要，整合相关职能，设立综合性机构，实行扁平化和网格化管理。三是上级机关要优化对基层的领导方式，既允许“一对多”，由一个基层机构承接多个上级机构的任务；也允许“多对一”，由基层不同机构向同一个上级机构请示汇报，规范基层管理行为，确保权力不被滥用。

3. 规范垂直管理体制和地方分级管理体制

理顺和明确权责关系，属于中央事权、由中央负责的事项，中央设立垂直机构实行规范管理，健全垂直管理机构和地方协作配合机制。属于中央和地方协同管理、需要地方负责的事项，实行分级管理，中央加强指导、协调、监督。

（五）推进机构编制法定化、科学化和规范化

机构编制工作在加强党和国家机构职能体系建设、深化机构改革、优化党的执政资源配置方面发挥着至关重要的作用。推进机构编制法定化和科学化，是在历次党和国家机构改革实践基础上作出的重要决策，是全面推进依法治国的内在要求，是深化党和国家机构改革、推进国家治理现代化的必然要求，也是创新机构编制管理、提升管理水平的重要举措。

1. 机构编制的法定化

机构编制的法定化是指由国家通过立法形式确定行政机构、事业单位的职能配置、机构设置、人员编制等，逐步建立健全机构编制法规体系。这包括两层含义：一是机构编制本身的法定化，即由国家通过立法的形式来确定机关、事业单位的职能配置、机构设置、人员编制等。二是机构编制管理的法定化，即用法律形式规定机构编制的机构及其职能、机构编制管理权限的划分、机构编制管理程序、法律责任等。

2018年以来，以习近平同志为核心的党中央高度重视机构编制工作，对深化党和国家机构改革、加强机构编制管理、推进机构编制法定化作出重要部署。《中共中央关于深化党和国家机构改革的决定》和《中央党内法规制定工作第二个五年规划（2018—2022年）》明确提出制定中国共产党机构编制工作条例，作为贯彻落实党中央有关精神的重要举措。2019年中共中央印发《中国共产党机构编制工作条例》，着力于加强党对机构编制工作的集中统一领导，为党管机构编制作出制度性安排，是统领机构编制领域各项法规制度的基础主干党内法规，是机构编制工作的基本遵循。《中国共产党机构编制工作条例》的制定和实施，对于完善党和国家机构法规制度，推进机构编制法定化，提升机构编制工作服务党和国家事业大局的能力，提高党的领导水平和执政水平，具有十分重要的意义。

推进机构编制的法定化，要求依法管理各类组织机构，严格执行“三定”规定，即“定职能、定机构、定编制”，对各部门各单位职能配置、内设机构、人员编制及领导职数等内容进行确定，加快推进机构、职能、权限、程序、责任法定化。

（1）完善党和国家机构法规制度。健全机构编制管理的法律、法规，强化系统管理、规范管理、精细管理，丰富机构编制管理的手段和方式，增强机构编制管理权威。为此，要加强党内法规制度建设，同时加快研究制定国家机构编制法，完善党政部门机构设置、职能配置、人员编制的法律规定。

（2）强化机构编制管理刚性约束。机构编制一经确定必须严格执行，录（聘）用人员、配备干部、核拨人员经费等应当以机构编制为基本依据。用法治思维和法治方式维护机构编制的权威性和严肃性。加强机构编制管理评估，优化编制资源配置，建立编制管理动态调整机制，严格机构编制管理权限和程序，严禁越权审批，严格执行机构限额、领导职数、编制种类和总量等规定，严格控制编外聘用人员，从严规范适用岗位、职责权限和各项管理制度。

（3）加大机构编制违纪违法行为查处力度。严格执行机构编制管理法律法规和党内法规，坚决查处各类违纪违法行为，严肃追责问责。

2. 机构编制的科学化

机构编制的法定化和科学化，是机构编制工作的核心内容和努力方向。机构编制的科学化，是指科学地核定机构编制的总量，科学地设置机构和编制分配，并根据变化了的客观实际对机构编制进行科学调整。推进机构编制的科学化，要求在总量控制、结构优化的基础上，科学调整机构设置和分配编制，具体来说，必须遵循以下原则：

（1）坚持深化改革促进发展的原则。机构编制管理是为了满足国家政权建设需要，为经济社会发展服务，因此，机构编制管理要树立前瞻意识，主动掌握行政体制改革中的新情况、新问题，及时调整机构设置和编制分配。

（2）坚持优化协同高效的原则。适应新时代新形势新要求，力求科学合理、权责一致，科学审慎设置党和国家机构，统筹谋划好党和国家机构职能体系建设；力求有统有分、有主有次，理顺党的领导体系和政府治理体系、武装力量体系、群团工作体系之间的领导指挥关系，明确其他各个体系的职责定位，完善党和国家机构布局；力求履职到位、流程通畅，统筹干部和机构编制资源，提高各类组织机构贯彻落实党的决策部署的效率，构建运行顺畅、充满活力、令行禁止的工作体系。

（3）坚持“瘦身”与“健身”相结合的原则。适应经济社会发展变化和财政保障能力，管好管住用活机构编制，严控总量、统筹使用，科学增减，不断提升机构编制资源使用效益。妥善处理严控机构编制与满足发展需要之间的关系，围绕中心、服务大局，保障党和国家事业发展，更好满足人民日益增长的美好生活需要。

3. 机构编制管理的规范化

在推进编制管理法定化和科学化的同时，必须实现管理的规范化，才能有效避免各地擅自设立机构、超编进人、超职数配备领导干部等问题。机构编制管理的规范化是通过制定机构编制标准来实现的。机构编制标准是指机构编制管理机关依照法律法规，对机构设立、机构规格、机构层级、人员数额、人员结构、人员素质和领导职数及其管理办法等，制定一系列的管理制度，并依照制度开展管理活动。这主要包括以下几点：

（1）制定相对统一的标准。上下左右各部门尽可能采用统一的参数，中央与地方一致，地方服从中央，下级服从上级，形成一种自上而下统一的标准体系，由机构编制管理机关统一负责综合平衡和最后审定，并经机构编制委员会批准后发布实施，各级各部门不能各行其是。

（2）完善机构编制管理的规章制度。制定和完善与法律法规相配套的规章制度，并采取相应形式固定下来。当前和今后一段时期，这些制度应当包括：机构编制的集中审批制度、机构编制的动态管理制度、机构编制实名制度、机构编制报告备案和公开制度、机构编制评估制度、机构编制监督检查制度、机构编制问责和审计制度等。

（3）加大监督检查力度。建立监督检查与目标考核联动机制，加大监督检查的力度。一是监督核查与专项检查有机结合。二是机构编制统计年报与监督检查有机结合。三是举报受理与跟踪监督相结合。及时受理群众的投诉和举报，对违反机构编制纪律的，发现一起，严肃查处一起。

第三章　领导决策

决策是领导者最基本、最重要的职能之一。从某种意义上说，领导者引领被领导者完成组织目标的过程就是制定决策和实施决策的持续性过程。领导决策正确与否，事关领导工作的成败与事业的兴衰。因此，各级领导者要切实提高决策科学化民主化法治化水平。

第一节　领导决策概述

领导决策是整个领导过程的中心环节，是领导者的基本职责。因此，领导者必须搞清楚什么是领导决策，以及构成领导决策的基本要素、特点和类型。

领导决策概述

一、领导决策的含义及特点

（一）领导决策的含义与要素

1. 领导决策的含义

“决策”有狭义和广义之分。狭义的决策就是做决定，专指对决策方案的抉择，即人们通常所说的“拍板”。广义的决策还包括方案抉择前的准备活动和方案抉择后的实施活动。也就是说，决策不仅仅是决断、“拍板”，还是一个包括方案制定、实施和评估等一系列环节在内的完整过程。本书采用广义的决策概念。所谓领导决策，就是指领导者为实现领导工作目标而制定、抉择、实施和评估决策方案的过程。

理解领导决策，应把握以下五个要点：

（1）领导决策是目的明确的组织行为。一方面，领导决策是围绕明确的目标进行方案设计、评估、选择和实施的过程，具有非常明确的目的性；另一方面，领导决策是实现群体利益的组织行为，决策权力的运用、决策主体的构成、决策程序的遵循等都体现出组织行为的特征，决策本质上是一种以完全明确的目的和目标为核心的组织行为，即决策具有明确的目的性。

（2）领导决策是发现问题、分析问题和研究问题的认识过程。问题就是社会生活中某个领域现有的实际情况和应有的理想状况之间的差距。决策的目的就是解决问题。没有问题，决策就无从谈起，因此，发现问题只是领导决策的起点，还要对发现的问题进行准确分析。一要分清各种问题的主次，抓住关键问题并予以优先解决；二要分析问题的症结所在，弄清楚问题产生的主要原因和次要原因、直接原因和间接原因、主观原因和客观原因，抓住问题的主要矛盾；三要全面分析解决问题的有利条件和不利条件，为谋划和确定领导思路奠定坚实的基础。可见，领导决策就是领导者在确认和分析问题之后，组织动员各方智慧和力量，广泛征求解决问题的建议，研究解决问题的思路，制定出解决问题的方案。

（3）领导决策是利益倾向性明显的信息处理行为。领导决策是一种公共决策，通过运用公共权力，支配和整合组织的公共资源，寻找最满意的资源配置方式和最有效的工作方式，确立并实现组织的公共目标，维护组织的公共利益。因此，领导决策带有明显的利益倾向性。同时，制定决策必须以一定的信息为基础，决策方案的制定过程就是根据目标导向和利益原则而进行的信息收集、加工、整理的过程，是对信息去粗取精、去伪存真的处理过程，也是新信息的生产和输出过程。尽管决策中的信息处理过程并不都是由领导者亲自完成的，但显然广义的决策包含着信息处理这一重要环节。

（4）领导决策是集科学性与艺术性于一体的选择行为。无论多么优秀的决策方案，最终都要通过领导者的选择来实施，但是当面临棘手的利益矛盾问题时，领导者的选择往往面临着两难的困境。领导者不仅要根据领导科学的原则和规律选择最为有利的方案，而且要发挥领导者卓越的个人智慧和人格魅力，将决策方案中不利的影响降低到最小的程度，将有利的影响发挥到最大的程度。

（5）领导决策是影响全局、产生后果责任的职务性行为。领导决策是问题指向和目标指向非常明确的行为，一般是为了实现组织的整体目标，针对影响目标实现的各种困难和问题而制定、选择和实施战略方案的过程。因此，决策的目标、面对的问题、产生的后果都具有明显的全局性。决策者是担负领导责任、主导决策过程的领导者，是承担决策后果责任的法定义务人。

2. 领导决策过程的要素

领导决策作为一个过程，主要解决的是“谁决策、决策什么、如何决策”的问题，具体涉及以下五个方面的构成要素：

（1）决策主体。领导者即决策者，包括个体领导者和集体领导者。

（2）决策客体。与实现领导职能相关的所有重大问题都是决策客体，主要包括那些关系整个组织生存和发展的问题，以及组织本身所处的内外环境。

（3）决策信息。与实现领导职能相关的所有信息都是决策信息，尤其是关系到组织现在及未来的存在状态的关键信息。信息是领导决策的基础。

（4）决策程序。即制定和实施决策的方法、步骤或工作流程与顺序。

（5）决策实施。在各种决策方案中择优定案并付诸实施，包括决策实施后产生的结果评估、追踪决策等。

（二）领导决策的特点

领导决策贯穿于领导活动的全过程，具有以下特点。

1. 目标性

领导决策的出发点是为了实现领导目标，没有领导目标就谈不上领导决策；领导目标不明确则会导致决策失败。

2. 预测性

领导决策是针对未来要实现的目标以及实现目标的路径、方案而作出抉择并付诸行动的过程，因而领导决策离不开对领导活动发展趋势的预测，包括对可能出现的各种情况的估计以及拟采取对策的后果的预测。预测的科学性直接影响领导决策的正确性。缺乏预测的领导决策是盲目的。

3. 优选性

领导决策的关键环节就是对决策方案的抉择，也就是在可以实现目标的若干备选方案中权衡利弊、综合评价，最后选择一种令人满意的合理的决策方案，以求投入最少效益最大，这就是决策的优选性。

4. 过程性

领导决策是一个由前后相连的若干环节组成的过程，主要包括决策前的准备、决策中的定案、定案后的实施、实施中的追踪控制和实施后的评估反馈等若干环节。决策前，要确定问题和目标，收集信息资料；决策中，要拟订方案并对各种方案进行比较分析和择优定案；决策实施时，要追踪控制，及时调整；决策实施后，要收集反馈信息，进行总结评估等。

5. 风险性

领导决策环境具有不确定性，领导者的决策大多是在一种相对确定但又处于不断变化的条件下作出的；任何领导决策实施的后果都有可能存在某种程度的不确定性，都可能发生出乎意料的情况，甚至出现决策失误或失败。这就是领导决策的风险性。领导者既要有驾驭风险的胆略，更要有化解风险的智慧和能力。

（三）领导决策的重要性

1. 决策是领导最基本的职能

领导决策贯穿领导活动的全过程，领导活动就是制定决策、实施决策和评估决策的过程。制定和实施决策，是一切领导活动最重要的环节，其他领导职能都是以决策为核心和基础的。选才用人是为了更好地实现决策目标，健全与完善组织机构是为了落实领导决策的分工，绩效考评与领导激励是为了提高决策实施的有效性。因此，领导决策是各级领导最基本的职能。

2. 决策是影响组织事业发展的关键因素

办任何事情，都是先有说法，后有做法，先有思路，后有出路。小到个人或一个组织，大到一个社会或国家，要办成一件事情，都离不开正确的决定，尤其离不开领导者的正确决策。古往今来，历史的经验和教训反复证明，领导决策正确，则事半功倍，工作顺利，事业兴旺；领导决策错误，则事倍功半，工作困难，事业受挫，甚至会造成重大的损失。

二、领导决策的类型

领导决策具有不同的类型。根据不同标准或选择不同角度，领导决策有不同的分类。

（一）经验决策与科学决策

依据决策对社会生产方式的适应性的不同，决策可分为经验决策和科学决策。经验决策是指主要凭借领导者的个人智慧和经验而进行的决策活动。经验决策是否成功，主要依赖于领导者和参谋者的个人认识和经验，决策的过程中需要领导者处理的信息十分有限。在社会化大生产条件下，尽管经验决策仍然有其合理性和应用价值，却只能在一定的范围内和一定程度上具有可行性。由于经验决策中包含的个人主观随意性较大，一般不能遵循科学的决策程序，因此很难经得起历史和实践的检验，其局限性非常明显。科学决策是指领导者在科学理论和方法的指导下，依靠科学的决策体制，按照科学的决策程序，运用科学的决策技术和手段进行的决策活动。科学决策强调遵循决策规律，注意吸取智囊团和思想库的意见，注重科学论证，因此，其正确性和可靠性一般高于经验决策，成为现代决策的重要标志。由经验决策转向科学决策，是20世纪社会科学发展的重大成果之一。

（二）集体决策与个人决策

依据决策主体组成的不同，决策可分为集体决策和个人决策。决策的制定和实施活动由两个以上的人来完成，一般称为集体决策；决策的制定和实施活动主要由一个人单独完成，这种决策称为个人决策或首长决策。

（三）战略决策与战术决策

依据决策目标的层次和范围的不同，决策可分为战略决策和战术决策。战略决策又称宏观决策，是指事关国家、地区、单位和部门的发展方向和远景，是对具有全局性、方向性的重大问题的决策。战略决策影响深远，涉及范围广，一般由组织的最高层作出，其宏观性、原则性、长远性和定性化特征比较突出。战术决策又称微观决策，是指在战略决策的总方向、总目标的指导下，为保证实现战略决策而作出的局部性的、有关具体方法和步骤的决策。战术决策一般由基层领导作出，其微观、具体和定量化的特点比较突出。

（四）总体决策、局部决策与辅助决策

依据决策的规模和重要性的不同，决策可分为总体决策、局部决策和辅助决策。总体决策是指影响发展全局、起着根本性作用的领导决策。此类决策涉及的范围广，内容抽象，决策定性的成分多，作用的时间长。一切路线、方针、政策性的战略决策均属于总体决策。局部决策是相对于总体决策而言的部门性决策。此类决策涉及的范围小，内容具体，决策定量的成分多，作用的时间也较短。它从属于总体决策又影响着总体决策。下级领导或部门对上级领导或部门布置的任务，结合本单位的实际情况所作出的决策，一般属于局部决策。辅助决策是指为了保证总体决策的顺利实施所进行的有关策略性、方法性和补充性的决策。此类决策十分具体，实施性和技术性很强。

（五）程序化决策与非程序化决策

依据决策问题的重复程度和有无先例，决策可分为程序化决策和非程序化决策。程序化决策又称常规性决策，是指对领导活动中重复出现的问题，运用既定的程序、原则和方法作出的例行性决策。这类决策的特点是：经常以相同或基本相同的形式重复出现，其产生的背景、特点、内外部相关因素，全部或基本为决策者所掌握；决策的过程具有规范化的固定程序，运用这些程序可以解决同类的问题；决策者可根据以往经验制定例行的决策

程序。在现代信息社会，大多数程序性决策都可以通过计算机来完成。非程序化决策又称非常规性决策，是指决策者对偶然发生的或首次发生的新问题所进行的无先例可循、无既定程序可依的非例行性决策。这种决策的特点是：难以量化，主要依靠领导者的知识和经验进行决策；偶然性、突发性的因素多，超出了原来的规范和程序，解决起来没有确切的把握。

（六）确定性决策、不确定性决策与风险性决策

依据决策问题的解决条件和结果的确定性的不同，决策可分为确定性决策、不确定性决策和风险性决策。确定性决策是指决策的环境和条件因素是确定的，并且实施决策方案后只会产生一种确定的结果。此类决策是最简单的决策，具有确定的客观依据，难度小，实施结果也是十分明确的。不确定性决策是指由于多种不以决策者意志为转移的客观条件，决策者对最后的结果无法确定。此类决策的变量很多，不同情况下实施的结果有很大的差异，难度很大。风险性决策又称随机性决策，是指在所依据的客观环境和条件不确定，但同时又有一定的概率可以解决问题的情况下作出的决策。

（七）高层决策、中层决策与基层决策

依据决策主体层级高低的不同，决策可分为高层决策、中层决策和基层决策。高层决策是由高层领导者或领导集团作出的决策，其决策的性质属于战略决策和宏观决策，通常具有全局性、战略性、统揽性的特征。中层决策是由中层领导者作出的决策，其决策的性质介于宏观、战略决策与微观、战术决策之间。中层决策必须服从高层决策，通常具有局部性、战术性、协调性等特征。基层决策是由基层领导作出的决策，一般属于战术决策和微观决策，是为了实现高层或中层的决策而进行的实施性决策，通常具有具体性、执行性、技术性等特征。

（八）最优决策与满意决策

依据决策者追求的目标及其实现的理想程度的不同，决策可分为最优决策和满意决策。最优决策是指决策者追求理想条件下的最优目标，并选择最优方案的决策。满意决策是指决策者根据现实的条件，以追求特定条件下的满意结果为目标，选择满意方案的决策。

（九）初始决策与追踪决策

依据决策时间先后的不同，决策可分为初始决策和追踪决策。初始决策是指决策者为实现最初决策目标而对决策方案所作的初次抉择。追踪决策则是在初始决策的基础上对决策目标或决策方案所进行的一种纠偏和完善直至根本性的修正和调整。

（十）单目标决策与多目标综合决策

依据决策所要实现目标多寡的不同，决策可分为单目标决策和多目标综合决策。单目标决策是指在一定的时间、环境等条件下，所要达到的决策目标是单一的，或只有一个明确目标，它的特点是直接、简单、明确。多目标综合决策则是指在一定的环境条件下，所追求的决策目标是多项的。现代社会领导活动中多目标综合决策越来越多。

除了上述决策类型以外，还有按组织性质和职能范围不同划分的管理决策、经营决策和业务决策；按决策主体的积极性不同划分的主动决策和被动决策；按领导工作的性质和

决策对象的范围不同划分的政治决策、经济决策、社会决策、文化决策、科技决策和军事决策等。

第二节 领导决策的原则与程序

领导决策的原则与程序

决策的科学化、民主化和法治化是现代领导的发展趋势，是社会发展和进步的必然要求。因此，领导者必须掌握和遵循决策的基本原则、程序和方法。

一、领导决策的原则

新时代的领导决策，要以新发展理念作为总的指导原则和根本遵循，即坚定不移贯彻创新、协调、绿色、开放、共享的新发展理念，把新发展理念完整、准确、全面地贯穿于领导决策的全过程，优化领导决策体制机制，切实转变决策方式，推动决策质量变革、效率变革、动力变革，实现更高质量、更有效率、更加科学和民主的决策。领导决策的基本原则是领导决策活动中客观规律的体现和具体化。领导者在决策过程中，必须严格遵循领导决策的基本原则。

（一）人民性原则

在我国，制定任何决策都必须以最广大人民群众的根本利益为出发点。各级领导者在决策过程中都会遇到中央和地方、集体与个人、地区之间、部门之间等各方面的工作矛盾和利益冲突，要正确处理这些矛盾和冲突，就必须在决策过程中坚持人民性的原则，从全局出发，统筹兼顾，以实现最广大人民群众的根本利益为最终归宿。习近平同志参加十三届全国人大三次会议内蒙古代表团的审议时强调，坚持人民至上，不断造福人民，把以人民为中心的发展思想落实到各项决策部署和实际工作之中。贯彻落实“以人民为中心的发展思想”就必须坚持领导决策的人民性原则，站在人民的立场，回应人民诉求，维护人民利益，以此为出发点，完善公众参与制度，规范公共决策程序，做到决策为了人民、决策依靠人民、决策造福人民。坚持人民性原则，一是理顺决策系统中各决策主体的关系，善用专家资源，注重发挥新型智库的作用，依托大数据系统，从而优化决策组织体系的内部结构。二是增强公众参与的覆盖面和代表性，拓宽公众参与的渠道和途径，强化公众参与对决策结果的制约作用，从而完善公众参与机制。三是创新和完善调查研究制度、决策论证制度、决策责任追究制度，从而规范公共决策程序。

（二）合法性原则

这里的“合法性”是广义的，主要强调领导决策的政策法律根据，包括国家的宪法、法律、法规和党的方针政策等。一切领导决策活动必须以国家法律为准绳，在宪法和法律允许的范围内进行，做到有法可依、有法必依。党的方针政策是广大人民群众利益和意志的集中体现，只有认真执行党的方针政策，才能真正维护国家和人民的根本利益。因此，一切决策都要以宪法和法律为根据，以党的方针政策为准则，以上级领导决策为指导，这样才能保证领导决策的正确方向。

（三）创新性原则

决策活动一般指向变革现在，开创未来，消除或缩小现状与期望之间的差距。因为领导决策多体现为战略性和非常规性的决策，所以领导决策应遵循创新性原则。所谓创新性原则，就是领导者在决策过程中面临新情况、新问题时，主动思考、积极进取，摆脱过去不合理的条条框框的束缚，与时俱进，不断变革与优化决策的方式方法，以适应新的经济社会发展变化的需要。尤其重要的是要建立创新性决策的制度保障机制，如创新性决策激励机制、允许决策失败的容错机制以及决策风险管控机制等，鼓励创新精神，破除迷信权威和经验主义的惯例，用发展的眼光、科学的态度和创新的精神来思考和解决决策问题。此外，还要坚持以科学预测为前提，超前思考，顺应时势。新时代坚持领导决策创新性原则，必须坚持中国式现代化道路，坚持高质量发展，把科技自立自强作为国家发展的战略支撑，面向世界科技前沿、面向经济主战场、面向国家重大需求、面向人民生命健康，深入实施科教兴国战略、人才强国战略、创新驱动发展战略等若干重大国家战略，为实现中华民族伟大复兴而不懈奋斗。

（四）信息性原则

信息是领导决策的重要基础和依据，它在领导决策中具有十分重要的作用。在现代社会错综复杂的情况下，如果不能及时准确地掌握信息，领导者就不能及时准确地发现问题，也就不可能作出正确有效的决策。领导者在制定和实施决策时，必须借助于信息系统掌握真实、准确、全面的信息，并对之进行系统的归纳、总结、整理、比较、选择，去粗取精，去伪存真，由此及彼，由表及里，为正确决策提供充分依据。领导者掌握的信息越真实、越准确、越全面，领导决策的基础就越坚实，越具有科学性。在现代决策体制中，领导者一般通过专门的信息机构来掌握和处理相关信息。

（五）可行性原则

可行性原则要求领导者在确定目标和拟订方案时必须首先考虑可行性问题。可行性原则是保障决策正确性的重要标准。所谓可行性，是指在现有的主客观条件下，决策能够实施的程度及其效果。要保证决策可行，就必须做到以下几点：第一，决策必须符合客观事物的发展规律。第二，决策必须符合党和国家工作的全局和经济社会发展的大局。第三，决策必须符合本地区、本单位、本部门的实际情况和现有条件，包括各种资源条件、技术条件和发展基础等。第四，决策必须符合未来发展趋势，以科学预见为前提。总之，领导者要善于从需要与可能、现实与未来、有利因素与不利因素、成功的机会与失败的风险等多方面权衡比较中，作出正确判断。

二、领导决策的程序

领导决策程序是指决策过程所要经过的必要的阶段或步骤。党的十八届四中全会通过的《中共中央关于全面深化改革若干重大问题的决定》强调把公众参与、专家论证、风险评估、合法性审查、集体讨论决定作为重大行政决策法定程序。这种规定对于完善各级领导的决策程序，保障决策的科学性和民主性具有非常重要的指导意义。一个完整的领导决策过程，一般需要经过以下几个步骤：发现问题、确定目标、拟订方案、评估选优、组织实施、追踪决策和总结完善。

（一）发现问题

发现问题是领导决策活动的起点。问题是客观存在的，是一切决策活动的发端和指向。不能发现问题，没有解决问题的需要，便没有领导决策。问题就是差距，包括与上级要求的差距、与理想目标的差距、与群众愿望的差距、与事业追求的差距、与同行工作上的差距等。决策就是为了解决问题而寻找和确定工作方案的过程。领导者必须在掌握大量信息的基础上，以探索的精神确认并分析问题，将现实情况与期望状态进行对比，确认两者之间的差距，并把握问题的发展趋势，准确地查明问题出现的原因，全面分析和研究解决问题的可能性以及所需要的支撑条件。

（二）确定目标

目标就是人们在一定环境和条件下希望达到的一种结果。确定目标在领导决策中占有重要地位，对决策活动有着决定性意义。决策目标影响全局、关乎方向，具有超越现实、引领未来的作用。因此，目标直接决定着决策方案的设计和选择。领导者确定目标需要把握以下两个环节。

1. 掌握标准，明确要求

目标的内容应该明确而具体，包括目标状况的描述和实现目标的时间安排等都要清楚明白；目标的定位要符合实际，目标定得过低容易失去激励作用，定得过高则容易变成空中楼阁；目标的设计要体现出层次性和阶段性，区分主要目标和次要目标、总目标与子目标、近期目标和长远目标等。

2. 确定价值，分析条件

确定目标价值，就是建立实现目标的指标体系；分析目标条件，就是分析判断实现目标的约束性因素。确定目标价值，一般可以分解为政治价值、经济价值、社会价值、文化价值等，并对其重要性进行排序，以便明确目标价值发生矛盾时的取舍原则。既要防止由于没有明确主次和轻重而无法实现目标，又要防止由于取舍不当而错失决策目标的本意。分析目标条件，就是要对影响目标价值实现的各种因素进行研究，以便明确满足目标实现的条件和要求。

（三）拟订方案

拟订方案就是为达成决策目标而制定备选方案的过程，即从多方面寻求实现目标的有效途径。拟订方案一般由领导者提出原则要求，委托有关部门或咨询机构进行方案的设计和论证。设计方案要根据目标的要求，结合对已知条件的判断和对未知情况的预测，对人力、物力、财力和其他组织资源以及可利用的社会资源进行优化配置，简而言之，就是对实现目标的途径和过程作出预先安排。所拟订的方案应该符合目的性、条件性、可行性、效率性等要求，备选方案应该在两个以上，且各个方案之间要具有明确的界限或鲜明的差异性，以便作出科学比较和优化选择。同时，考虑到方案实施过程的复杂性和各种不确定因素，一些重大决策或复杂决策应该针对可能出现的意外情况或风险因素，提供紧急情况下的应急预案或临时方案。对所有方案的优缺点、限制性条件等应作出必要的说明。

（四）评估选优

评估选优就是对全部方案进行综合评价，在权衡利弊的基础上作出最佳抉择的过程。可以从众多备选方案中选择一个最佳方案，也可以吸收众多方案的长处而综合形成一个新的方案。一般来说，优选的方案应该是对实现目标来说投入最少而效果最好的方案。

方案的评估主要是运用数理方法进行科学预测和可行性分析，科学地表达各种方案的利弊，描述和揭示事物的变化趋势，勾画出未来发展的轮廓，从而确定各方案的有效性和可靠程度，为决策方案的选择提供依据。分析评估是决策过程中的基本步骤，是决策成功的重要保证。一般由领导把关，委托专门人员进行。

评估的内容包括方案实施后可能产生的后果，即效率、效益和危害性等，还包括方案实施条件分析和可能性分析。

评估的原则包括：第一，定量分析和定性分析相结合的原则。定量分析的优势在于能够直观、具体地反映出各个方案的差别，容易进行判断；定性分析的优势在于可以描述出不能或不便直接用量化指标来衡量的方案和实施后果，比如社会效益、生态环境等内容。第二，风险预测的原则。制定决策时，各种主客观条件存在不同程度的变化和不确定性，所以，在方案评估时，还要作出适当的风险预测，以便权衡利弊，灵活决断。第三，正确处理“最优标准”和“满意标准”的关系。“最优标准”是一个理想化的标准，即以最小的代价获得最大的收益，它要求各种条件都是明确的和最优化的，这在很多情况下是不现实的；“满意标准”是实际决策过程中经常采用的标准，即相对来说令人满意的标准。领导决策可以在各方案之间适用“最优标准”，在价值选择维度适用“满意标准”。

方案选优的标准通常包括价值标准、优化标准、时效标准。所谓价值标准，是指包括各项价值指标的一个价值系统。所谓优化标准，是选取的方案应该是投入最小、效益最大的最优决策。所谓时效标准，是指按照最佳时机进行决策。有些方案从长远看也许不是最好的，但若在特定时机实施则可能取得好的效果。如果对备选方案长期议而不决，去追求所谓十全十美的理想方案，就会因各种动态因素的变化而失去决策的良机。

方案选优的方法主要有以下几种：第一，筛选法，即以能否达到满意的目标为标准，对方案依次进行筛选淘汰，选出最好的、最令人满意的方案。第二，分类法，即将全部的备选方案划分成几类，或者按照类别淘汰，或者从每一类别中选择最好的方案，进行比较之后再淘汰。第三，排序法，即将若干备选方案按照优劣进行评分，并按照得分的高低对方案进行排序，再从中选优。

在方案选优过程中，领导者要尽可能发挥“外脑”的咨询作用，广泛听取各方面的意见，做到“兼听则明”。但是，无论如何，对方案作出最后的抉择是领导者的职责，是不能委托别人进行的。

（五）组织实施

制定决策的最终目的就是贯彻实施，并在实施中不断进行修正和完善。决策方案的实施可以划分为以下两个阶段。

1. 试验证实阶段

试验证实阶段是指对方案进行局部的、小规模的试验，以验证决策方案选择的正确性的阶段。如果在试验过程中发现事先没有预料到的新问题、新情况，可以在正式实施之前对原决策方案及时修正。“试点”的要求是：被选作试验的“点”必须在全局中具有代表性和典型意义；试验过程必须严格按照既定方案进行，不能给所选的“试点”单位以特殊的待遇和条件；不能只在单一的地区做“试点”，必须在相同或相近条件的地区进行对比。

2. 普遍实施阶段

经过试验证实决策方案具有可行性，就进入了决策方案的全面实施阶段。这一阶段的主要工作是：第一，编制具体的实施计划，包括总体性计划、阶段性计划、局部性计划等。编制计划是为了合理地组织人力、物力和财力，协调各方面的关系，安排实施的进度等，把决策方案的实施具体化。第二，组织动员群众。实施决策要求充分发挥广大人民群众的积极性、主动性和创造性，为此，领导者必须做好广泛的动员和宣传工作，使广大群众领会决策的精神、内容、要求和实质，明确目标，统一意志，共同行动，增强自觉性，减少盲目性。第三，建立严格的责任制度。明确参与方案实施的相关机构和相关人员的责任范围和标准，建立健全各项规章制度。第四，检查监督。领导者组织相关人员对决策方案的实施情况进行定期或不定期的检查监督，以便及时发现问题，纠正偏差。

（六）追踪决策

追踪决策是决策实施过程中的一项重要工作。广义上的追踪决策是指针对决策实施过程中出现的新情况、新问题而对原决策方案进行的修正和调整。它不仅包括对原有方案的部分性的修正，还包括对原有方案的根本性的修正，甚至是制定全新的决策方案；狭义上的追踪决策仅仅是指领导者对原决策方案作出根本性的修正和改变。

追踪决策的特点有：第一，回溯分析。这一特点也称“扬弃”，就是要注意发掘原来决策中的合理因素和有效成分，将其吸收到新的决策当中，这就是“扬”的过程；同时，要对原来决策的产生机制和环境进行客观分析，找出决策失误发生的过程和原因，以便采取有效的对策，使追踪决策建立在现实可靠的基础上，这就是“弃”的过程。追踪决策的分析过程，必须从原决策的起点开始，准确地找出失误的症结所在。第二，非零起点。追踪决策是在原决策实施的基础上进行的新决策，必须以产生的实际后果作为新决策的依据。追踪决策面临的对象和条件是原决策实施了一段时间、已经发生了一定变化的环境和条件。在原决策实施的过程中，不仅投入了大量的资源，而且这些资源的消耗已经对周围的环境产生了影响。因此，对待追踪决策既要谨慎，又要坚决，做到及时、准确。第三，双重优化。这是指追踪决策方案的优选，既要优于原方案，否则起不到改正和调整的作用，又要在众多的追踪决策的方案中进行优选，否则就不是科学决策。因此，追踪决策比初步决策更为困难。

（七）总结完善

总结完善是对决策制定、实施的过程和效果进行自我反省，总结经验，吸取教训，不断完善决策制度，不断深化决策实施的过程。通过总结完善，不仅推动决策目标的改进和决策方案的完善，更好地保障决策实施的效果，而且促进整个决策制度的改革和决策工作的改善。

综上所述，就一个完整的决策过程来说，科学决策的每一个环节都是十分重要和必要的。一般来说，上述领导决策过程的各个环节是不可缺少的，也是不可随意颠倒的。但是，在实际工作中，领导决策所面临的客观环境是错综复杂的，领导者在进行具体决策时应该实事求是，灵活地掌握和运用决策程序。对决策过程的各个环节可以结合实际情况交替进行，重点运用哪些步骤、省略哪些步骤，都应该视具体的决策环境和决策目标而定。

三、领导决策的方法

决策的科学化需要以科学的决策方法来保证。人们在漫长的领导实践过程中积累了许多成功的决策方法，在这里重点介绍以下几种决策方法。

（一）经验决策法

经验决策法是凭借领导者的知识、经验和智慧进行决策的方法。经验决策能否获得成功，主要取决于领导者的自身素质。具体步骤是：对组织所面临的问题统一认识；从以往相同或相近的经验中寻找决策的依据，根据个人判断作出决定。

（二）专家意见法

专家意见法就是把与决策问题相关专业领域有所建树的专家学者组织起来，充分利用现代化的科学技术和研究成果进行决策。主要有以下几种具体方式：

1. 头脑风暴法（Brain-storming Method）

头脑风暴法也称BS法、小组协力创新法，是一种集体开发创造性思维的方法。它由现代创造学的创始人、美国学者亚历克斯·奥斯本（Alex F. Osborn）于1938年首次提出，并在美国、日本等发达国家得到广泛应用。头脑风暴法的特点是通过小型高效的主题会议，让与会者敞开思想，使各种设想在相互碰撞中激起脑海的创造性风暴。头脑风暴法可分为直接头脑风暴法和质疑头脑风暴法。前者是在专家群体决策基础上尽可能激发创造性，产生尽可能多的设想的方法；后者则是对前者提出的设想、方案逐一质疑，寻找其现实可行性的方法。

采用这种决策方法的要点是：（1）小组人员一般包括主持人1名，记录员1名，成员5～10名。（2）议论的中心要简明、具体，同一座谈会上的议题不得超过3个。（3）主持人一般不得发表具有倾向性的言论，同时要制止有人进行批判性发言，并防止个别人不发言或持续发言。（4）专家不论职务高低、责任轻重均可参加，但只负责提出自己的设想，设想越广泛、越新奇越好，而无须对他人的设想作出评论。（5）所有的建议全都记录在案，会议过后再进行讨论和研究，对创意强的构思应单独挑选出来，会后再发放意见征询卡，向发言者进一步征询。

这种决策方法的优点在于效率极高，可以在短时间内产生大量的决策建议，便于鉴定和筛选。

2. 哥顿法（Gordon Method）

这种方法以其发明者美国人哥顿命名。它的运用与头脑风暴法十分接近，其基本方法是：会议主持人在开会时不具体提出会议的主题，只是让专家围绕着某一个话题畅所欲言，当会议进行到某一阶段之后，主持人点明会议的主题，进一步引导讨论不断深入下去。

3. 对演法

对演法就是将不同的方案交给不同的小组分别制定，然后在两个小组之间展开辩论，互相揭示对方决策方案的不足之处，以求充分地暴露问题。这种方式可以充分考虑决策方案不完整的地方，为制定和完善决策方案提供理论依据。

4. 综摄法

综摄法又称比喻法或集思广益法，它力求收集那些表面上看来带有情感色彩或不合理的想法，并把它们同决策中的理性因素结合起来，或者用熟悉的方法来处理陌生的问题，或者用陌生的方法来处理熟悉的问题，通过“变陌生为熟悉”来取得突破性进展。

（三）决策树分析法

决策树分析法是风险决策常用的一种方法。这种方法利用概率论的原理和树形结构图的分析工具，以大树的分支代表可供选择的方案，通过对各方案在不同条件下的计算比较，为决策者提供决策依据，以寻求最佳的决策方案。具体的步骤是：先把决策的不同方案和可能产生的不同结果画成树形的各个分支，形成树形结构图；再逐个按分支求出各个决策方案的有利条件和不利条件，从中选择出损失最小、效益最大的决策方案。

（四）系统分析法

系统分析法适用于比较复杂的决策问题。系统分析法就是从系统的整体性出发，通过分析组织系统与外部环境的关系、组织系统内各要素之间的关系，把握决策目标的整体性以及围绕决策目标而形成的子系统的联系，找出其中的规律性，从而达到决策的整体化、协调化和最优化的效果。新时代在领导决策过程中运用系统分析法，需要加强前瞻性思考、全局性谋划、战略性布局、整体性推进，统筹国内和国际两个大局，办好发展和安全两件大事，坚持全国一盘棋，更好发挥中央、地方和各方面积极性，着力固根基、扬优势、补短板、强弱项，注重防范化解重大风险挑战，实现发展质量、结构、规模、速度、效益、安全相统一。

（五）大数据决策法

随着大数据技术的发展，大数据逐渐成为人们获取对事物和问题更深层次认知的决策资源，特别是人工智能技术与大数据的深度融合，为复杂决策的建模和分析提供了强有力的工具。所谓大数据决策，就是借助互联网平台，利用信息技术获取海量的数据，结合先进的技术手段和方法分析大数据，达到提高决策质量、水平和优化决策方案的目的，实现决策科学化、民主化和现代化目标。[①] 它主要包括数据源、数据汇集、数据平台建设、数据分析等流程要素。大数据决策具有决策动态性、决策全面性、寓不确定型决策于问题求解的过程性、获取数据隐含知识的有效性和满足个性化需求等特点和优势。作为一种基于数据而得出有用信息进行科学合理决策的方式，大数据决策法要求领导干部在决策实践中要充分尊重数据源，从数据资源挖掘有用信息，实现满意决策，服务决策实践。

除了上述这些决策方法之外，还有一些科学决策方法，如数理模型法、反馈纠正法

① 陈之常. 应用大数据推进政府治理能力现代化：以北京市东城区为例［J］. 中国行政管理，2015（2）：38－42.

等。无论何种方法，基本上都可以归为定量决策法和定性决策法两类。领导者在决策过程中，应该根据实际情况，灵活使用两种决策方法。

第三节　领导决策科学化民主化法治化

决策科学化民主化法治化是现代领导决策的基本价值取向及有效性的根本保证。党的十八大强调，坚持科学决策、民主决策、依法决策，健全决策机制和程序。中国特色社会主义进入新时代以来，在推进决策科学化民主化法治化方面取得了重要进展，提高了我国政府回应社会关切、解决公共问题的能力。但是，在决策制度建设与具体决策活动中，还需要进一步推进决策科学化民主化法治化水平，建立健全各类决策体制机制。

领导决策科学化民主化法治化

一、决策科学化民主化法治化的含义

决策科学化也称科学决策，它是指决策者及其他参与者充分利用现代科学技术知识及方法特别是公共政策（政策科学）的理论和方法并采用科学合理的决策程序来进行决策。从目的论的角度来看，决策科学化就是通过将信息、技术、经济成本收益分析以及专家的专业知识等引入一个理性的决策模式，全面考量和保障决策的可行性。这是决策过程所不可或缺的。也就是说，其偏重于对因果关系、成本收益的计算和效果最大化的追求，是一个理性的技术考量过程，包括诸如正反两个方面（可行性与不可行性）的专家论证、专家咨询、专业机构测评、环境与经济等方面风险评估等。[①]

决策民主化也称民主决策，它是指引导和保障社会公众、各类社会组织、专家学者等充分参与决策的过程，在政策中反映广大人民群众的根本利益和要求，并在决策系统及其运行中形成民主的体制、程序和氛围。简而言之，就是通过搭建政府与社会公众对话的平台，将民主参与引入决策的过程。它特别强调民主程序的引入和政府与公众对话的过程，以便在政府与社会之间建构共识，达成公共选择，使决策获得社会大多数人的认可和支持。实施决策民主化，要求在进行关涉经济社会发展、人民切身利益的重大决策、重大项目时，应通过公示、咨询、听证会、社会稳定风险评估等方式来实现利益相关者的参与。必须保障广大人民群众和各种社会团体以及政策研究组织，能够充分参与公共决策的过程，在公共政策中反映广大人民群众的根本利益和要求，并在决策系统及其运行中逐步形成深入了解民情、充分反映民意、广泛集中民智的决策机制和营造良好的决策社会环境，充分体现人民群众国家主人翁的地位和参与国家公共治理的民主权利。

决策法治化也称依法决策，主要是要求依照法定程序进行决策和以合法性审查确保领导决策不能违反法律，不能违法损害社会利益和公民权利。《全面推进依法行政实施纲要》及有关文件规定，对有关经济社会发展、人民切身利益的重大决策、重大项目，必须严格按照公众参与、专家论证、风险评估、合法性审查、集体讨论决定的程序进行。将技术可

① 马建川. 提高行政决策科学化民主化法治化水平［N］. 人民日报，2013－08－22（7）.

行性的论证列入法定程序以保证科学考量，将听证会为主的听取意见形式列为法定决策制度，以确保民主考量。决策的法治化既可以保障决策的有序进行，还可以通过将各种社会力量纳入利益分配和调节机制，以法治的力量促进社会公平正义。

在领导决策的制度设计与具体决策行为中，科学化、民主化、法治化不能互相替代，也不应彼此偏废。如果过度强调民主，会降低科学论证的价值、专家的作用和决策的效率；如果科学的价值取代民主的价值，就会因为忽视社会民主参与而产生分歧；如果忽视决策的法治约束，则科学决策和民主决策都将失去法律保障，无从确立。科学决策、民主决策、法治决策并不是孤立的，而是相互影响的。在具体决策中，科学、民主、法治的制度设计和程序要求可能交织在一起，也可能在三个层面反复进行，需要厘清科学决策、民主决策、法治决策的关系，以充分实现其价值。

二、决策科学化民主化法治化的基本要求

随着世界范围民主法治的发展，特别是现代公共治理理论的发展和传播，领导决策的科学化、民主化与法治化已经成为现代社会的一项普遍政治原则和公共行政准则，也是我国公共治理发展的必然趋势与时代要求。在我国，自党的十三大报告提出“党的决策的民主化和科学化”以来，决策科学化、民主化、法治化问题在理论上不断得到重视，在实践中不断得到强化。在发展社会主义民主、建设法治中国的过程中，领导决策科学化能够保证国家公共治理与社会生活的高度契合、促进建立良好的公共治理秩序，领导决策民主化有利于实现社会公众的参政议政和培养公民的权利意识，领导决策法治化则能够保障公共治理的稳定性和可预期性，规范公共权力的运行。

（一）决策科学化的基本要求

科学的领导决策，必然是专业的决策者运用科学的决策方法，经过科学的决策程序，作出符合客观规律并能促进自然、社会、人类协调发展的领导决策。要实现领导决策科学化，除了要充分利用现代科学技术与方法，特别是政策科学的理论和方法外，还需要具备以下三个条件。

1. 决策主体的专业性

实现决策主体的专业性，除了提高决策者的素质、定期培训决策人员、强化决策人员的调查研究能力等之外，还必须借助于“外脑”，使专家参与决策。特定领域的专家和专门的决策咨询机构根据自身特有的专业知识和技能，在领导决策制定、执行和评估过程中提供专业化、科学化的支持、论证或启发，出具专家意见，给予专家指导，这是保障决策主体专业性的重要条件。任何一项公共政策都涉及多方面的专业知识，仅靠决策者自身的知识、个别专家的智慧难以完成现代公共决策。在世界范围内，专家参与已经成为领导决策的重要趋势，构成现代公共行政的重要特征。党的十八届三中全会和四中全会均强调：要实现决策科学化，须加强中国特色新型智库建设，并建立健全决策咨询制度。当前，参与领导决策的专家系统已经初步形成体系化。如政策研究室、参事室、研究中心等常设的咨询机构可以为领导决策提供咨询服务；技术顾问团或专家咨询委员会等虚拟专家组织可以通过课题论证、项目验收、专题讲座等形式提供咨询论证；高等院校、科研机构等专门

的研究组织可以通过委托课题、联合研讨、人才培训等方式影响决策；民间咨询组织和机构，如零点调查公司等，则可以通过调查报告为领导决策提供参考。

2. 决策程序的科学性

基于领导决策的公共性，我们可把领导决策理解为政府与公众就某一公共问题遵循科学合理的程序经过协商对话做出的决策选择。决策程序的科学化是指决策程序的理性、规范、合理和便捷，符合决策行为的一般逻辑，能够有效防范决策风险和有力支持公众参与。领导决策遵循科学合理的程序，能够使领导决策行为符合逻辑地达成决策结果。领导决策形成的一般逻辑是：发现问题→针对问题调查研究→确定决策目标→拟定备选方案→公众和专家分析论证→各方主体意见交互→协商一致选择最佳方案→执行决策→反馈、修正和评估。顺序发生的决策程序反映着决策的客观过程，决策的客观过程又决定了决策程序的必然性。虽然不是每个决策都必然经过上述完整程序，但必要的环节是不可少的。只有遵循这样的程序和逻辑，才能避免领导者凭经验盲目决策、凭直觉仓促决策、凭感情随意决策、凭印象片面决策。不仅如此，领导决策程序还应当是决策参与者与决策者沟通交流的媒介，是公众参与权与领导决策权沟通对话的机制。有了科学合理的决策程序，才能有效保障公众参与权的实现以及公众诉求的及时输入和有效回应，有力约束和预防公共权力可能的滥用和僭越。

3. 决策内容的规范性

（1）领导决策的严谨性。这种严谨性表现为决策形式、决策结构的明晰性，符合语言规范，条款层次分明，结构严谨等要求。

（2）领导决策的准确性。领导决策体现了特定时期、特定范围内的某项公共事务的发展方向，甚至还会构成立法的依据和方向，对公共领域的影响是举足轻重的。因此，其表述应该是清晰的、明确的，避免含糊不清、模棱两可。

（3）领导决策的可操作性。制定的政策、决策在实践中必须易于推行、能够推行。但可操作性并不简单等于“简便易行”，其核心是要使得领导决策能够在成本较低的基础上顺利实现预期的目标①。

另外，需要强调的是，领导决策的科学化、决策内容的规范性等是以决策议题的“公共性”为前提的。“谈到政策制定，一般人都把注意力集中在决策过程本身，而忽略了一个至关重要的问题：为什么有些事情被提上议事日程，而另一些却没有？”② 只有避免利益集团垄断领导决策议题，才能把那些事关国计民生、具有公共价值的议题作为领导决策的主题，才能实现领导决策的科学性。

（二）决策民主化的基本要求

决策民主化意味着公众不再只是被管理者和被政策约束的对象，而是政策制定的参与者、政策执行的共建者。决策民主化的实现，核心在于公众参与公共决策的广度、深度和有效性。要实现决策民主化，至少需要具备以下几个条件。

---

① 严荣．地方政府公共政策可操作性的思考［J］．理论探讨，2000（3）：75－77.

② 王绍光．中国公共政策议程设置的模式［J］．中国社会科学，2006（5）：86－99.

1. 有效的个体参与

有效的个体参与是指社会成员不通过任何媒介代言，而是个体直接参与公共决策。把个体的观感和利益诉求向决策者直接传递，使决策者能够在最短时间内知悉和把握参与主体的利益诉求，从而及时调整公共政策的选择。个体公共参与是民主的首要体现，也是领导决策民主化的直接动力和压力来源，具有明显的优势。正如卢梭所言："决策活动中参与的理想情形是，不存在有组织的团体而只有个人的参与，因为有组织的团体能够使他们的特殊利益占上风而损害平等。"① 首先，个体对公共决策的直接参与，可准确表达其利益诉求，避免个人意志被他人整合、被组织筛选，避免群体性或组织参与中弱势群体的意志与利益被淹没、代替。其次，个体参与在搜集信息、表达诉求方面所需付出的成本几乎为零，相对于群体与组织参与的成本更为低廉。最后，个体参与公共决策，可以提升公民的主体权利意识，强化个体的社会认同感，促进公共决策的制度性建设，促进政府决策机制的科学化和法治化。

2. 有效的组织参与

与个体参与相比，组织参与可有效克服个体参与的"无力量"和群体参与的"超力量"两种极端，也可有效避免"搭便车"和"内讧"对利益表达的不利影响，还可以产生"放大效应"，增强参与的有效性。首先，组织的层级性、自治性等特性和发展方向，可以将具有一致利益的、分散的个体组织起来，使原来分散的利益诉求整合成统一的利益表达。其次，组织化聚合的"放大效应"，也可使这种表达能够很好地寻找和吸引社会资源的支持，从而有效克服分散的个体因知识、能力甚至经济因素局限而最终陷入"无力量"的困境。再次，分散个体的组织化，也可化解个体由于自身知识、环境因素的局限性而对某项公共利益理解和表达的个体差异，避免利益表达过程的自我冲突，过滤掉无用的、不可能达到的、过于激烈的利益诉求，把众多个体诉求整合、凝练为理性的、统一的利益诉求，从而在与公共权力的交涉中达到预期目标。最后，组织参与还可以发挥整合利益关系人的作用，克服因个体差异而发生的利益表达不均衡之恶性循环，"把参与权进一步整合为一个有组织的体系，这至少给了那些弱势利益群体一个向社会表达他们意见的机会，否则，他们就根本没有这种机会"②。

3. 有效的舆论监督

由于公共权力的强大和在资源分配领域的绝对主导性，权力滥用、贪污腐败等权力异化现象不可能完全杜绝。社会公众通过报刊、电视、网络等公共媒体对公共事务表达意见，对公共机构和公职人员进行舆论监督等，就成为民主政治发展的必要补充。新闻舆论所表现出来的社会监督力量，使人们将其视为行政、立法、司法三权之外的"第四种权力"。它是一种廉价却具有强大威力的权力，其威力来自公众压力和公开透明。普通社会公众通过"第四种权力"表达诉求、参与公共政策，参与主体范围是广泛的，所表达的意见也可能代表不同的利益主体。这在一定程度上能够克服组织参与过滤掉某些个体诉求的弊端，减少利益集团等通过参与而"俘获"公权机构的可能性。在当今信息化时代，网络

① 卢梭. 社会契约论［M］. 何兆武，译. 北京：商务印书馆，2017：36.

② 卡罗尔·哈洛，理查德·罗林斯. 法律与行政［M］. 杨伟东，等译. 北京：商务印书馆，2004：396.

媒体的广泛普及，更使普通民众表达诉求、发表针对公共政策的意见的成本与障碍大为降低，极大地扩展了普通公众参与公共政策的广度。同时，公共媒体表达意见的公开性和透明性对公共决策的压力是巨大的，要求公权机构必须回应公开表达的民意，这使得公众通过公共媒体参与公共政策的能力和影响变得更加强大。

（三）决策法治化的基本要求

领导决策法治化要求建立相应的主体参与制度和参与程序制度，实现领导决策全过程的法治化，包括决策、执行、评估各个环节的主体要素和程序要素的法治化，以保障领导决策科学化和民主化的实现。就主体要素来看，领导决策法治化表现为公众参与、行业组织参与、专家参与和专门咨询机构参与的法律化和制度化，通过法律规定来确保公众、行业组织、专家和专门咨询机构参与领导决策，克服与避免传统的领导专享或垄断公共政策的决策权、执行权和评估权的现状。就程序要素来看，领导决策法治化的主要内容是信息公开程序、民意调查程序、听证程序、协商谈判程序等主要程序的法律化和制度化。为了实现领导决策的法治化，我们需要建立和完善以下相关制度。

1. 建立并完善信息公开制度，实现公众知情权的法治化

一方面，在领导决策制定环节，应及时全面地向公众公开和告知所掌握的相应信息，包括决策背景、备选方案、公众的意见倾向、决策的依据与拟定目标、决策的主体机关和执行机关等。在执行环节，执行部门更需要把领导决策的主要内容、执行方向、执行时间、执行区域等各种相关信息及时公布。总之，信息公开应当遵循“公开为原则、不公开为例外”的总要求，通过有效的渠道和方式公开相关的决策信息。另一方面，信息公开要以民意调查为基础。民意调查制度是领导决策中获取公众意见的程序的法治化。领导在决策环节，通过问卷调查、社区走访、舆情调查、公众信箱等方式收集公众意见，公众也可以主动提出意见和建议、进行游说等。当然，民意调查既可以由公共部门的专门机构实施，也可以委托专门的咨询机构实施。民意调查结果原则上应在相应的范围内公布，这既是对领导决策的有效监督，也是实现公众知情权的重要途径。

2. 建立并完善决策参与制度，实现参与主体的法治化

专家、行业组织和专门咨询机构的参与是保障公众参与专业性的有效途径。美国的《联邦咨询委员会法》确立了专家咨询规范体系，较好地规范了专家地位、知识占有和活动范围，促进了专家咨询在美国的广泛开展。在英国，咨询是决策的法定程序之一，英国专家参与公共行政的主要方式是完成民间咨询公司受政府委托的咨询或研究项目；政府除了向民间咨询公司寻求帮助外，还设立了大量内部专门咨询机构或职位，吸引专家参与公共行政活动。另外，一些国家所实行的公益代表人制度，为广泛而分散的利益在决策过程中得到表达提供了另一种可能的路径。公益代表人主要由私人律师、私营公司、一些有固定成员的组织甚至特定情形下政府的特定组织等来承担，他们可以为领导决策提供更多的信息，也可以提醒公职人员注意那些可能被忽视的特定问题，促使领导者在决策时全面地关注和考量公共利益。在我国，也应立足具体国情，进一步推进公众参与决策法治化的制度安排，探索完善一套具有“中国特色”的保障公众有效参与决策的制度体系。

3. 建立并完善协商谈判制度，实现公众参与程序的法治化

听证会、论证会、讨论会是实现协商谈判的主要形式，也是很多国家已经法治化的程序。根据我国的实际情况，为了实现公众参与程序的法治化，必须提升和实现公民参与权利的法治化，还要建立专业化的决策评估体系。专业的决策评估既是决策科学化的有效途径，也实现公众参与权的重要保障，有利于促使领导者在决策阶段更多关注公众意见。为了保障评估的客观性和科学性，避免领导者既当运动员又当裁判员，决策评估应由专业的评估机构完成，如美国的兰德公司和斯坦福国际咨询研究所、英国的伦敦国际战略研究所等。在我国，需要加强决策评估机构的独立性和专业性，既要明确评估主体在政治上和经济上的独立性，避免专业评估机构对决策主体的依赖，又要实现评估人员的专业化和职业化，建立评估人员职业化管理体系。

三、中国特色新型智库建设

随着信息时代和知识经济时代的来临，国际形势纷繁复杂，科技革命日新月异，全球化进程带来的思想文化交流更加频繁，观点碰撞更加激烈，世界强国都积极争取在国际竞争中的话语权。智库作为创新思想的集散地，对内承担着政府决策咨询的使命，对外则是国家软实力的代言人。智库在国家治理体系中的重要作用已经受到各国政府的高度重视。我国自 2015 年起，密集出台了一系列政策支持智库建设。2015 年 1 月印发的《关于加强中国特色新型智库建设的意见》对中国特色新型智库的基本功能进行了界定。2016 年 5 月，习近平同志在哲学社会科学工作座谈会上对中国特色新型智库建设提出了更高的目标要求。2017 年 5 月，中共中央印发《关于加快构建中国特色哲学社会科学的意见》，民政部等 9 部门联合出台《关于社会智库健康发展的若干意见》。党的十九大报告指出，要加强中国特色新型智库建设。这表明，我国的智库建设虽然起步较晚，但日益受到重视。

（一）中国特色新型智库的内涵

智库亦称“思想库”，即智囊机构、智囊团，是指由多学科的专家组成的，为决策者在处理社会各方面问题出谋划策，提供最佳理论、策略、方法、思想等的公共研究机构。把握“中国特色新型智库”的内涵需要分别对“中国特色”和“新型智库”的含义加以理解。

关于“中国特色”的含义，可以从五个方面来理解。第一，建立与政府部门的良性互动关系。国外大部分智库独立于政府部门之外，智库的研究成果通常会采取商品化的形式向政府提供，政府会基于需求的考虑决定是否购买智库的研究成果。而国内智库与政府部门的良性互动关系，体现在大多数智库已经与政府部门建立了直接或者间接的联系，这是中国智库的特色，相比于国外的智库，它的沟通渠道更加畅通也更加直接，对决策者的需求把握更加准确，决策咨询的成果也更有针对性，提高了智库咨询的质量和效率。第二，对国家战略起到支撑作用。中国特色社会主义进入新时代，面临的国内外问题更加纷繁复杂，脱贫攻坚、粤港澳大湾区建设、区域协同发展等一系列国家重大战略和构想的实施为智库发挥作用提供了机遇，智库研究紧扣时代脉搏和国家战略，亟需开展前瞻性、针对

性、储备性政策研究，这是智库保持活力的关键，同时智库研究成果能对重大关键问题提供有效的支撑，也是智库提升影响力和公信力的基础。第三，增强对公众传播的影响力。国内智库在为政府决策提供服务后，有些研究成果在政府层面已经产生了效果，但有些成果往往被束之高阁。党的十九大报告提出，要提高新闻舆论的传播力、引导力、影响力、公信力。这就要求智库除了服务政府决策之外，还需要充分发挥智库研究成果塑造媒体、影响公众的作用。尤其是依靠新媒体平台以及传统传播渠道的建设，凭借客观、准确、翔实的研究分析，为媒体和公众在对重大问题的理解上提供更加理性的参考，甚至在国际舆论场上发出有影响力的中国智库的声音。第四，服务社会公众需求。国内智库在服务政府决策咨询的同时，受职能定位和业务拓展的影响，在服务社会公众上是关键一环，并发挥着承上启下的重要作用。为公众提供国家重大战略方针政策的解读，并辅助政策落实，帮助公众享受更加快捷便利的政策通道。针对公众关心的国内外社会经济热点问题进行解读，并起到积极的舆论导向作用。对关系到国计民生的前沿战略问题，提前布局开展研究，进行综合研判，给出正确发展方向的对策建议。第五，开展国际交流与合作。随着中国国际交往层次的深入和国际影响力的不断提升，"一带一路"、人类命运共同体等一系列倡议或战略构想的实施，对智库在国际交往平台中发挥作用提供了机遇和挑战。《全球智库报告 2020》显示，中国多家智库入选了全球最佳"国防和国家安全研究""国内经济政策研究"等不同研究领域的榜单，中国智库的国际影响力和知名度都在逐步提升。中国社会科学院、国务院发展研究中心等 8 家中国智库连续三年入选全球百强智库榜单。

关于"新型智库"的含义，可以从以下四个方面进行理解：第一，智库建设方式更加灵活。传统智库主要依托政府部门、高校及科研院所建设。但为了更好地适应时代发展的需要，智库建设的方式越来越灵活。一方面，互联网络平台建设和智库建设呈现相互融合、相互交叉的趋势，一些互联网内容提供商、移动互联 App、电子商务企业基于已有资源进行整合，开始向某一专业领域的智库发展，通过利用现代信息技术，广泛收集、科学分析互联网络平台的数据信息，建立起"用数据说话、用数据决策、用数据管理、用数据创新"的有效机制，推动了咨询服务的智能化和现代化。另一方面，一些传统的智库则开始利用互联网平台聚集更多的智库资源并提升自身的影响力。第二，智库成果形式更加多样。传统智库成果以文字报告的形式为主，因为服务对象单一，对成果的基本形式要求也是固定的。但是在互联网的普及下，智库成果的受众类型更加多样，因此要求智库成果在面对受众群体分散化的情况下，能够将同样的研究成果，在给政府决策者、自媒体平台、社会化信息平台以及传统报纸杂志时，运用不同的形式，充分利用编辑工具对智库成果进行整理和提炼，以提高智库成果的可读性和可接受性。第三，智库服务对象更加广泛。传统智库以服务上级政府决策为主，但是随着全球经济、社会发展形势日趋复杂，经济、科技革命带来了更多的问题与机遇，影响企业发展和政府决策的因素越来越复杂多样、相互交织，互联网在带动资讯传播更加迅速的同时，也产生了一些问题，例如资讯内容的夸大失实、信息模糊等。这些问题与机遇催生了各级政府部门、企业、平台、机构等更多类型的社会主体不得不寻求于智库来提供客观、准确、及时的咨询服务。第四，智库研究方法更加先进。智库研究以面向经济社会发展的实际需求为导向，研究方法通常有案例研究法、统计分析法、调查问卷法、深度访谈法等。同时以哲学社会科学的研究方法和工具为基础，智库研究结果的科学性和准确性能够得到保证。当前，在大数据和云计算以及各类开放式平台的推动下，智库的研究方法和研究资源得到了极大拓展，各种可视化数据统计分析工具以及预测工具，使得智库的战略研究和科学预判的触角能够比过去更快速、准确地达到前沿领域。

（二）中国智库建设的现状

1. 区域分布不平衡

据《全球智库报告 2020》统计，全球共有智库 11 175 家。美国是全球拥有智库机构最多的国家，有 2 203 家。中国的智库数量有大幅增长，为 1 413 家，位居第二。国内智库的分布主要集中在北京、上海。其中，北京占 42%，上海占 14%，剩下的 44%分布在其他地区。智库在国内各省市的分布不均，对地区经济发展产生了一定的影响。

2. 社会（企业）智库力量较为薄弱

社会（企业）智库作为智库生态系统的重要一环，能够为决策咨询提供不同的视角，是推动决策咨询科学化的重要力量。但在 2015 年发布的首批国家高端智库建设试点单位中，仅有 2 家社会智库。社会智库在建设的体量和水平上距离高端智库的要求还较远，并且部分社会智库在建设上存在着过于注重社会传播和社会关系的构建，而忽视了研究和创新能力的提升，导致研究成果质量参差不齐，在为政府提供决策咨询服务的整体竞争力上还有较大的上升空间。

3. 高校智库能量尚未充分发挥

高校作为学术研究的前沿阵地，以其深厚的学术积淀和专业性，成为咨政的中坚力量之一。但当前高校咨政的能量尚未得到充分发挥，主要表现在以下几个方面：一是大多数高校智库并未将智库类的成果纳入教师绩效考核指标体系，仅以论文、课题等传统学术成果作为代表，对咨政建言类成果（比如新媒体传播、政府决策咨询报告）及其价值发挥的评判标准体系尚未有系统的设计；二是基于学术研究的思维有待于进一步向咨政的思路转变，以文献、模型、理论为主的研究模式，与咨政需要的数据调研、案例调研、访谈调研模式尚有差距；三是信息不对称导致咨政水平不高，主要表现为高校与依托政府建设的智库相比，在最新数据的获取上不占优势。高校智库目前与政府部门的沟通渠道还不够通畅，妨碍了高校智库对政府部门最新需求的了解。

4. 智库研究成果质量有待提升

智库研究成果质量主要表现在立足于实际问题并且提出实用、可操作的对策建议。当前智库研究成果的质量不高，主要表现为：一是智库研究在研究方法和工具使用上，还没有形成一套自身特有的方法论和研究规范。完全遵循于一般的社会科学研究方法和研究规范，会降低智库研究成果的可操作性。但是如果不遵循一般的学术研究规范，智库研究成果会出现空洞、不接地气的现象。二是对智库研究成果尚未建立一套有效的评价标准体系，受智库研究机构类型、发展水平不同的影响，智库业界尚未建立研究成果质量的标准和规范，导致智库研究成果质量参差不齐。三是智库研究的创新性和前瞻性研究不足，对未来发展趋势的战略性研究较少，理论构建能力和预判能力还比较弱。

（三）建设中国特色新型智库的着力点

1. 打通咨询服务“学”“术”藩篱

智库研究成果的根本目的在于运用，智库研究需要将学术成果与社会热点、政府亟需和民众关注的问题结合起来。一是以学术研究为积淀，既遵循学术研究的一般规律，又尊重面临的客观实际问题，将学术研究成果向建言献策的体例转换，将专业的基础研究理论成果转化为公众和决策者能够理解和使用的信息。二是加强智库研究者与基础研究机构之间的互动，推动跨学科、多工具方法的综合运用，形成产出高质量研究成果的合力。

2. 推动智库长期跟踪性研究

针对重大问题，智库能够给出专业、独立、创新的研究成果，这是智库区别于一般媒体、评论人等政策参与者的重要特点。这主要源于智库在某一专业领域的长期深耕。因此，智库在不断拓宽研究范围的同时，一是要找准自身定位和核心优势，明确研究主攻方向，对一些重大需求、专业性问题开展跟踪研究；二是要围绕专门研究领域，组织建立稳定的专业人才队伍；三是要注重研究成果的长期积累，围绕特定领域打造品牌优势，形成研究报告定期发布机制、专业论坛交流机制等。

3. 提升数据支撑能力

信息化时代，数据资源成为新的生产资料。智库作为知识的集散加工平台，数据成为不可或缺的生产资料。国际数据公司 2019 年发布的报告预测，中国“数据圈”在 2025 年将增至 48.6ZB（泽字节），占全球的 27.8%，成为最大“数据圈”。因此，立足中国国情的大数据搜集、整理与分析是智库提升咨询服务质量的关键竞争力之一。智库研究机构要通过建设数据管理平台，引入数据处理与分析工具，提升研究人员对数据信息的提炼能力以及对数据分析方法和工具的运用能力，打造具有独立信息来源的权威数据中心，实现对重大经济和社会问题的监测、评估、预警、预测，提升咨询服务的科学性和公正性。

4. 探索中国特色人才“旋转门”

旋转门机制是美国智库最具特色的现象之一，其优势在于通过旋转门机制，形成人际传播的网络，智库可以直接与政府决策者进行沟通，进而影响政策的制定。但美国的“旋转门”机制受制于政党的竞争，其弊端十分明显。构建中国特色的人才“旋转门”机制，首先是保证智库拥有一批能力较强的专职研究人员，其次是通过建设学术委员会、专家委员会、智库科研岗等方式，将高校、政府、社会上的研究人员吸引进来。一方面，通过吸收一批具有媒体传播、活动筹办与对外关系交流经验的人才推动智库人才队伍的专业化；另一方面，建立聘期及退出机制，推动从业人员的职业化。

5. 完善智库的独立运行机制

鉴于当前国内智库大多依托政府部门、研究院所和高校建设的现状，未来智库在提供服务决策咨询的同时，应该探索更加具有可持续性的独立运作模式。一是保证智库具有专门的机构及人才队伍，并且独立于政府部门及其他机构。二是满足智库“人脑＋电脑”基本需求的同时，建立与智库人才队伍相匹配的薪酬奖励体系。三是完善各类智库与政府决策咨询的沟通渠道，建立重大决策咨询课题招标制度，鼓励不同类型的智库共同参与政府决策咨询，构建智库之间相互独立又百家争鸣的咨政体系。

6. 加强基础研究与理论创新

智库成果的科学性、前瞻性、引领性一定程度体现在新理念、新概念上。因此，智库基础研究和理论创新应做到以下两点：一是瞄准社会、经济、科技发展的最前沿，与时俱进地提出战略构想；二是认识和总结社会、经济、科技等各领域发展的新特点和新规律，凝练出社会认可的新概念、新理念，并与智库研究的需求紧密结合，转化为决策咨询、对策研究的范式和工具方法，发挥对经济、社会、科技发展的战略指导价值。

第四章　领导用人

“治国之道，唯在用人。”选拔人才和使用人才，是现代领导工作的一项重要职能。能否正确地选人用人，是领导活动成败的关键，是关系到国家兴衰和事业成败的大事。

第一节　领导用人概述

当今世界，人才队伍建设在综合国力竞争中越来越具有决定性的意义。党的二十大报告强调指出，要坚持人才强国战略，深化人才发展体制机制改革，把各方面优秀人才集聚到党和人民事业中来。选才用人是领导者的重要职能。因此，领导者要正确认识和深入理解人才的含义与特征、类型与价值，掌握选才用人的工作要求。

领导用人概述

一、人才的含义及特征

（一）人才的含义

“人才”通常被看作“有才能的人”。列宁曾把“精明强干的人”“聪明人”视为人才的同义词。其实，“人才”有广义和狭义之分。钱学森在《人才系统工程》一文中指出：“我们的人才，不是什么天才，而是人民之才，是人民当中各行各业有才能的人。这样的人才问题，在以往的社会是不存在的。只有社会主义制度下才提得出来，所以是个崭新的问题。”这是广义的人才概念，从这个意义上说，人人都是人才。本书采用狭义的人才概念，即人才是指具备较高的文化基础知识、具有某些才能或某种特长，能够以自己的创造性劳动为社会发展和文明进步做出较大贡献的人。可见，人才是推动人类物质文明建设和精神文明建设的最有创造力的群体，是人群中比较精华和先进的部分，是人民群众推动历史前进的代表者。

（二）人才的特征

1. 人才的广泛性

所谓“三百六十行，行行出状元”，说的就是人才的广泛性。随着生产社会化程度的不断提高和社会分工的不断细化，新学科、新技术的不断涌现，各种类型的新人才必将越来越多。尤其是中国特色社会主义制度的进一步发展和完善，为人才的培育和成长开辟了更加广阔的道路。

2. 人才的社会性

马克思主义认为，人的本质在其现实性上是一切社会关系的总和。任何人才都离不开他所生活和工作的社会环境以及具体的历史条件。在不同的社会历史条件下，对人才的要求不尽相同，所以不同时代、不同社会的人才无不打上那个时代和社会的烙印。也就是说，人才的产生和发展离不开社会，人才是社会需求和社会评价的产物。

3. 人才的层次性

从人才本身的能级来理解人才的层次性，可分为一般人才、优秀人才、杰出人才；按照人才所从事的工作领域和所担负的职务来理解人才的层次性，可以分为初级人才、中级人才和高级人才。因此，我们所说的人才，不只是指高级专家，还包括能够适应现代化建设需要的各个层次、各个方面的人才。我们在重视高层次人才的同时，不可忽视其他各个层次的人才；既要重视显人才（已展露才华并做出贡献的人才）的使用与管理，也要重视潜人才（有潜能而未展露才华或未被发现的人才）的发掘与培育。

4. 人才的专业性

绝大多数人才都表现出明显的专业性特点，尤其是在科学知识高度分化、学科分工越来越细的今天更是如此。当今社会，科学技术种类之多、学科门类数量之广，任何杰出人才都不可能全部涉足。所以现代人才的专业化特点越来越突出。这就要求我们在人才的使用和管理上要根据实际情况，因人施用，用其所长，避其所短，切忌求全责备和任人唯全。

5. 人才的进步性

人才的进步性主要是指人才价值符合人类社会进步发展和正义事业的需要，即人才能够以特定的才能或专长为社会发展和人类进步做出贡献。在阶级社会里，人才的作用总是表现出一定的阶级属性。凡是站在反动阶级一边，为腐朽没落的统治阶级服务的人，技能越高，对社会和人类进步事业的破坏性就越大，后果也就越严重。因此，必须注意才能的使用方向问题。在中国现代化建设时期，人才进步性的政治标准就是为人民服务，为发展先进生产力、为中国式现代化做出积极贡献。

6. 人才的动态性

人才的动态性是指人才的内涵和层次不是固定的。任何事物都在发展变化之中，人才也会随着时间、地点、条件的变化而变化。这主要表现为：第一，在一定条件下，人才和非人才、各种类型和各种层次的人才，是可以相互转化的。第二，人才概念本身在不同历史时期，有着不同的内涵和衡量标准。第三，就个体而言，人才的出现总有一个从潜到显的过程。

二、人才的类型与价值

（一）人才的类型

由于人的本身素质和实践领域不同，所造就的人才亦有不同的类型。掌握人才的类型，对于合理地使用人才具有重要意义。

根据人才内在素质的倾向性来划分，人才可大致分为以下几种类型。

1. 实践型人才

这类人才行动机敏，务实，有耐力，观察、操作能力特别强，适于做技术人员、实验和操作人员及运动员。

2. 理论型人才

这类人才记忆能力、抽象思维能力都很强，善于通过推理掌握事物的本质规律，适于做社会科学和自然科学的理论研究工作。

3. 创造型人才

这类人才勇于追求新知识，不受陈规的束缚，想象力丰富，创造能力强，适于做文艺创作、技术革新、科学发明等具有独创性要求的工作。

4. 再现型人才

这类人才模仿能力和接受能力强，知识再现能力突出，善于传授知识和推广应用各种新技术的工作。因此，这类人才一般适于从事教师和技术培训等工作。

5. 组织型人才

这类人才判断能力、组织协调能力强，比较有远见，善于处理各种人际关系和工作关系，适于做党政领导干部和经济、技术管理工作。

（二）人才的价值

用好人才的前提是领导者真正从社会主义事业发展的战略高度，认识人才价值，重视人才作用。人才的价值主要体现在以下六个方面。

1. 人才是一种稀缺资源

现代社会高度发达的通信体系和技术体系，使普通劳动力的获得越来越容易，而高素质的劳动力越来越成为不可多得的稀缺资源。习近平同志在2014年6月召开的“两院”院士大会上强调：“我们要把人才资源开发放在科技创新最优先的位置，改革人才培养、引进、使用等机制，努力造就一批世界水平的科学家、科技领军人才、工程师和高水平创新团队，注重培养一线创新人才和青年科技人才。”因此，人才在现代社会普遍被作为一种稀缺的资源予以储备、使用，现代领导者应充分意识到人才的稀缺性。

2. 人才是组织的核心竞争力

知识的生产、传播和应用，正在使文明世界发生着革命性的变化。社会经济发展更多地取决于是否拥有雄厚的科技研发的基础，取决于劳动力的素质和技能，换句话说，是否具有足够多的知识生产与创造的人才，是衡量一个国家、地区、组织是否具有竞争力的核心因素。

3. 人才是决定未来的战略资源

随着科技的迅猛发展和社会生产方式的跃迁，特别是知识经济时代的到来，人力资源的作用越来越大。20世纪中叶以来，许多国家特别是发达国家，资源开发战略已逐步由以物力资源开发为中心向以人力资源开发为中心转移。人力资源已成为当今世界竞争战略的重心。联合国发展规划署在20世纪90年代初提交的《人力发展报告》中明确地将人力发展定义为社会发展的核心。人力发展的目标就是培养和造就更多的现代化人才，并吸引、激励、用好人才。

4. 人才是所有创新活动的主体

人才是具有一定科学知识的劳动者中最有创造性的一部分，是社会文明进步、人民富裕幸福、国家繁荣昌盛的重要推动力量。毛泽东曾经指出，在世间一切事物中人是最宝贵的，有了人，什么人间奇迹都可以创造出来，“一切物质因素只有通过人的因素，才能加以开发利用”①。并不是所有人都具有创新的能力，人才是创造物质财富和精神财富的主力军，是人类征服自然、改造社会活动的主要因子，是所有创新活动的核心主体。党的二十大报告指出，要“全面提高人才自主培养质量，着力造就拔尖创新人才，聚天下英才而用之”。

5．人才是一切竞争的焦点

国与国的竞争、文化的竞争、经济技术的竞争、产品的竞争、服务的竞争、制度的竞争等，其背后都是人才的竞争，竞争的优势取决于人才质量的优势。在竞争日益激烈的当今世界，谁拥有了高质量的人才，谁就会取得竞争的优势，把握未来的先机。美国成为世界超级大国的重要原因之一，就是拥有先进的科技力量和人才资源优势。与欧洲各国历史上曾经的封闭自居不同，美国以开放的胸怀广泛吸纳各种人才，如第二次世界大战期间，当希特勒大肆迫害犹太知识分子时，美国从欧洲各地吸收了数千名犹太科学家，这对其战后的科技创新与经济繁荣产生了不可估量的影响。

6．人才是领导成就事业的第一资本

人才资源在所有的资源中含金量最重、价值最高，是任何资源都无法比拟的。改革开放以来，我国之所以能抛掉贫穷落后的帽子，取得世人瞩目的成就，其中最重要的一点就是在党的正确领导下，依靠先进的技术，依靠人才取胜。现实中虽然生产效率的提高是多种因素综合作用的结果，但从根本上说，与生产实践过程相关的各种因素，都只有通过人的能动作用，才能生成或转化为生产效率。可以说，人才是推动经济发展、提高经济效率的根本性因素。

综上所述，面对发达国家大肆掠夺人才的严酷现实，要实现中华民族的伟大复兴，必须充分认识人才及其开发的重要性，从中国长期发展的战略高度，切实把人才资源的整体性开发作为一项基本国策。

三、选才用人对领导者的要求

领导者在选才用人上一般有三种权力：考察、了解干部的权力，向组织推荐干部的权力，参与党组织集体研究干部任免的决策权力。因此领导者用人的品质和素养至关重要。办好中国的事情，关键在党，关键在人，关键在人才，关键在领导用人。2023 年 6 月，习近平同志在全国组织工作会议上强调，各级领导干部“要树立强烈的人才意识，寻觅人才求贤若渴，发现人才如获至宝，举荐人才不拘一格，使用人才各尽其能”。因此，适应选才用人工作需要，领导者必须具有高尚的职业操守和职业化的用人能力。

选才用人工作对领导者的职业化要求如下。

（一）有爱才之心

没有爱才之心，难有用才之法。领导者的爱才之心，源于领导者的事业心、责任感。

① 毛泽东．毛泽东文集：第 7 卷［M］．北京：人民出版社，1999：34.

领导者若无爱才之心，不仅培养不出人才，即使身边有人才也会视而不见，更谈不上引进人才。孟子称“君子有三乐”，其中之一就是“得天下英才而教育之”。现代领导者要牢固树立“人才是最宝贵财富”的观念，爱惜人才、关心人才、培养人才、使用人才。

（二）有求才之渴

既有爱才之心，自有求才之渴。这是因为，首先，从群体看，人才难得。既是人才，必有出众之处，自然是不多的，不多的人才又常常淹没在广大的人群之中，不求何来？其次，从个体看，恃才自傲是很多人才的个性特征。既是人才，自有其锋芒和棱角，有其独特的个性和见解，不会随声附和，不会趋炎附势。因此，领导者无求才之渴，人才很少会自动到来。商朝创立者成汤为请出当时的贤智隐士伊尹，在使者三次礼请不出时，亲自去拜访，终于感动了厨子出身的伊尹，辅佐成汤推翻了夏桀，完成了历史上著名的“汤武革命”。三国时刘备“三顾茅庐”的故事更是脍炙人口，家喻户晓。诸葛亮以一席“隆中对”，为刘备定下了鼎足而立之大计。

（三）有识才之眼

领导者练就识别人才的慧眼很重要。第一，要相信人各有志、人各有才，只是才能的倾向和大小不同。第二，要看人才的本质和主流，不要求全责备。第三，不要受“马屁精”的蒙骗和“小人”的利诱。第四，看能力、长处和实绩决定人才取舍。第五，在实践中考察，在工作中鉴别，在关键处考验，在患难时识别。

（四）有引才之法

优秀的现代领导者要有吸引人才、留住人才的办法。首先，要真正尊重人才，相信“精诚所至，金石为开”。其次，要合理使用人才，为人才提供展示才能的舞台和发挥作用的环境。最后，要满足人才的正当需要，包括改善工作条件、生活条件和提高薪酬奖励等。

（五）有用才之能

爱惜、寻求、识别、吸引人才，都是为了更好地使用人才。领导者怎样才能具备用才之能呢？第一，领导者要有人格魅力。公道正派、谦虚热情、以身作则、率先垂范、宽容平易、作风务实等领导者的美德，往往是凝聚和驾驭下属的人格基础。第二，领导者要有胆识、魄力。看准了，就不要犹豫。要敢于冒一些风险，大胆起用人才。第三，要有胸怀全局、统筹规划的意识，协调各方，用好人才。第四，要能把握人才特点和岗位的要义，做到人事相宜、人人协调。

（六）有容才之量

“宰相肚里能撑船”，这句话说起来容易，做起来却很难。有些领导者面对贤能之士，不是见贤思齐，而是见贤生嫉，千方百计排挤、压制人才，或造谣中伤，散布流言蜚语败坏其声誉，或鸡蛋里挑骨头，抓住一点枝节问题大做文章，以“掐尖”为能事。这种“武大郎开店”的意识和做法狭隘至极、无聊至极。“朝多君子，野无遗贤。”如果领导者属非君子，则势必远“贤臣”而亲“小人”。所以，领导者应该有宽容大度的胸怀。

（七）有护才之魄

人无完人。领导者要勇于并善于保护人才：或力排众议主持公道，或扶正祛邪弘扬正气，或启发引导控制舆论，或鼓励安慰诚信留人。这样，人才在领导者和大家的悉心爱护和帮助下，就会更加大胆工作，敢于独立负责，不断积累经验，逐渐变得成熟起来。

（八）有荐才之德

选贤举能，是领导者的重要任务之一。在选贤举能中，领导者不仅要在本人离职之际举才接替自己，更为重要的是，在自己当职之时就注意在工作中发现、培养人才。一旦发现或培养出比自己更有能力、更能开创新局面的人才，则主动推荐其到更适合的岗位，不因嫉贤而回避。举荐人才必须出以公心，把国家和人民的利益放在首位，做到“内举不避亲，外举不避仇”。

（九）有育才之方

领导者和用人单位都负有培养和造就人才的责任与义务。育才的具体途径和方法有很多，如岗位锻炼、集中培训、提拔晋升、选送进修、业务指导、言传身教等。人才的培养是一种最有效的投资。凡有远见的领导者都重视人才培养。丰田公司一直将员工视为珍宝，是重视人才培养的优秀典范。为了招聘到优秀的人才，公司花费了大量的人力、物力，同时，在招聘过程中注重从多个角度考察人才，对于已经进入公司的员工，会尽量为他们提供各种培训机会，把对员工的培养放在优先地位。

（十）有励才之术

一般来说，人们在工作中所表现出来的能力只是其实际能力的一部分，更多潜藏着的能力则需要通过有效的激励去发掘，使其得到充分发挥。因此，领导者应熟悉激励理论和激励方法、技巧，如人性化管理理论、马斯洛的需求层次理论等；还要掌握人格激励、目标激励、成就激励、物质激励、精神激励、情感激励、机会激励、参与激励、股权激励等方式方法。

选才用人问题始终是领导者的重要职责，是决定事业成败的关键。选才用人出了偏差，就会错过发展机遇，就会丧失关键的竞争力，尤其是领导人才的开发和使用如果出了问题，将直接造成领导力即核心竞争力的损失，就有可能在新时代竞争中遭到失败。这绝非危言耸听。

第二节 人才选拔

领导用人是一个过程，包括选人、用人、察人、励人等若干环节。所谓人才选拔，是指领导者依据一定的人才标准，考察、识别和挑选人才的过程。正确的选才标准、科学的选才原则和合理的选才制度，是有效选拔人才的重要保证。

人才选拔

一、人才选拔的原则和标准

（一）人才选拔的原则

所谓人才选拔原则，是领导者考察识别人才的基本准则。领导者只有坚持正确的考察识别人才的原则，才能正确地发现人才和选择人才。

党政机关选拔干部有其特殊性。根据中共中央《党政领导干部选拔任用工作条例》，选拔任用党政领导干部，必须坚持以下原则：党管干部；德才兼备、以德为先，五湖四海、任人唯贤；事业为上、人岗相适、人事相宜；公道正派、注重实绩、群众公认；民主集中制；依法依规办事。这些原则对其他单位的人才选拔工作当然也具有指导意义。

就一般意义而言，考察识别人才时必须遵循以下几个具体原则。

1. 听其言与观其行相结合的原则

领导者在考察识别人才时，既要听其言，又要观其行，但主要应该侧重观其行。领导者的地位和作用要求领导者必须具备组织动员的能力，因此，“听其言”很重要，通过综合面试、竞聘上岗，是比较能准确地看出一个人的综合素质的，所以这种选拔方式要坚持下去，要纠正长期以来不注重干部言语表达能力的习惯做法。同时，领导者在考察识别人才时更要看一个干部的工作业绩。因为只有实实在在取得的成绩更有说服力。因此，“观其行”仍然是非常必要的。人民公认的业绩，是上级封不出来、“宣传”吹不出来、金钱买不出来、权力压不出来的，只能通过认真贯彻党的基本路线，扎扎实实干出来。坚持“听其言”与“观其行”相结合来评价干部的功过是非，既有质的规定，又有量的要求，具有客观真实性，因而是最公正、最可靠的。

2. 考察历史与考察现实相结合的原则

为了正确地、全面地识别人才，领导者在考察一个人时，有必要对考察对象过去的和现在的全部工作情况和表现，做一个全面而又深入的考察。一个人历史上的工作情况和表现是其德才在过去的表现，而一个人的现在则是从过去发展而来的。为了全面地认识和判断一个人是不是人才，有必要对其历史进行考察。领导者在考察一个人时，对历史的考察主要起参考作用，而决定一个人是否为人才的关键因素是一个人的现实表现。因此，考察工作的重点要放在现实，以现实表现为主。总之，这一原则就是要求用全面的、发展的眼光去考察识别人才。

3. 发现人才的长处与认识人才的短处相结合的原则

“金无足赤，人无完人。”人才也不例外。领导者在考察识别人才时，对其优点要判断准确，对其缺点也要识别清楚。需要注意：第一，对于考察对象的长处和短处，一定要实事求是，切忌走极端，说某人好就完美无缺，捧到天上去了；说某人坏就一钱不值，贬到地下去了。这种形而上学的思维是不可能发现人才的。第二，在考察人才的长处与短处时，对短处必须给予充分的认识，但同时必须以考察长处为主。如果只注意人的缺点和不足，甚至对优点和成绩视而不见，那样就发现不了人才。

4. 组织考察与群众评议相结合的原则

对人才的考察，尤其是对干部的考察，主要有如下两条途径：一是组织考察，即由组织或人事部门对人才进行一一考察，对每个人写出组织鉴定或是否任用的意见；二是通过群众对人才进行评议。具体做法有很多形式，如让群众就某个干部进行评议，并写出群众评议意见；或开展民意测验，收集群众对干部的意见；或动员群众，由群众推荐人才或决定干部的去留。无论采取哪种形式，都必须把组织考察与群众评议结合起来，并应充分重视群众评议。一方面要打破只对干部进行组织考察的“封闭式”做法，将广大干部及其他方面的人才置于群众的监督之下，以抵制选才用人方面的不正之风，并对干部及其他人才作出客观公正的评价；另一方面也要反对脱离组织随意对干部或其他人才乱说一气的无政府主义，群众评议也要有组织地进行。

（二）人才选拔的标准

党的二十大报告明确指出：必须“坚持德才兼备、以德为先、五湖四海、任人唯贤……树立选人用人正确导向，选拔忠诚干净担当的高素质专业化干部”。这也就是说，选拔人才的标准，既要符合德才兼备的总体要求，又要遵循新时代好干部的“五条标准”。

1. 理解德才兼备的总体要求

（1）准确理解“德”与“才”的内容和要求。

“德”是指人的思想道德品质和政治素质。具体要求为：坚持四项基本原则，忠于社会主义事业，有较高的马克思主义理论水平和坚定的共产主义信念，拥护并执行党的基本路线和国家的大政方针；有坚强的党性，实事求是，坚持原则，服从组织，顾全大局，作风正派，不谋私利，公平公正，廉洁奉公；有全心全意为人民服务的思想，密切联系群众，忠实地做人民公仆，解决好工作动机和职业理想问题；有先进的道德观念和高尚的道德品质，树立坚定的社会主义和共产主义的思想意识，自觉遵守和践行社会主义的社会公德和职业道德。

“才”是指人的知识和能力。具体要求为：认识客观世界和改造客观世界的能力，包括掌握和了解社会科学、自然科学知识的广度和深度；掌握技能多少和水平的高低以及对本职工作胜任的程度等。对于一个领导人才来讲，主要是看文化知识、业务水平、决策能力、用人能力、组织能力、协调能力、沟通和语言表达能力、应变反应和应急管理能力、调查研究和综合分析问题的能力等。

（2）坚持选拔人才的政策导向。

第一，坚持德才兼备原则，注重政治素质的导向。选拔人才要把“德”放在首位，严把政治素质关。在具体考察选拔工作中，要注意联系一个人的日常表现，着重看其在以往重大问题和关键时刻的所作所为，看其有无强烈的政治责任感和奋发进取精神；认真分析其世界观、人生观、价值观，考察其政策水平和理论知识，特别是对马克思主义基本理论的学习掌握程度。

第二，坚持注重实绩原则，注重实际贡献的导向。对干部的实绩要进行全面科学地考核，既看起点，又看发展；既看显绩，又看潜绩；既看物质文明建设的成果，又看精神文明建设的成果。考察评价干部的政绩，要从人民的根本利益出发，正确处理好国家、集体、个人三者之间的利益关系，处理好局部与整体、眼前与长远以及前任、现任和继任领导工作连续性之间的关系，绝不能被一些虚假的“景点”政绩、“泡沫”政绩所迷惑。

第三，坚持群众路线原则，注重群众公认的导向。密切联系群众、全心全意依靠群众是中国共产党克敌制胜的一大法宝。选拔优秀人才，要扩大民主程度，广泛听取各方面意见，不但要听取上级领导的意见，更要广泛听取群众的意见，把群众拥护不拥护、支持不支持、赞成不赞成作为选拔干部的重要依据。对那些得不到多数群众赞成票的干部，坚决不能选拔使用。只有这样，才能引导人们把心思和精力集中在密切联系群众、真心实意为群众办实事上来，把对上级负责和对群众负责统一起来。

第四，坚持实践检验原则，注重实践锻炼的导向。在干部选拔工作中要注重从基层艰苦工作条件和环境中选人。在坚持正确选拔标准的前提下把选拔优秀青年干部的工作重点向那些在基层艰苦的工作条件下创出突出业绩的人倾斜。同时，要建立健全干部交流制度，把那些基础好、有发展潜力的优秀年轻干部下派到基层工作，经受磨炼，增长才干，从而引导广大年轻干部到基层去，到艰苦和困难的岗位去，到党和人民最需要的地方去，在经济建设和社会发展的第一线建功立业，茁壮成长。

（3）把握德才兼备标准的要求

首先，做好深入考察工作。具体要求包括：第一，看公论。一方面看民主推荐的结果。一般情况下，能得到一定范围多数人推荐的人，是可以列为选拔对象的。另一方面听下属和群众的评价。一般情况下，多数下属和群众拥护的就是重点选拔对象。第二，察实绩。大致内容包括：能结合实际制定出既有利于当前又有益于长远、既宏伟又做得到的发展规划或工作决策；将发展规划或工作决策付诸实践；既把当前或当年的工作搞得有声有色，又为未来的发展奠定坚实的基础；既在任内坚持实事求是，一切从实际出发，又有创造性和超前意识；所在地方、部门或行业人心安定，社会稳定，风气良好，秩序井然。第三，重表现。仅靠年度或换届时集中推荐、考察是不够的，应在平时注意了解和考察，特别要对那些在边远地方、艰苦岗位工作的干部多加了解。

其次，正确处理五种关系。第一，正确处理德与才的关系。选拔人才要求两者兼而有之，既要避免重才轻德，又要避免重德轻才。重德轻才，所提干部缺乏组织领导能力，工作局面难以打开，更谈不上开拓创新。重才轻德则危害更大。有些企业和单位不景气，便希望“能人”来“救活”而大胆地使用“能人”，却没有慎重地考察“能人”的思想品德，致使一些“能人”昙花一现，不堪重用。因此，选拔人才必须把“德”放在首位。当然，强调把“德”放在首位，并不是说可以不重视才，只是强调德才兼备、以德为先。第二，正确处理德才与实绩的关系。对实绩与德才二者关系的理解，不能简单化、绝对化，不能把二者简单地等同起来。德才与实绩的关系是错综复杂的。既要把实绩作为衡量人的德才的客观依据，又不能简单地搞“对号入座”，必须坚持工作实绩与德才条件相统一。在考察干部实绩时，必须学会辩证分析，不仅要看干部在工作中所取得的实际效果，还要看是用什么办法、什么手段取得的；不仅要看干部在工作中所取得的实际效果的大小，还要看是在什么样的条件和环境下取得的；不仅要看所取得的实际效果中干部所做的工作、付出的代价，还要看干部对待所取得的实绩的态度。毛泽东曾指出：“必须善于识别干部。不但要看干部的一时一事，而且要看干部的全部历史和全部工作，这是识别干部的主要方法。”[①] 第三，正确处理学历与能力的关系。学历指的是学习的经历，而能力则是指工作中的才干。学历虽然是必要的，学历与能力也有一定的关系，但学历毕竟不直接等同于能力，更不等于贡献。因为一个人的能力是多方面的，不是一纸文凭所能包容的。有的人学历层次高，但他所具备的能力可能是科研、教学、艺术，而不一定是领导、指挥和管理。所以在选拔人才时，既要注重学历，又不能只看学历与文凭，那种认为“有水平无文凭空

① 毛泽东．毛泽东选集：第2卷［M］．2版．北京：人民出版社，1991：527．

口无凭就不能提拔使用”的观点是不全面的。美国著名的“硅谷”在选用人才时有一条秘诀，既不看学历也不看资历，而是崇尚业务精通、具有真才实学的人。第四，正确处理年轻化与资历的关系。实践证明，资历深与能力强不一定成正比。不少人虽工作时间长却无建树或建树不大，而有的人虽初出茅庐却大显其能，令几十年来“没有功劳有苦劳”的人自叹不如。因此，我们不能搞“唯资历论”，以论资排辈的做法阻碍青年干部的脱颖而出。但也要防止一刀切，不顾客观实际地越过必要的台阶，要求每个岗位都配上年轻干部。不能为了年轻化而年轻化。培养选拔年轻干部同样要掌握好标准，要把那些政治强、作风正、业务精、群众公认的年轻人才选拔上来。第五，正确处理知识分子与人才的关系。一方面，人才与知识分子之间存在着密切联系。一个毫无知识的人是难称其为人才的，人才必然是一个具有较高知识水平的人。然而，这并不是说，所有的知识分子就一定是人才。知识分子与人才是两个不同的概念，有些人称得上是知识分子，很难称得上是人才。另一方面，把知识分子与人才对立起来的观念更是错误的。这必然会导致轻视知识、轻视知识分子。当前中国正面临知识经济时代的挑战，必须十分重视培养和选拔知识分子中的人才，创造条件，引导他们同广大人民群众相结合，积极投身到改革开放中来，建功立业。

最后，坚持不拘一格选人才。解放思想体现在干部的选拔任用上，就是不拘一格。它应该是不论年龄大小，不论学历高低，不分出身贵贱，不管资历深浅，不限籍贯是本地外地，不讲身份是工人农民，凡实绩突出、群众公认、身体健康、精力充沛者，该提拔的就提拔，该重用的就重用。如果不是不拘一格，而是稍有绝对化，就将造成一些人无功而位尊、一批人才被埋没、一大批人的积极性受到压抑或挫伤的消极后果，尽管他们差不多都会“服从”组织的安排，但工作中的精神状态肯定会差一些。

2. 新时代好干部的“五条标准”

(1) 好干部“五条标准”的内涵。

党中央提出好干部的五条标准即信念坚定、为民服务、勤政务实、敢于担当、清正廉洁。具体内涵包括：信念坚定，就是领导干部必须坚定共产主义远大理想、真诚信仰马克思主义、矢志不渝为中国特色社会主义而奋斗，并将其作为安身立命之本，在任何条件下都要把改造主观世界、加强党性修养、加强品格陶冶作为必修课。为民服务，就是领导干部坚持“公”字当头，以“民”为先，解人民之所困，真正对群众心怀敬畏，真正尊重群众、为了群众、依靠群众，真正懂得“官”是为人民服务的岗位，“权”是为人民服务的工具。勤政务实，就是领导干部必须倡导实干精神，夙夜在公，勤勉工作，力戒空谈。敢于担当，就是领导干部必须具备敢于探索、敢于实践、敢于负责的品格，在困难面前不推搪，在矛盾面前不推诿，在失误面前不推过。清正廉洁，就是领导干部要严于律己，洁身自好、清正廉洁，时刻用党章、用共产党员标准要求自己，时刻自重自省自警自励，老老实实做人，踏踏实实干事，清清白白为官。[①]

(2) 好干部“五条标准”的要求。

第一，将坚定信念作为首要前提。人生如屋，信念如柱。党的干部必须有对共产主义的美好憧憬，必须将马克思主义学懂弄透，必须坚定对中国特色社会主义的“四个自信”。

---

① 容剑锋. 五条标准树立好干部“信条”与“守则”[N]. 中国组织人事报，2013-07-03 (6).

从而让自己站得更高、看得更远，并“得其大者兼其小”，顺利达成对干部的其他目标要求。

第二，将为民服务作为根本使命。全心全意为人民服务是党的根本宗旨，也是每一名党员干部的根本使命。要有一种使命意识，摆正自己的位置，真正把群众当主人，把自己当公仆。要有完成使命的能力要求，提高做群众工作的能力，了解群众的真正需要，明确工作的着力点，设计合理的目标路径和实施方案，团结和带领群众为了共同目标而奋斗。

第三，将勤政务实作为一贯作风。实事求是是党的思想路线，勤勉务实是传统美德。党的干部不能给人以“假大空”“庸懒散”的印象。要知道弄虚作假可能一时得利，但最终会身败名裂；偷奸耍滑可能身体安逸，但必然导致精神空虚。无论是事业发展的需要，还是个人进步的需要，都呼唤干部以勤政务实的作风来抓学习、抓工作、抓提高。

第四，将敢于担当作为可贵品质。要敢于担压，对于违背原则的事情，不管压力来自哪里，都要敢于较真、坚决反对；要敢于担责，只要于工作有利，就不遗余力、不计个人得失认真做好；要敢于担难，对矛盾和问题不敷衍、不回避，着力攻坚克难，认真研究解决。

第五，将清正廉洁作为基本要求。不管任何地方、任何文化背景，清正廉洁都是对所有公职人员的基本要求。做到清正廉洁，关键是要敬畏权力、慎用权力。要将权力当成“公器”，只为公众利益用权；要认识到权力是把“双刃剑”，谨防因为滥权、擅权而被权力所伤。

二、人才选拔的制度

所谓人才选拔制度，是指领导者或领导机关选拔人才必须遵循的程序和规章。目前，我国的人才选拔制度主要有以下几种。

（一）选举制

选举制是通过群众投票表决选拔人才的一种制度。它作为国家政治生活的一种民主形式，一般适用于各种代议机关的组成人员和主要领导人的选拔。它的实质是由公众直接向被选举人授权的行为，是权力的集聚过程，也就是说权力主体将自己的某些权力交付给自己的代表来行使。选举制度有两个基本要求：一是保证选举人有选择权；二是保证被选举人有竞争性。选举一般采用无记名投票的方式，包括等额选举和差额选举两种形式。选举制产生的是利益代表。授权的前提是政治信任和政治认同。选举制的长处在于：一是权力来源有明显的合法性，权威性有较牢固的基础；二是选举人能广泛表达自己的选择意愿，被选举人必须对选举人负责；三是真正的民主选举能避免人们所不信任的人篡夺权力，避免任人唯亲、人身依附关系等弊端；四是有利于当选人之间互相监督，互相制约，防止个人滥用权力；五是由于选举是定期举行的，并且对任期、任届有明确的限制，这就有利于解决领导人员的“终身制”问题。选举制的不足在于：一是选举人对利益的考虑易注重于局部利益和眼前利益，当选人在这种压力下也容易忽视整体利益、长远利益，导致行为短期化；二是选举有时会注重人际关系的选择而不是能力的选择；三是对未担任公职或不熟悉的候选人，选举人对其能否代表自己的利益并无把握，选举有一定的盲目性。选举制的主要价值取向是民主。因此，在实行选举制时要保证选举人能够充分地行使民主选举权利。

（二）考选制

考选制也称考试制，是以公开的竞争性考试择优产生被任用者。它的优点主要表现在：一是具有明确、统一的评价标准，体现公平公正原则，克服人才选拔的主观随意性弊端；二是公开竞争，机会均等，优胜劣汰，成绩面前人人平等，体现平等竞争原则；三是适用范围广泛，在全社会范围内广招贤才，体现广泛性和非歧视性原则，避免人才选拔视野狭窄，埋没人才等弊病。考选方式是古今中外选用人才方面最为普遍的方式之一。当然，这种方式也并非尽善尽美，考试内容的科学性、全面性和结果的准确性都有待研究。

（三）荐选制

荐选制亦称推荐选拔制，是通过推荐的办法选拔人才的一种制度。具体有三种形式：自荐制、他荐制、群众推荐制。其中，群众推荐制也可看作他荐制的一种特殊形式。荐选制度的优点在于：在各种具体制度健全的条件下，能够有效发挥推荐者和被推荐者两个方面的积极性。其不足在于：人才选拔的范围容易受到限制；选拔缺乏客观标准时，有可能使一些非人才混入人才队伍。

（四）委任制

委任制也称任命制，是指有任免权的机关或领导人按照人事管理权限直接选拔人才或委任下属工作人员的一种制度。它是一种由上级向下级授权的行为。委任制的优点在于：权力集中，责任明确，指挥统一，行动迅速，程序简明等。这些特点有利于治事与用人的统一，提高人事效率。高度集中的领导体制下常用委任制来用人选人。委任制也有一定的弊端，主要表现在选拔的范围狭小，在任命干部时容易出现任人唯亲的现象，易使工作关系带有个人色彩，并导致宗派主义的形成，或者受领导个体视野和精力的局限，造成对人才把握不够全面而错误委任的现象，在一些地方甚至容易产生跑官、买官、卖官的现象。

（五）聘任制

聘任制是用人单位以合同契约的形式招揽人才的一种制度。它的优点在于可以保证合同期限内用人单位和受聘者个人的工作稳定性，从而便于管理，同时也有利于人才竞争和人才的合理流动。在我国，聘任制的实施范围和主要对象是企事业单位的经营者和专业技术人员。企业实行聘任制主要有两种形式：一是“挑选式”，即企业的主要领导通过签署聘任合同聘任助手；二是“招聘式”，即用人单位通过面向社会公开招聘的形式，对应聘者进行考核并与符合条件者签署聘任合同。前者一般用于单位内部聘任，后者一般用于单位外部聘任。

总之，人才选拔制度是由各种具体制度组合而成的一种多层次、多结构的体系。每一种具体制度都有其特定的适用范围。各种制度之间既相互区别，又相互联系，既可单独使用，也可结合使用。当然，各种制度都应在使用中不断完善。

三、人才选拔的方法

人才选拔的具体方法多种多样，常用的主要有以下几种。

（一）笔试法

笔试法是通过文字描述、解答考卷问题来鉴别应考者的知识水平、理论水平、写作能力、阅读能力和解决问题能力的方法。笔试法的优点是：简便易行，省时省力，成本较低，一份内容相同的考卷，可以同时对大批应考人员进行测试，并且易于管理；考试评分的标准尺度客观统一，能够较好地防止和避免考试、评阅试卷中的主观随意性，有较强的客观性和可信度。笔试也有不少缺陷，如不易考察应考者的实际工作能力，有时可能出现“高分低能”现象等。一般来说，选拔较高层次的人，多用论文式考试；选用较低层次的人，多用问答式考试。

（二）面试法

面试法要求应考者在规定的时间和场所，口头回答主考人的提问和考试题目，以考察应考者是否具备拟任职位所需要的实际知识和工作能力，观察应试者的仪表、性格以及应变能力等。面试法的优点是：考察内容比较广泛，方法比较灵活，易于发现应考者的逻辑思维能力、综合分析问题能力、语言表达能力、应变能力和社交能力以及仪表、气质等方面的情况。面试法的缺陷是：耗费人力、时间比较多，考试的规模也受到限制，评分易受主考人的思想、性格、情感的影响，难以做到完全公正。但是，由于人的应变能力在现代社会显得越来越重要，因此，从发展趋势看，面试法在人才选拔工作中越来越受到重视，并不断被完善。

（三）情景模拟法

情景模拟法也称操作式考试法，它要求应试者运用其所具有的专业知识和技能，按拟任职位的要求进行实地操作表演，主考人据此判断应试者的专业知识水平和实际工作能力。这种考试方法通常用于选拔专业性较强的工作人员，如电脑操作员、会计人员等。由于实际操作考察的内容是该职位要求具备的知识、技能和工作能力，因此，这种考试方法具有较强的针对性、综合性和实用性。

（四）综合素质测评法

综合素质测评法是借助于各种测量仪器和量表，来综合测评人的各种素质。其测评内容主要包括：第一，智力测评。主要是测定个人的观察能力、理解能力、表达能力、应用能力、记忆能力、推理能力、判断能力和想象能力等。第二，性向测评。主要是测验某个人适合于从事某种专业或职业的特殊能力，以鉴别和确定应试者从事的工作岗位或职业。一般称为职业能力倾向测试。第三，兴趣测评。兴趣是指一个人主动、经常地倾向于认识掌握某种事物或某项工作，并愿意参与该种工作活动的心理特征。兴趣测评就是对这种心理特征的测验。第四，人格测评。这种测评除了测定个人的毅力、勤奋性、进取心、认真程度等人格因素外，还测定个人在处理人际关系时的个性特征。综合素质测评法一般多用于选用特殊人才。使用此法时，需要借助各种测量仪器和量表。因此，要求主持考试的人必须具备必要的专业知识和职业资格。

（五）群众评议法

群众评议法是通过走群众路线的办法来选拔人才，评论其是否具备担任一定职务的资格。此法一般适用于选用领导者。选用领导者时听取群众的意见，有利于全面了解选用对象的情况。古人云："左右皆曰贤，未可也；诸大夫皆曰贤，未可也；国人皆曰贤，然后察之；见贤焉，然后用之。"一个人的德才只有在实践中才能表现出来，而一个人的表现只有周围的人及与其有密切联系的人更能真正了解。群众评议法通常是由有关部门通过召开各种形式的座谈会、个别访问、问卷调查等形式，向与被考察人有联系的有关人员了解被考察人的德才情况。评议结束后整理出书面材料，作为选拔依据之一。

（六）短期试用法

短期试用法是将被选用人员放在一定的职位上，让其在此职位工作一段时间，考察其是否适合担任此职。此法是了解人的一种切实有效的方法。古人在选用人才时也曾主张采取短期试用法。南宋的陈亮就曾说，了解人要"策之以言，而试之以事。"诸葛亮也曾总结出"用人七观"。这种短期试用法便于全面认识考察对象是否符合职位要求。

第三节 人才使用

人才的选拔和使用是领导活动在人事管理过程中的两个基本环节。所谓人才使用，是指领导者合理地任用和管理人才的过程。2013 年 6 月，习近平同志在全国组织工作会议上指出："用一贤人则群贤毕至，见贤思齐就蔚然成风。""各级党委及组织部门要坚持党管干部原则，坚持正确用人导向，坚持德才兼备、以德为先，努力做到选贤任能、用当其时，知人善任、人尽其才，把好干部及时发现出来、合理使用起来。"为了合理地使用人才，领导者必须遵循正确的用人原则和科学的用人制度。

人才使用

一、人才使用原则

人才使用原则，是领导者合理地任用和管理人才所必须遵循的基本准则。这些基本准则指导着领导者任用和管理人才的行为，贯穿于领导用人的全过程。人才使用的基本原则如下。

（一）因事择人、量才使用的原则

所谓因事择人，就是以事业的需要、职位的空缺为出发点，根据职位对人员资格的要求来选用人才。所谓量才使用，就是根据人才能力的大小，给予人才适当的职位。坚持这一原则，是由选用活动的目的决定的。为了谋求人与事的相互适应，只有从实际职位和职责的需要出发去选用合适的人员，才能达到人才使用的目的。否则，如果因人设事，为人择官，就不能保证事得其人，人尽其才。其结果不是大材小用，就是小材大用；或者为了安排人而增加不必要的职位，造成机构臃肿，人浮于事，增加用人成本，工作效率低下。

（二）扬长避短、发挥优势的原则

俗话说："尺有所短，寸有所长""金无足赤，人无完人"。任何人都有其长，也有其短。列宁曾经指出，人们的缺点多半是同人们的优点相联系的。既然如此，就应该正视这种现实，坚持扬长避短的原则，方可使人才各尽其能。具体做法是：一要用其所长。领导者应该用心分析每个人才的特点和能力，尽可能将其放在最能发挥优势的岗位上。决不能用非所长，勉为其难。唐太宗认为“用人如器，各取所长”，王安石主张“取其长则不问其短”；曾国藩主张“不苛求乎全材，宜因量以器使”。美国著名管理学家彼德·德鲁克（Peter F. Druker）在《有效的管理者》一书中指出，有效的管理者从来不问下属不能做什么，而只问他能做什么。诸葛亮错用马谡，毛遂从自荐到自刎，这些史实从正反两个方面说明，用人之要贵在用其所长，而不是求全责备。二是容人之短。现实生活中，有的人既有长处又有短处，只要这些短处不涉及原则问题，可以给予宽容，不要因求全责备而埋没人才。领导者应努力做到：容言而广开言路，容短而不必苛求，容过而治病救人，容贤而不听谗言，容事而不计小事，容才而不嫉贤能。三要“短中见长”。要知人短中之长，对其短处做具体分析，并给予必要的帮助，化消极为积极，发挥特长。如清代有个叫杨时斋的将领，他曾让聋人当侍者，让哑巴送密信，让盲人伏地听，让腿残者守炮座。现实生活中用人短中之长也不罕见。如一家工厂，用爱挑剔的人当质检员，用谨小慎微的人当安全员，用锱铢必较的人做财务管理。

（三）用人不疑、充分信任的原则

这里说的用人不疑，是指经过科学考察确定为可用之人后，要努力向其传达被信任的信息，使其没有后顾之忧，全身心地投入工作。用人就要信人，这样可以激发被用者认真负责地干好工作的热情。反之，如对被用者将信将疑，给职不给权，甚至对其忧心忡忡；或担心其阅历浅，“嫩竹子挑不了重担子”；或害怕其职位变了，架子大了，恃才傲物，目空一切，不受领导。凡此等等不必要的疑虑，都会妨碍人才作用的正常发挥。只有坚持相信人才，鼓励其大胆工作，为其创造良好的工作环境、舆论环境、人缘环境，才能激发其积极性、创造性，并保持其工作热情，促使其才能的发挥。信任下级，实质上是领导者自信心的一种表现，也是领导者用人的一个基本条件。信任下级，就要按照下级的职务充分地授权，使其在职务范围内达到权责一致。但是，信任和放手使用下级并不意味着就要对下级放松必要的管束和监督。领导者应该把信任与监督统一起来。

（四）合理搭配、整体最佳的原则

任何人才作用的发挥，离不开人才群体的整体效能。人才不是孤立的，只能在群体中发挥自己的作用。因此，建立合理的人才结构，是发挥每一个人应有作用的关键。领导者在使用人才时，要根据“整体功能大于部分之和”的系统论原理，做好人才资源的配置，组建合理的人才群体结构，使其性别比例适当、年龄梯度恰当、知识互补、专业配套、性格相容、气质协调，达到整体的最佳效能。

（五）公平竞争、择优用人的原则

所谓公平竞争，择优用人，就是指在公开、平等的条件下，让求职者凭借自身的素质和条件进行竞争，用人单位择优选用人才。用公开竞争的方法选人，比传统的“伯乐相马”的方法有更多的优点，它拓宽了选人的视野，开辟了赛场选“马”的天地，使用人单位能够在更广阔的范围内挑选人才，同时增加了选用工作透明度，可以有效防止和克服用人问题上的不正之风。因此，公平竞争有利于人才脱颖而出。人才的健康成长，有赖于良好的社会环境。机会均等、优胜劣汰的竞争机制，就是重要的社会条件之一。领导者在选才用人中坚持这一原则，应将竞争贯穿于选用工作的各个环节，从报名、资格审查，到笔试、面试，以及考核、体检等，要使求职者始终处在一种激烈的竞争状态。

（六）合理流动、适才适所的原则

合理使用人才，充分发挥各类人才尤其是专业技术人才的作用，就必须做到人尽其才、才尽其用，纠正和避免学非所用、用非所学的现象。人才的合理流动，适才适所，就是要有组织有计划地进行人才交流，互通有无，使人才能够找到最适合于自己的岗位并发挥作用。

（七）爱护人才、关心帮助的原则

领导者合理地使用人才，包括对人才的关心爱护和指导帮助。具体来说，要关心人才的生活，为其排忧解难；要指导人才的工作，促进其学习提高；要为人才答疑解惑，做好其思想工作；要对人才经常进行检查，坚持对其进行跟踪管理。总之，要全方位、经常化、有针对性地帮助人才成长。

（八）重视培养、用管结合的原则

领导者在选才用人的过程中，应该对人才加强培养，严格管理，把使用与培养、管理结合起来。培养是使用的前提；管理是为了更好地使用；使用离不开培养与管理。当前有许多领导者开始重视人才培养，但对人才的管理却重视不够，例如有的干部特别是一些年轻的领导干部任职后不长时间就走上腐败犯罪的道路，除了本人修养问题，恐怕也与组织和相关领导者疏于管理有关。

（九）集体领导、民主用人的原则

领导用人问题属于组织行为，意义非常重大。必须坚持民主集中制原则，实行集体领导，慎重决策。坚决反对用人问题上的“家长制”“一言堂”和少数人说了算。第一，作为决策机构的党委或党组应认真听取组织人事部门的意见。第二，作为决策机构中的党委或党组的每个成员，应自觉主动地利用一切机会认识干部、了解干部，深入群众走访调查，以便决策时取得发言权，否则必然是人云亦云，随声附和。第三，作为主持决策的一把手，领导者一般不宜率先发表定性意见，而要让其他成员充分发表意见后，自己认真听取、分析，然后仔细比较，慎重表态，最终实行票决制。第四，实行任前公示制。公示的内容应包括：个人简历、工作实绩、本人照片等。

（十）制度规范、能上能下的原则

积极改革干部人事制度，健全各项用人制度，实行领导用人制度化、规范化。特别是要积极探索和试行“领导用人失察责任”追究制度，杜绝用人腐败的制度漏洞。积极创立和完善能上能下的用人制度规范。所谓能上能下，就是指在人才使用尤其是领导干部任用方面推动形成能者上、优者奖、庸者下、劣者汰的用人导向和从政环境。依据 2022 年 9 月 8 日中共中央办公厅印发的《推进领导干部能上能下规定》，着力解决领导干部能下的问题，即结合实际分类施策，严格执行问责、党纪政务处分、组织处理、辞职、职务任期、退休等有关制度规定，畅通干部“下”的渠道，对诸如政治能力不过硬、理想信念动摇、担当和斗争精神不强、政绩观存在偏差、组织观念淡薄、事业心和责任感不强、领导能力不足、作风不严不实等不适宜担任现职干部的领导职务予以调整。

二、人才使用制度

人才使用制度遵循并体现了人才使用的基本原则，是实现人才使用原则的根本保证。所谓人才使用制度，是指领导者或领导机关在使用人才的过程中必须遵循的程序和规章。科学的人才使用制度对于实现人才使用的科学化、合理化，防止和避免用人上的重大失误，发挥着重要作用。

（一）任期制度

任期制度是指在党政机关或者企事业单位中的某些工作人员，在职工作的时间有一定的期限，任期时限届满后其职务、职权、职责自然终止的制度。任期制度既适用于领导干部，也适用于专业技术干部。中央制定的《党政领导干部职务任期暂行规定》是我国在用人制度上的一项重大改革。其中对领导干部每届任期、同一职位的任期、同一层次的任期等都做了详细的规定。

（二）培训制度

培训制度是指党政机关或企事业单位有计划、有组织地对所选用的人才进行理论、技术等知识的再教育或训练的一项制度。培训的方式主要有职前培训和在职培训两种。在职培训又分脱产培训、半脱产培训和业余培训三种。脱产培训是指在任职后暂时离岗一段时间，专门接受教育或训练的一种方式；半脱产培训是指在坚持上岗的同时定期抽出一定的时间来接受教育或训练的一种方式；业余培训是指在职人员利用业余时间接受教育或培训的一种方式。

（三）交流制度

这里所说的交流，主要是领导干部方面的交流，是指各级党委（党组）及其组织（人事）部门按照干部管理权限，通过调任、转任，对党政领导干部的工作岗位进行调整。实践证明，领导干部长期在一个地区或部门任职，虽然十分熟悉该地区或部门的工作，但也有不利的一面，那就是容易使其视野受到限制，容易安于现状，同时也不利于整体观念的形成。因此，党中央在2006年颁布了《党政领导干部交流工作规定》，其中对交流的对象、交流的范围和方式、实施过程等都做了规定。这一制度在实行中还存在一些问题，亟须改进。

（四）辞职制度

根据《党政领导干部选拔任用工作条例》中的规定，我国党政领导干部的辞职制度包括因公辞职、自愿辞职、引咎辞职和责令辞职。

因公辞职，是指领导干部因工作需要变动职务，依照法律或者有关规定，向本级人民代表大会、人大常委会或者政协提出辞去现任领导职务。

自愿辞职，是指党政领导干部因个人或者其他原因，自行提出辞去现任领导职务。自愿辞职，必须写出书面申请，按照干部管理权限报任免机关审批。任免机关应当自收到申请书之日起三个月内予以答复。未经批准，不得擅离职守；擅自离职的，给予纪律处分。

引咎辞职，是指党政领导干部因工作严重失误、失职造成重大损失或者恶劣影响，或者对重大事故负有重要领导责任，不宜再担任现职，由本人主动提出辞去现任领导职务。

责令辞职，是指党委（党组）及其组织（人事）部门根据党政领导干部任职期间的表现，认定其已不再适合担任现职，通过一定程序责令其辞去现任领导职务。拒不辞职的，应当免去现职。

第四节　党管人才

党管人才是中国特色社会主义人才制度的显著特征。中国共产党对人才工作历来高度重视，要求各级党政主要负责人要增强人才意识，统筹协调人才发展。当前对人才的挖掘和使用重点是开发创新人才，根本是构建制度体系，关键是提高党管人才水平。

党管人才

一、党管人才的由来

党管人才是人才工作的重要原则。坚持党管人才原则、加强党管人才工作，是推进国家治理体系和治理能力现代化、实现中华民族永续发展的重要保证。随着人类社会的发展，人口、环境与经济增长之间的矛盾日益尖锐，依靠消耗自然资源、物质资源的传统发展模式已难以为继，人才资源已替代自然资源、物质资源成为最重要的战略性资源，人才成为我国经济社会发展的第一资源。要抓好“第一资源”，就必须加强党对人才工作的领导，把人才工作摆到重要位置，整合各方面力量做好人才的培养、吸引、使用工作。

党和国家历来高度重视人才工作。2003 年 12 月，中共中央召开全国人才工作会议，出台了《关于进一步加强人才工作的决定》，正式确立了党管人才原则。2010 年 5 月，中共中央召开全国人才工作会议，颁布实施国家人才发展规划，进一步强调坚持党管人才原则，动员全党全社会为加快建设人才强国而奋斗。2012 年 8 月，中共中央办公厅印发的《关于进一步加强党管人才工作的意见》（以下简称《意见》），是新形势下加强党管人才工作的基础性文件，对更好实施人才强国战略具有重要的指导和促进作用。2016 年 3 月，中共中央印发的《关于深化人才发展体制机制改革的意见》指出，必须坚持党管人才，充分发挥党的思想政治优势、组织优势和密切联系群众优势，进一步加强和改进党对人才工作的领导，健全党管人才领导体制和工作格局，创新党管人才方式方法，为深化人才发展体制机制改革提供坚强的政治和组织保证。2018 年 2 月 26 日，中共中央办公厅、国务院办公厅印发《关于分类推进人才评价机制改革的指导意见》指出，进一步加强党对人才评价工作的领导，将改革完善人才评价机制作为人才工作的重要内容，在全社会大兴识才爱才敬才用才容才聚才之风，把各方面优秀人才集聚到党和人民的伟大奋斗中来。2021 年 9 月 27 日，习近平同志在中央人才工作会议的讲话中指出，党管人才就是党要领导实施人才强国战略、推进高水平科技自立自强，加强对人才工作的政治引领，全方位支持人才、帮助人才，千方百计造就人才、成就人才，以识才的慧眼、爱才的诚意、用才的胆识、容才的雅量、聚才的良方，着力把党内和党外、国内和国外各方面优秀人才集聚到党和人民的伟大奋斗中来，努力建设一支规模宏大、结构合理、素质优良的人才队伍。①

二、党管人才的内涵

党管人才的内涵主要体现为管宏观、管政策、管协调、管服务等四个方面的内容。具体而言：管宏观，主要是坚持人才发展的正确方向，加强科学理论指导，制定人才发展规划，始终把实施人才强国战略作为根本任务加以推进；管政策，是指统筹重大人才政策制定，有针对性地解决人才发展中的重大问题，改革人才工作体制机制，营造有利于人才辈出、人尽其才、才尽其用的制度环境；管协调，是指通过加强各方面的统筹协调，形成推进人才工作和人才队伍建设的整体合力；管服务，是指关心爱护人才，为各类人才干事创业、实现价值提供良好服务。

由此可见，党管人才不是党组织简单地把人才管起来、统起来，也不是要党委部门取代职能部门的作用，包揽人才工作的方方面面。党管人才的目的是更好地统筹人才发展和经济社会发展，更好地统筹人才工作和其他各项工作，更好地统筹人才工作的各个方面，推动各方面力量把人才管好用活，为人才成长和发挥作用提供更有力的支持和更优良的服务。从根本上说，党管人才是党爱人才，党兴人才，党聚人才，是通过制定政策、创新机制、改善环境、提供服务，为一切有志成才的人提供更多的发展机遇和更大的发展空间。因此，需要不断提高人才工作水平，促进各类人才健康成长，并最大限度地将各类人才聚集到党和国家的各项事业中来，充分施展才干。

三、党管人才的机制与方法

（一）完善党管人才的运行机制

为确保党管人才工作科学有效运行，依据《意见》须重点建立健全以下三大机制。

1. 科学决策机制

首先，完善党委人才工作领导小组会议制度，凡是涉及人才工作的重要文件、重大活动等，应先提交党委人才工作领导小组会议进行审议。其次，提请领导小组会议审议的事项，要事先充分征求各成员单位的意见。涉及经济社会发展全局的人才工作重大事项，应面向社会广泛征询意见。最后，把工作重点放在研究人才工作战略思路、制定总体规划、统筹重要政策、策划创新工程等方面，建立各级党委常委会听取人才工作专项报告制度、完善党委联系专家制度、实行重大决策专家咨询制度等。②

2. 分工协作机制

首先，建立工作任务分工制度，将人才工作重大部署、年度工作要点及时分解，并提出工作质量和时间进度要求。各部门要细化任务分工，增强协作意识，统筹抓好工作落实。其次，建立人才工作领导小组成员单位例会制度、人才工作联络员制度、人才信息交流制度，以及重大工作进展通报制度等，加强领导小组与各成员单位以及各成员单位之间

① 习近平．深入实施新时代人才强国战略 加快建设世界重要人才中心和创新高地［N］．人民日报，2021-09-29（1）．

② 赵光辉．充分发挥党管人才制度优势的“五个抓手”［J］．中国人才，2022（3）：23-25．

的联系和协作，定期交流工作情况，协调落实有关工作。最后，进一步强化“一把手”抓牢“第一资源”的意识，面对人才重大问题时必须形成党委领导亲自抓、分管领导具体抓、责任处室全力抓的阶梯责任制。①

3. 督促落实机制

首先，建立检查通报制度，由党委人才工作领导小组采取年度检查与日常检查相结合的方式，对各地各部门人才工作重点任务落实情况进行检查，检查结果要以适当形式通报。其次，建立重点工作专项督查制度，加强跟踪指导，解决存在问题，督促工作落实。最后，积极推行“账单式”工作制度，建立“权力、责任、任务”三个清单，通过年初“明账”、平时“对账”、年底“结账”，抓好工作到位、责任到人、落实到点的任务落实制度，以及建立事前沟通、事中通报和事后反馈的工作报告制度，进一步压紧压实党管人才工作责任。②

（二）创新党管人才的方式方法

党管人才同党管干部相比，对象更广泛、层次更多样，用传统的管干部的方式已经不能适应新形势下开展人才工作的需要。为此，依据《意见》的要求，把握和遵循人才成长规律，创新党管人才的具体方式方法包括：一要更加注重加强和改进人才资源开发的宏观指导，统筹兼顾，推动人才资源整体开发；二要更加注重人才工作分类指导，根据不同行业、不同类型、不同地域、不同层次人才成长规律和特点，因地制宜制定人才培养开发和吸引使用政策措施；三要更加注重发挥市场配置人才资源的基础性作用，健全人才市场体系，实现人才资源高效配置；四要更加注重改革创新，在总结运用人才工作传统经验的同时，不断推进人才工作的实践创新、理论创新、制度创新，增强人才工作的生机和活力。

四、新时代党管人才的实现途径

面对 2035 年进入创新型国家前列、建成人才强国的战略目标，我们需要不断健全党管人才领导体制，在工作机制上有所创新，充分发挥党管人才的制度竞争优势，把党管人才的政治优势转化为人才引领发展的体制机制优势，把具有全球竞争力的人才制度优势转化为中国特色社会主义现代化建设的优势。具体而言，充分发挥党管人才的制度优势要牢牢把握“四个抓手”。③

（一）完善党管人才的组织体系

新时代党的组织路线，把“集聚爱国奉献的各方面优秀人才”列为两个着力点之一。2021 年 6 月，《中国共产党组织工作条例》进一步明确了在党的全面领导下，地方党委“贯彻人才强国战略，统筹协调有关方面共同参与和推动本地区人才工作”，中央组织部和各地组织部“负责人才工作的指导协调和人才的联系服务”的相关职责。充分发挥党管人才制度优势，首要的就是完善党管人才的组织体系。

1. 健全党管人才领导体系

党的十八大以来，我们明确了要形成党委（党组）统一领导，组织部门牵头抓总，有关部门各司其职、密切配合的人才工作格局。充分发挥党管人才制度优势，首先要完善党

---

①②③ 赵光辉. 充分发挥党管人才制度优势的“五个抓手”[J]. 中国人才，2022（3）：23-25.

管人才的组织体系，配强工作力量，完善人才工作宏观指导、科学决策、统筹协调、督促落实机制。要加强党对人才工作领导的权威，重大人才发展事项要报党委（党组）审定，确保党在人才管理中的领导地位不动摇。

2. 健全集体决策程序

党管人才是统揽而不是包揽，集体决策要着眼于人才工作中的宏观性全局性事务，解决好关键性长远性问题。加快探索“党管人才”方式上的创新，引入重大决策专家咨询制度、党委联系专家制度等来保证科学决策的有效性。

3. 目标引领工作实效

坚持人才工作目标责任制考核，将人才工作纳入各级党政领导班子和领导干部工作实绩考核，将考核结果作为领导班子评优、干部评价的重要依据。实行人才工作专项述职评议制度，建立人才工作联络员工作职责和管理制度，实行动态管理，及时反映人才意见和要求，破除制约人才聚集、成长的体制和制度性因素，放活、放开各类人才政策，给人才“松绑”，释放“人才红利”。

（二）促进党管人才的协同联动

必须增强人才协同治理能力，合理划分各部门在人才工作中的职责权限，充分调动社会力量，打造权责明晰、多级联动、横纵打通的高效人才协调机制，构建协同联动新体系，促进党领导的核心作用、政府与人才主体的主导作用、社会力量辅助反馈作用统一结合，形成科学高效的人才发展治理体系。

1. 强化统筹协调

要明确各级党委及其组织部门、政府人才发展管理职能部门、人才使用单位等的职权职责。组织部门要切实发挥牵头抓总，推进人才发展规划、政策、目标一体化，实施统一监管，打破部门、层级、地区限制。横向层面，要扩充各级人才工作领导小组成员单位，将与经济项目、各类人才紧密联系单位纳入地方人才工作领导小组成员单位。

2. 完善协调推进机制

在纵向层面，要完善人才工作联络组织体系，强化人才工作的日常协调服务职能。通过建立集中会商机制，拓展管理端、执行端各级人员参与并形成合力，定期召开人才工作联席会议，协调解决高层次人才遇到的政策性障碍，以及重大人才项目、重要人才政策实施和重点人才平台建设过程中遇到的困难问题，接地气的同时团结人才，添活力的同时凝聚人才。

3. 加快信息共享

加快整合人才资源，探索以统筹共谋、信息共享、队伍共建的方式提升人才协同工作效率。不断巩固人才资源信息库建设成果，整合各系统、各部门的人才管理信息系统，构建统一的以组织部门为牵头单位、职能部门为具体执行单位的人才管理信息系统；建立统一、分类的人才信息平台，实现各系统、各行业、各领域的人才资源共享；打造开放共享聚才引智平台，增加创新型人才有效供给。

（三）激发党管人才的服务活力

坚持市场化方式、社会化参与、国际化视野和法治化思维，充分发挥市场主体和用人主体在人才培养、吸引和使用中的主导作用。

1. 坚持市场化方式

坚持遵循人才供求规律、人才“有进有出”原则、人才竞争国际化理念，努力贯通“体制内”与“体制外”人才队伍，贯通国内外人才队伍，营造天下英才竞相汇聚、蓬勃涌现、自由竞争、开放发展的市场环境。

2. 坚持社会化参与

推动政府角色定位从“前台”向“后台”转变、从“操作”向“监管”转变、从“政策”向“环境”“生态”转变。充分发挥企事业单位在人才培养、吸引、使用等环节的主体作用，充分发挥专家、学会、协会等的联系人才、服务人才的作用，积极引导工青妇等人民团体、社会中介组织等社会力量广泛参与人才工作，探索政府人才工作部门与公共机构、民间组织、私营单位等多元主体的合作治理模式。

3. 增强国际视野

大力构筑全球人才发展的战略高地，建立国际化人才配置枢纽，打造世界级人才发展平台，形成接轨国际规则的专业人才开发制度，提升全球智力资源利用能力，争取国际人才竞争优势。

4. 坚持法治化思维

大力推进人才管理工作的法治化、制度化、规范化，建立人才治理、人才引进、人才培养、人才使用、人才激励等环节的法律法规体系，及时将成熟的政策转化为法律法规，为集聚、使用天下英才提供法治保障环境，依法保障人才权益。

（四）强化党管人才的督查反馈

要强化人才工作的督查，坚持对人才发展全过程、各环节、全链条进行跟踪监督，逐级压实责任，确保工作履职到位。

1. 实施重点工作追踪访查

建立人才重点工作联系督查制度，组织部门要加强与人才工作相关职能部门的联系，对重大的人才工作、重点单位、重要活动要指定专人负责联系，做到随时掌握情况、反馈信息、进行指导。同时，可以委托第三方机构独立自主地展开调查分析、作出评估、提出建议，促进对人才重点工作实施绩效的客观公正评价。

2. 健全奖惩制度和责任追究制度

建立人才工作激励清单和问责清单，对发现的创新举措和鲜活经验给予宣传、通报表彰，以点带面，推动政策落地。①

① 赵光辉. 充分发挥党管人才制度优势的“五个抓手”[J]. 中国人才，2022（3）：23-25.

第五章　领导素质

领导者素质状况直接决定领导者的岗位胜任力，关系到领导绩效的高低和领导活动的成败。因此，领导者的角色定位、领导者个体素质的提升、领导集体素质结构的优化，都是领导科学研究的重要内容。

第一节　领导角色的定位

领导者包括个体领导者和集体领导者，是领导活动的主体。认识和把握领导者扮演的主要角色，是理解和提高领导者素质的基本前提和重要基础。

领导角色的定位

一、领导角色的含义

领导角色是指领导者所应该承担或扮演的多种角色的总和，实质是领导者按照社会期望所表现出来的特殊行为模式。领导者是特殊社会分工的承担者，具有履行领导职能所必需的法定地位和权力、义务，承载着组织的要求和社会的期望，因此，也可以说，领导角色是领导者在社会系统的互动中所表现出来的与社会期望和自身地位相适应的权力、义务的规范体系和行为模式的总和。在组织或群体中，领导者总是处于显著位置，人们自然期望领导者能明晰自己的权力与责任，并善于根据特定的角色要求采取行动，起到楷模作用。

理解领导角色这一概念，应把握以下几个要点：

第一，领导角色是社会对领导行为、领导权力、领导义务等一系列行为模式的整体概括。无论领导者处在什么样的领导位置或层次上，都要依据相关的领导权力与义务选择与地位和身份相适应的行为模式，这是领导角色的必然要求。

第二，领导角色是社会对领导行为的某种期待。特定的角色总是承载一定的社会期待，领导角色同其他社会角色一样，也体现出了组织系统和社会公众对领导者的期待。例如，人们对教师的角色期待就是教书育人，对医生的角色期待就是救死扶伤、治病救人，而对领导角色的基本期待就是指明方向、主持公道和率先垂范。

第三，领导角色是领导地位和领导身份的外在表现。领导地位和领导身份在很大程度上决定了领导角色的主要内容，不同性质、不同层次的领导地位和身份，其领导角色的内容是有较大差异的。

第四，领导角色通过领导实践得以体现。领导角色的实现有赖于领导者的角色认知和角色实践。当领导者进入一个新的角色时，无论是从心理还是行为上，都必须尽快完成角色转换，用新的角色规范要求自己，否则就会违背社会和人们的期待。而角色规范必然约束领导行为并通过领导者的职务行为得到体现。

二、领导角色的特征

领导角色作为一种特殊的社会角色，既有社会角色的一般特点，又有其特殊性。

（一）主导性

从古至今，领导者在人类社会生活中一直居于中心地位，是社会大舞台上的主角，对群体活动和社会生活起着主导性的作用。领导的主导作用在领导活动中具体体现为目标规划、决策制定、机构设置、人事安排、工作计划、组织实施等。因此，领导角色具有显著的主导性。

（二）公共性

领导角色是一种重要的公共角色。其公共性主要表现在以下几个方面：第一，领导者权力的公共性。领导者所担任的职位、职务和掌握的权力必须合理合法，不能私授和任性而为。第二，领导目的的公共性。领导活动必须以实现和维护公共利益为根本出发点和最终归宿，必须为组织目标和社会公共生活服务，绝不能以权谋私。第三，领导影响的公共性。领导活动影响广泛，不仅影响到领导者个人，更重要的是直接影响到组织中的其他成员，并通过组织运行而影响到全社会。领导层次越高，影响范围越大。第四，领导评价的公共性。领导主体及其活动是整个社会成员的关注焦点，必须处于公众的监督之下，接受公众的评价。

（三）导向性

现代领导理论认为，领导者的主要角色就是为下属设定美好的愿景，通过愿景来引领、指导、激励下属去实现组织目标。领导率领下属实现组织的目标所运用的方式和手段不完全是强制性的，还有说服、教育、示范、引导等非强制性的方法。因此，领导角色具有显著的方向引领性、工作指导性和行为示范性特征，即导向性。领导角色的这种导向性特征，要求领导者必须敏于行、慎于行、善于行，同时要不断提高自身素质，增强领导行为的凝聚力、向心力、渗透力、感召力和影响力。

（四）复合性

领导角色的复合性主要是指领导角色不是单一的、孤立的，而是多种角色的复合体，是一个“角色丛”“角色集”。领导活动是一种高度复杂的综合性社会管理活动，在领导活动中，随着时空条件的转换，领导者必须扮演多种不同的角色，甚至在某些特定的场合会出现多种角色同时集于领导者一身的情形。因此，复合性也是领导角色的突出特征。

三、领导的多重角色

古人云：“一了千明，一迷万惑”。领导者如果能够准确地把握自身的角色定位，明确在不同的角色中该怎样充分发挥领导职能，一切就自然清晰了。

关于领导角色的定位问题，西方国家的一些著名管理学家进行过许多有益的探讨。如亨利·法约尔（Henri Fayol）指出了管理与领导的差异，强调不能将“领导”与“管理”相混淆，认为“领导”是寻求从企业拥有的所有资源中获得尽可能大的利益，引导企业达到目标，是履行技术、商业、安全、会计和管理等职能的保证力量，领导无论在层次上还是意境上都要高于管理。哈佛大学教授、管理学大师亨利·明茨伯格（Henry Mintzberg）第一次明确地对管理者和领导者的基本角色进行了深入分析，在其1973年所著的《管理工作的本质》一书中，他将管理者、领导者的角色区分为三大类十种具体角色：第一，人际关系方面的角色：名义领袖、领导者、联络者。第二，信息管理方面的角色：监督者、传播者、发言人。第三，决策方面的角色：企业家、混乱处理者、资源分配者、谈判者。著名领导学家约翰·科特（John P. Kotter）也认为领导与管理是不同的，领导者和管理者所扮演的角色是有差异的，领导的基本角色就是战略领导者、人力联合者、鼓舞和激励者。纳哈雯蒂（Afsaneh Nahavandi）在《领导力》一书中认为，面对变革时代的要求，领导者扮演着战略领导者、授权者、帮助者、组织文化和价值创造者等角色。

为了加深对领导角色的认知，这里基于东方文化传统和我国领导管理的实践，将领导的角色定位表述为以下几个方面。

（一）引航员

领导的本质内容是实现变革，那么制定和阐明美好未来的愿景就必然成为领导人的重要使命。没有愿景，就没有领导。领导者应该如轮船上的船长，如羊群中的领头羊，如一列火车的车头，为组织建立目标，是引领组织的发展方向、确定组织的发展战略并率领组织和下属朝着正确的方向努力前行的引航员。

作为引航员，领导者要高瞻远瞩，敏锐洞察环境的变迁，具有科学的预测能力；还要主动适应时代的潮流，善于创造性思维和行动，习惯于创造性开展工作，使自己成为组织前进的领航员、事业发展的设计师、打开局面的开拓者、继往开来的创新者。领导者要有战略眼光，善于从全局和整体的高度观察和分析问题；善于从客观联系中把握事物的发展规律和发展趋势，认真研究发展思路，认真搞好战略规划，努力做到胸怀全局、高瞻远瞩，统筹兼顾、协调各方，审时度势、与时俱进，指导有方、举重若轻，成为主要负责“掌舵”的战略家而不是单纯“划桨”的实干家。

（二）指挥员

俗话说：“家有千口，指挥一人”；“指挥无能，累死三军”。一名出色的领导者，既是指引方向的引航员，也应该是制定目标部署工作的指挥员。指挥就是领导者运用指示、命令等手段，要求和支配下属机构和人员履行职责、完成任务、达成目标的行为。指挥是最直接、最具体、最重要的领导行为。领导者通过指挥来调度整合相关资源、动员组织下属工作。

领导者扮演指挥员的角色，要努力做到以下几个方面：一是对组织系统运行的指挥，二是对被领导者行动的指挥，三是对活动现场秩序的指挥。若要履行好指挥职能，要求领导者必须头脑清醒、判断准确，思路清晰、决策果断，态度明朗、指挥有方，协调有序、控制有度，监督有力、及时纠偏。当然，担当好指挥员的角色，不能仅仅依靠法定职权和强制性命令，还须自觉提升人格魅力，善于采取多种方式激发下属的积极性和创造性，高效地履行指挥员的职责。

（三）服务员

领导意味着责任和义务。领导者担任多高的职务，拥有多大的权力，就要承担多大的责任。从这个意义上讲，领导活动就是领导者行使权力和履职尽责的行为。领导角色的公共性决定了领导者不以追求和获取个人利益为主要目的，而是以维护被领导者的利益、实现组织的目标为目的。邓小平明同志明确指出："什么叫领导，领导就是服务。"① 服务比起权力与责任来，在更深的层次上反映了领导者的本质。因此，在社会主义国家，领导者无论职位高低、权力大小，都是人民的勤务员，都是为人民服务、对社会负责的公仆。权力是实施领导的前提条件，是履行责任的手段，责任是领导活动得以发生并进行下去的驱动力，而为民服务、为社会服务则是领导活动的出发点和最终归宿。

领导者担当好服务员的角色，要围绕无私奉献和优化环境这个主题，发挥领导者的服务员作用。"服务"的本意是与人为善和与人方便，领导者的服务主要是通过全面履行领导职能，为下属顺利开展工作和健康成长创造条件，提供支持，主要是提供思想引领、方向把控、资源调配、程序设计、组织保障、环境优化等方面的服务。

（四）教练员

选才用人和队伍建设是领导的重要职责。领导者的重要使命之一就是把下属培养好，把人才用好，把队伍带好，把团队建设好。领导者别给下属"打工"，而要教会下属"做功"。

领导者担当好教练员的角色，要围绕培养和提高员工素质这个主题，发挥领导者的教练作用，包括：规划目标，指引方向；熟悉业务，指导工作；在职培训，教育提高；鼓励竞争，激发活力；扬长避短，合理使用；综合激励，提升动机；树立典型，榜样示范；选好师傅，带好徒弟；完善制度，规范管理；培育文化，养成习惯；关心帮助，排忧解难；以身作则，率先垂范等。

（五）裁判员

领导活动中不可避免地会产生或遇到一些矛盾和冲突，因此，领导者要善于发挥裁判员的角色，加强沟通协调，做到公正裁决，有效化解矛盾和冲突。同时，为了激励下属的工作动机，也需要领导者组织制定一些必要的考核监督办法，确立工作中的"指挥棒"，这同样需要发挥领导者的裁判员作用。

领导者担当好裁判员的角色，要围绕沟通协调和考核评价这个主题，发挥好裁判员的作用，包括：沟通交流，信息对称；组织协调，促进合作；科学考核，严格监督；分清是非，公正裁决；健全制度，完善规则；敢于担当，履职尽责；公平公正，认真负责；守住底线，坚持原则；严于律己，以身作则。

① 邓小平．邓小平文选：第3卷［M］．北京：人民出版社，1993：121.

第二节　领导素质的构成

依据领导主体构成的不同，领导可以分为个体领导和集体领导。因此，在分析领导素质构成的时候，我们也分为领导者个体素质和领导集体素质。

领导素质的构成

一、领导素质的内涵

（一）领导素质的含义

“素”是本来、原有之意；“质”是指一事物区别于他事物的内在特性。概括起来，素质就是指一个事物固有的区别于其他事物的性质和特点。随着社会的发展和科学技术的进步，素质的内涵和外延不断扩大，被广泛运用于社会科学、人文科学乃至人们的日常生活之中。广义的素质，通常是指一个人在先天禀赋的基础上，经过社会环境熏陶和自身磨炼而形成的，满足其生存和发展所需要的各种条件或要素的总和，亦即行为主体开展某种活动所依凭的自身内在条件。

领导素质就是领导者履行领导职能、发挥综合影响力所依凭的身心条件、价值理念和行为能力，是领导者胜任领导工作的各种主观条件和特质的总和。

（二）领导素质的特点

领导素质的特点是由领导角色的定位、领导工作的性质和职能、领导主体所处的环境条件以及个人的先天因素等决定的。领导素质除了具有稳定性、潜在性、基础性等个体素质的一般特点外，更明显地呈现出与领导工作要求相适应的综合性、层次性、动态性、时代性、实践性、差异性等特点。

1. 综合性

领导活动涉及组织、协调、指挥、控制和决策、用人、沟通、监督、激励等诸多环节，领导角色也是一个多元化的“角色丛”，这决定了领导素质不是单一的要素构成，而是由多种要素组成的结构性系统。中国古代著名的军事家、思想家孙子曾说：“将者，智、信、仁、勇、严也。”《十一家注孙子》解释说：“智者，先见而不惑，能谋虑，通权变也；信者，号令一也；仁者，惠抚恻隐，得人心也；勇者，徇义不惧，能果毅也；严者，以威严肃众心也。五者相须，阙一不可。故曹公曰将宜：‘五德备也’。”可见，领导者素质是多种要素相互依存、相互制约、相互补充、相互作用的有机整体。

2. 层次性

随着人类社会的发展进步，社会分工越来越细，领导者的职责也越来越分明，任何领导工作都有不同的层次、领域和相应的职责。例如，领导层次有高层、中层和基层之分；领导领域有经济、政治和文化之别；领导部门有党委、行政、事业、企业之异。对于不同层次、不同领域、不同部门的领导者而言，其素质要求既有相同的一面，也有特殊的一面。三国时期著名的政治家和军事家诸葛亮把军事将领按照不同的素质分为十夫之将、百夫之将、千夫之将、万夫之将、十万夫之将和天下之将等。现代社会生活复杂多变，组织机构的领导层次分明，不同岗位层次的领导者的素质结构也表现出不同的倾向性。高层领导者的主要职责是确定大政方针，拟订战略规划，把握方向，统筹全局。与此相适应，要求他们具有相应的综合判断能力、战略决策能力等。中层领导者主要是协调关系，通过组织协调去贯彻落实方针政策，这要求他们具有政策解读、计划安排、组织协调等方面的能力。基层领导者主要是执行政令，完成任务，解决具体问题，这要求他们具有相应的专业知识和执行能力。

3. 动态性

领导素质的形成是一个不断发展和完善的过程，没有天生的领导者，也没有一劳永逸、一成不变的素质条件。一方面，领导者的先天素质在社会实践的磨炼和塑造中可以改变。另一方面，领导者后天所形成的素质也有一个发展变化的过程，不会永远停留在一个水平上。领导者素质的变化既是时代进步的结果，又是时代进步的动力；既是领导者自觉自为的结果，也是社会外在压力驱动的产物。同时，组织结构的调整、领导职位的升迁以及领导者自身的变化，也会影响领导者素质的变化。领导者素质的变化既可能是向上的、积极的，也可能是向下的、消极的。所以，要积极创造条件，努力实现领导者素质的正向变化。

4. 时代性

领导素质是在一定的环境下培养出来的，而不断发展变化的环境对领导素质又提出了更新更高的要求。所以，领导素质也必然随着时代的变迁、社会的进步和事业的发展而不断更新。比如，夺取政权的革命年代的领导素质与和平建设时期的领导素质相比，一定存在很多差异，体现出鲜明的时代性。中共中央在《关于加强党的执政能力建设的决定》中提出，党要不断提高驾驭社会主义市场经济的能力、发展社会主义民主政治的能力、建设社会主义先进文化的能力、构建社会主义和谐社会的能力、应对国际局势和处理国际事务的能力。这反映出新时代党的执政能力的新要求。

5. 差异性

每个领导者的先天因素、受教育程度、个人经历、主观努力程度以及领导班子构成等方面的不同，导致领导素质具有一定的差异性。有的领导者，可以让濒临倒闭的工厂起死回生，效益倍增。有的领导者却使好端端的一个工厂效益下降，甚至走向倒闭。其中缘由固然很多，但在其他条件相同的情况下，领导素质的差异就是决定因素。由此可以得出结论，领导素质不仅有其同一性，而且具有很大的个体差异性。

（三）领导素质的作用

领导素质是领导主体履行领导职能、开展领导活动、建立领导权威的必要条件和内在基础，关系到领导活动的成败。尤其在当今全球化与高风险的时代，领导素质成为影响领导力和组织竞争力的重要因素甚至是关键因素。

1. 领导素质是一种重要的领导力

在某种意义上说，领导力就是动员和组织众人为实现共同愿景而努力奋斗的艺术，这种领导力的重要基础就是领导者的综合素质。领导力的大小强弱与领导者的素质高低具有直接相关性。领导素质集中表现为领导者凭借其个人素质的综合作用，在一定条件下对特定人群或组织所产生的人格凝聚力和感召力，是保持组织卓越成长和可持续发展的重要驱动力。无论是组织目标的确立还是重大决策的制定，无论是资源的整合还是员工的激励，都要求领导者具有较高的领导素质。当今时代，领导素质已经成为领导力不可缺少的构成因素甚至是关键因素。

2. 领导素质是一种核心竞争力

所谓核心竞争力，就是一个组织最重要的、最突出的比较优势，一般具有不易被模仿和很难被超越的特点。当今世界正在发生急剧地变化，被称为"百年未有之大变局"。我们正处在一个易变的、不确定的、复杂的、模糊的世界中。这种超级复杂性和巨大不确定性，首先是对领导力的严峻考验。领导者是一个组织的领袖人物，是一个团队的灵魂人物，其领导素质影响着所在组织或团队的战略选择、治理变革，关系到组织的价值取向、资源整合，是组织竞争力的最高层次和比较优势的集中代表。因此，应对时代的严峻挑战，领导素质及其所决定的领导力水平成为组织的核心竞争力。"一只绵羊带领的一群狮子，敌不过一头狮子带领的一群绵羊。"这说明，领导素质是组织竞争力的基础，是决定组织成长和变革的关键因素。

3. 领导素质关系领导活动的成败

领导素质是领导者有效开展领导活动的基础，是领导者进行科学决策、选才用人、激励下属、创新工作所依凭的内在条件。不同的领导者素质将引发不同的领导行为，产生不同的现实结果，使领导者自身、群体和组织都直接受到不同程度的影响。因此，领导者素质从根本上决定着领导活动绩效的高低，甚至决定着领导活动的得失成败。

二、领导者个体素质的构成

领导素质是领导者从事领导活动必备的基本条件，是一种潜在的领导力。领导者个体素质可以分为两个部分：一部分是由先天的生理和心理方面的性质所构成的自然要素；另一部分是通过后天学习和实践形成的社会性要素。领导者个体素质以自然要素为基础，以社会性要素为主要表征，是自然要素和社会要素的统一。概括起来说，领导者个体素质就是指在一定生理心理条件的基础上，通过学习、教育、实践锻炼而形成的在领导工作中经常起作用的那些最基本的特质及其所达到的水平。

由于领导角色的特殊性和复杂性，以及领导情境的多变性，领导者个体素质的构成要素也会发生变化，可以随着时代的变化而更新，可以因职能的分化而调整，可以因角色的转变而转型，也可以并且需要在实践中不断完善。因此，要确定一种全面的、稳定的领导者素质模型是很难的事情。但这并不意味着领导者的素质不具有相对的稳定性，也不意味着领导者的素质是不可把握和认识的。相反，领导素质肯定具有一定的共同性和相对的稳定性。

从认识论意义上，一般可以将领导者个体素质分为以下几个方面。

（一）政治品质

领导者的政治品质是指领导者从事领导活动所必须具备的政治立场、政治价值观、政治态度和政治自觉性等各方面的综合体现。政治品质从根本上决定着领导活动的性质和方向，决定着领导者站在什么立场、举什么旗帜、走什么道路、做什么事情、为什么做事、为谁做事等根本问题。所以，政治品质在领导者素质结构中具有根本性，是培养和选拔领导者的首要标准。毛泽东同志特别强调：政治是统帅，是灵魂，领导干部必须又红又专。改革开放以后，党中央强调干部“四化”方针，其中“革命化”居首位。党的十八大以来，领导者的政治素质受到了前所未有的高度重视，党中央强调政治能力是领导干部第一位的能力。选人用人必须把好政治关，将是否忠于党和人民，是否具有坚定理想信念，是否增强“四个意识”、坚定“四个自信”，是否坚决维护党中央权威和集中统一领导，是否全面贯彻执行党的理论和路线方针政策，作为衡量干部的第一标准。政治上有问题的人，能力越强、职位越高，危害就越大，政治品德不过关，就要一票否决。各级领导干部特别是高级干部必须立足中华民族伟大复兴战略全局和世界百年未有之大变局，不断提高政治判断力、政治领悟力、政治执行力，心怀“国之大者”，不断提高把握新发展阶段、贯彻新发展理念、构建新发展格局的政治能力、战略眼光、专业水平，敢于担当、善于作为，把党中央决策部署贯彻落实好。进入新时代，党中央反复强调对各级领导干部的政治上的要求是进一步增强“四个意识”、坚定“四个自信”、拥护“两个确立”、做到“两个维护”。

领导者的政治品质要求具体包括以下几个方面。

1. 正确的政治立场

正确的政治立场是提高政治敏锐性和政治鉴别力的前提。对领导者来说，具有正确的政治立场是最起码的要求。政治具有鲜明的阶级性，任何国家、阶级都是通过选拔一批忠诚于本阶级并有能力为本阶级服务的人来执掌国家政权，维护本阶级的统治，谋求本阶级的利益。中国的领导者同样也必须坚持正确的政治立场，即人民至上和为人民服务的立场，这是共产党人的初心和使命。

2. 崇高的政治理想

崇高的理想和目标既是领导者成为卓越人物的内在原因，也是领导者不断走向成功的驱动力。具有崇高的理想和远大的目标，归根结底是领导活动的本质和价值的必然要求。中国共产党人的政治理想就是共产主义远大理想和社会主义共同理想。

3. 高度的政治责任感

领导者由于所处职位的特殊性和重要性，其行为会直接对国家、人民的利益产生重大的影响，因此领导者必须具有高度的政治责任感，要站在国家和人民的立场上观察、分析和处理问题。领导者对党对国家对人民负责，绝不只是一句道德格言，或只是对领导者思想作风的一般要求，而是对领导者承担法律责任和政治责任的要求。权力意味着责任，用权必须负责。高度的责任感是领导者人格健全的标志，是使领导者变得高尚起来的根源。领导者要“以时时放心不下”的责任感，把对党负责和对人民负责统一起来。

4. 理性的民主政治自觉

孙中山先生早就指出，民主潮流，浩浩荡荡，顺之者昌，逆之者亡。民主政治是不可阻挡的历史潮流，民主领导是现代领导活动的大趋势。党的十七大把发展社会主义民主政治、建设社会主义政治文明，确定为中国现代化建设和构建和谐社会的重要目标。党的十八大提出“以保证人民当家作主为根本”，“保证人民依法享有广泛权利和自由”。党的二十大再次强调："全过程人民民主是社会主义民主政治的本质属性，是最广泛、最真实、最管用的民主。必须坚定不移走中国特色社会主义政治发展道路，坚持党的领导、人民当家作主、依法治国有机统一，坚持人民主体地位，充分体现人民意志、保障人民权益、激发人民创造活力。"

领导者强化理性的民主政治自觉，需要做到：第一，具有民主的价值观。领导者树立民主的价值观，应当使民主意识、民主观念成为政治伦理道德规范的基础，始终坚持"权为民所用，利为民所谋，情为民所系"。第二，要掌握民主政治的基本知识。对民主的内涵和特征、民主发展的历史过程和图景、民主制度的规范和程序等有全面正确的了解，尤其要对民主的本质有正确认识。领导者是民主政治的实践者，必须对民主政治有正确的认知和自觉的信仰。第三，具有基本的民主能力。民主的过程是所有人都必须经历的一个学习锻炼的过程，领导者必须掌握民主政治的基本能力，在领导活动中坚持民主精神，发扬民主作风，遵循民主程序，实行民主决策、民主管理、民主监督，学会以民主的方式和民主的程序开展领导活动。

5. 严明的政治纪律

政治纪律是领导者最基本的行为规范和政治素养。对领导者来说，严明的政治纪律是不可逾越的行为底线，是不可触碰的"红线"和"雷区"。政治纪律是党最重要、最根本、最关键的纪律，是各级党组织和全体党员在政治方向、政治立场、政治言论和政治行为方面必须遵守的规矩，是维护党的团结统一的根本保证。各级领导干部要加强纪律建设，把守纪律讲规矩摆在更加重要的位置。政治纪律包括党章以及据此制定的党规党纪，还有国家法律以及各项工作纪律、行业职业规范等。遵守政治纪律特别强调牢固树立政治意识、大局意识、核心意识和看齐意识，坚定维护中央权威，自觉与党中央保持一致，自觉维护党的团结统一，增强组织纪律性。遵守政治纪律，必须是全面的，在思想上政治上行动上全方位向党中央看齐，做到表里如一，知行合一；必须是具体的，不能光口头讲讲，还要落实在各个方面，贯穿到各项工作；必须是坚定的，任何时候、任何情况下都做到政治立场坚定不移，政治方向绝不偏离。

（二）法律素养

法律是治国之重器，是治国理政最大最重要的规矩，在国家治理过程中发挥着固根本、稳预期、利长远的保障作用。法治是国家治理体系和治理能力的重要依托，全面依法治国是社会主义民主政治的基本要求。全面推进依法治国是国家治理的一场深刻革命，意味着我国治国理政方式的重大转变和领导方式的深刻变革。

领导干部是全面推进依法治国的重要组织者、推动者、实践者，要做尊法的模范，带头尊崇法治、敬畏法律；做学法的模范，带头了解法律、掌握法律；做守法的模范，带头遵纪守法、捍卫法治；做用法的模范，带头厉行法治、依法办事。更重要的是要自觉提高运用法治思维和法治方式深化改革、推动发展、化解矛盾、维护稳定的能力。

1. 领导者必须掌握相关领域的法律知识

知法懂法是守法和执法的基本前提。领导者掌握基本的法律知识，是依法领导的基础和前提，是衡量新时代领导者能否胜任领导工作的一个重要条件。领导者要认真学习和掌握有关法理学的基本知识，熟练掌握宪法和其他履行领导职责所必需的国家、行业、专业等方面的法律法规和规章制度。

2. 领导者必须具有强烈的法治意识

法治意识是人们对法治现象的一种主观反映，是对法治精神和法治价值的高度认同和自觉内化。领导者的法治意识直接体现了一个国家的法治水平，反映一个社会法制运行的基本状况。因此，增强法治意识成为领导者法律素质的一个重要方面。领导者的法治意识主要包括以下内容：第一，强化宪法意识。依法治国首先要依宪治国、依宪执政，树立人民至上、宪法权威至尊、人民利益高于一切、人权和公民权利神圣不可侵犯、行使公权力必须遵循法定程序、接受权力制约与监督、承担相应的法律责任等观念和意识。第二，树立法律至上的观念。法律至上，就是法的权威至上，也就是人民意志至上，要消除特权意识和人治观念的消极影响，树立法律面前人人平等和权力普遍制约的观念。第三，强化服务的公仆意识。树立公仆意识、公民意识和领导活动公开公平公正的意识。

3. 领导者要依法领导，依法履职

领导者要对宪法法律始终保持敬畏之心，带头在宪法法律范围内活动，严格依照法定权限、规则、程序行使权力、履行职责，做到心中高悬法纪明镜、手中紧握法纪戒尺，知晓为官做事的规矩，决不能凌驾于法律之上。要严格遵守法定程序，自觉维护法律权威。领导者行使职权时必须做到依法领导、依法用权、依法办事。领导者的职务行为必须有法律依据，符合法定程序，接受法律监督。如果领导者触犯了法律，必须承担相应的法律责任，绝不能有任何特权。

（三）履职能力

所谓能力，就是指人们认识问题、解决问题的本领。领导者的履职能力是领导者履行职责、实施有效领导、建立威望的各项基础能力和工作能力。根据领导活动的基本特点和能力的性质分类，领导者履职能力大致可以分为经验性能力、知识性能力和思维创新能力。在西方国家，有的学者将领导者的履职能力分为 12 项：忠于职守的能力、计划的能力、组织的能力、控制的能力、口头表达的能力、文字表达的能力、把握整体目标的能力、决策的能力、创造的能力、指挥的能力、主动的能力、适应的能力。[①]

党的十九大报告从“党领导一切”的高度，提出了领导干部的八项本领，即学习本领、政治领导本领、改革创新本领、科学发展本领、依法执政本领、群众工作本领、狠抓落实本领、驾驭风险本领。后来又增加了“敢于斗争和善于斗争的本领”。习近平同志针对中青年干部，还提出了以解决实际问题为导向的七种能力，即政治能力、调查研究能力、科学决策能力、改革攻坚能力、应急处突能力、群众工作能力、抓落实能力。

党中央关于执政本领和干部能力的上述部署和要求，对于新时代提高领导者履职能力具有重要的指导意义，必须认真贯彻落实。这里从履行领导职能的角度，介绍一下领导者

① 潘云良. 领导者素质分析与测评读本［M］. 北京：中共中央党校出版社，2000：57.

应该常备的几种主要领导能力。

1. 科学决策能力

决策能力是指领导者根据环境、事件与信息的具体情况，对组织的预定目标与行动方案作出决断的本领。决策贯穿于整个领导过程之中，没有决策就没有领导。领导决策正确与否，直接决定着一个组织的兴衰成败。决策水平是衡量一个领导者素质高低、领导艺术水平的重要标准之一。科学决策的能力主要表现在：善于遵循科学理论指导，善于利用外脑资源，善于处理复杂信息，善于洞察事物变化，善于预见未来趋势，善于应对紧急情况，善于设计发展蓝图，善于创新工作思路，善于运用法定程序作出正确的决定，善于根据变化了的情况追踪决策等。

2. 知人善任能力

知人善任的能力就是领导者善于识别人才和使用人才的本领。毛泽东曾经说过，领导者的职责，归纳起来就是“出主意”和“用干部”。“用干部”就是指选才用人。能否选好人才、用好人才，是衡量领导者是否成熟的重要标志之一，是能否实现有效领导的关键。知人善任的能力主要表现在：高度重视人才，善于识别人才，善于培养人才，善于使用人才，善于凝聚人才，善于激励人才，善于协调人才，善于举荐人才等。

3. 激励引导能力

领导工作的一个重要职能就是人员激励。激励能力是领导者采取一定的方式激发下属的动机，满足其合理需要以发挥其主动性、积极性和创造性的本领。激励作为调动人的积极性的重要手段，贯穿于领导过程的始终。领导者激励下属的能力，是实现组织目标、培养人才、提高领导绩效的重要保证。激励的能力主要表现在：善于甄别组织成员的需要，善于理解组织的目标要求，善于提升组织文化，善于实行人性化管理和服务，善于制定正向激励的政策和制度，善于塑造良好形象，善于优化资源配置等。

4. 沟通协调能力

沟通是指人们之间通过一定的方式传递信息、观念、情感等，从而达到信息共享、彼此互动和相互理解的活动。美国管理学家查尔斯·贝克（Charles E. Beck）指出：“沟通是组织的生命线，传递组织的发展方向、期望、过程、产物和态度。”[①] 离开了沟通，领导活动中的决策、用人、授权、监督、协调和激励等都无法顺利进行，沟通既是领导活动的重要职能，也是履行领导职能的重要方式和手段。对领导者来说，沟通是一项基本能力，有助于发挥领导者的作用，更好地协调复杂关系和优化组织环境，更有效地配置资源和实现组织目标。沟通的能力主要表现在：善于倾听和反馈意见，善于表达和传递信息，善于动员和组织群众，善于说服和引导舆论，善于概括和总结要点，善于驾驭和利用会议，善于控制和调整情绪，善于处理谈判事项等。

5. 开拓创新能力

领导活动是一种综合性、创造性的社会活动，需要领导者具备开拓创新能力。美国领导学家史蒂文·科恩（Steven Cohen）指出：“如果领导者没有进行制度化创新的能力和

① 查尔斯·贝克．管理沟通［M］．康青，等译．北京：中国人民大学出版社，2003：5.

雄心，那么组织压力很快就会将新的思想淹没。而对抗压力的唯一途径就是创新和冒险。”[①]“创新是一个民族进步的灵魂，是一个国家兴旺发达的不竭动力，也是一个政党永葆生机的源泉”“有没有创新能力，能不能进行创新，是当今世界范围内经济和科技竞争的决定性因素。”党的十八大以来大力谋划创新、积极推动创新，“把改革创新精神贯彻到治国理政各个环节”，“把理论创新、制度创新、科技创新、文化创新以及其他各方面创新有机衔接起来”，建立创新型国家和创新型的马克思主义执政党，“培养创新型人才”，建立“创新团队”。创新是引领发展的第一动力，习近平同志强调，“抓创新就是抓发展，谋创新就是谋未来”[②]。可见，开拓创新能力是领导者必须具备的基本素养。

领导者的开拓创新能力就是及时发现新问题、善于提出新思想、敢于采用新方法、有效解决新问题的能力。领导者的开拓创新能力主要表现在：善于敏锐地洞察旧事物的缺陷，准确地捕捉新事物的萌芽，提出大胆新颖的设想并进行周密的论证，设计可行的方案并付诸实施，即大胆的怀疑精神、勇敢的批判意识、强烈的新异志趣、敏锐的洞察能力、独立的思考习惯、坚忍的意志品质和超越传统、战胜偏见的魄力与方法等。

6. 危机管理能力

当代社会，随着科学技术的进步、社会生产力的发展以及全球化进程的变化，各种社会问题不断复杂化、多样化，人类进入了高风险社会，各种“大白鲨”“黑天鹅”“灰犀牛”事件频发，局部冲突和动荡频发，全球性问题加剧，不确定难预料因素增多，世界进入了新的动荡变革期，公共危机发生的频率加快并且破坏性增大。我国改革发展稳定面临的不少深层次矛盾躲不开、绕不过，来自外部的打压遏制随时可能升级，我们必须增强忧患意识，坚持底线思维，做到居安思危、未雨绸缪。因此，领导者的危机管理能力愈显重要。党的二十大报告明确指出：“强化国家安全工作协调机制，完善国家安全法治体系、战略体系、政策体系、风险监测预警体系，国家应急管理体系，完善重点领域安全保障体系和重要专项协调指挥体系，强化经济、重大基础设置、金融、网络、数据、生物、资源、核、太空、海洋等安全保障体系，健全反制裁、反干涉、反‘长臂管辖’机制。完善国家安全力量布局，构建全域联动、立体高效的国家安全防护体系”“提高防灾减灾救灾和重大突发公共事件处置保障能力，加强国家区域应急力量建设”。各级领导干部必须努力提高应对风险的能力，善于对各种可能出现的风险进行科学预判和超前准备，增强临机处置能力，化风险为机遇，化被动为主动。这是对各级干部特别是领导干部提出的重大要求。由此可见，危机管理能力成为新时期领导者素质的一项重要内容。

领导者的危机管理能力主要表现在：预防危机的能力、识别危机的能力、控制危机的能力、化解危机的能力、转危为机的能力。

（四）道德修养

领导者的道德修养是指领导者所具有的道德意识、道德品质、道德行为的综合表现。道德修养对于纯洁人们的道德意识、培养人们的道德品质、形成人们的道德行为，进而达

① 史蒂文·科恩，威廉·埃米克．新有效公共管理者［M］．王玲玲，等译．北京：中国人民大学出版社，2001：211.

② 习近平．深入理解新发展理念．求是［J］，2019（10）.

到理想的道德境界，具有重要意义。道德修养在领导活动中居于特殊地位，是领导者自我约束、自我教育、自我管理的手段，是领导者影响力的内在源泉。正如《论语》中所说："为政以德，譬如北辰居其所而众星共之。"政德是社会道德建设的风向标，政德正则民风淳，政德毁则民风降。领导者具有良好的道德修养，不仅有利于提高领导绩效，塑造良好的领导形象，增强领导者的威信，而且有利于净化社会风气，促进全社会精神文明建设。

领导者的身份和地位决定了其必须具有高于普通社会成员的道德素质。习近平同志强调，以德修身、以德立威、以德服众，是干部成长成才的重要因素。每一名党员干部都要坚守"三严三实"，拧紧世界观、人生观、价值观这个"总开关"，做到心中有党、心中有民、心中有责、心中有戒，把为党和人民事业无私奉献作为人生的最高追求。领导干部要既讲法治又讲德治，重视发挥道德教化作用，把法律和道德的力量、法治和德治的功能紧密结合起来，把自律和他律紧密结合起来，引导全社会积极培育和践行社会主义核心价值观，树立良好道德风尚，防止封建腐朽道德文化沉渣泛起。

领导者的道德修养是一个复杂的结构系统，它由领导者的道德意识、道德行为、道德评价、道德调节、道德信念等构成，既包括一般的道德素质，如家庭美德、社会道德，也包括作为特殊岗位的领导职业道德。领导干部要讲政德，讲政德要明大德、守公德、严私德。明大德，就是要铸牢理想信念、锤炼坚强党性，在大是大非面前旗帜鲜明，在风浪考验面前无所畏惧，在各种诱惑面前立场坚定。守公德，就是要强化宗旨意识，全心全意为人民服务，恪守立党为公、执政为民理念，自觉践行"人民对美好生活的向往就是我们的奋斗目标"的承诺，做到心底无私天地宽。严私德，就是要严格约束自己的操守和行为。所有党员、干部都要戒贪止欲、克己奉公，切实把人民赋予的权力用来造福人民。遵循习近平同志的上述要求，在此主要从领导的职业特殊性角度来讨论领导者的道德修养。

1. 绝对忠诚

绝对忠诚即对党、国家和人民的忠诚。忠诚的品质对于领导者来说具有基础性的意义，既是领导者职业道德的基础，也是一切领导素质的基础。这是因为"人不忠信，则事皆无实，为恶则易，为善则难，故学者必以是为主焉"。领导者的忠诚，是大忠诚，而不是小忠诚、亚忠诚、假忠诚，是对党、对国家、对人民、对法律、对公共利益的真正的绝对的忠诚，是建立在科学、理性、自觉基础上的忠诚。忠于党，忠于国家，忠于人民，忠于事业。在领导活动中尊重客观规律，科学决策，说老实话，办老实事，做老实人，真心实意、兢兢业业为人民服务，决不弄虚作假、欺上瞒下、口是心非，不搞形式主义、政绩工程。

2. 公正廉洁

公正，就是领导者秉公用权，办事公道。廉洁，就是领导者为官清正，奉公守法。公正廉洁是世界上各个国家对领导者的基本道德要求。领导者是否公正廉洁，事关组织公信力，事关人民福祉，事关社会和谐与国家兴衰。古语云："政者，正也。子帅以正，孰敢不正？""廉者，政之本也""吏不廉平则治道衰"。为了保持公正廉洁，领导者要树立正确的权力观，敬畏权力，依法公正行使权力；同时，领导者要强化"公仆"情怀和服务意识，坚持全心全意为人民服务的根本宗旨，把为最广大人民谋利益作为一切工作的出发点和归宿；领导者还要牢记"堤溃蚁孔，气泄针芒"的古训，坚持从小事小节上加强修养，从一点一滴中完善自己，做到严以修身，正心明道，防微杜渐，慎独慎微；领导者要管好自己的生活圈、交往圈、娱乐圈，不放纵、不越轨、不逾矩，增强拒腐防变的免疫力。

3. 勤政尽职

勤政尽职就是指领导者勤于政事，履职尽责。勤政尽职是领导者职业道德的核心。领导者的忠诚、公正、廉洁，归根结底都要通过领导活动体现出来，都要以勤政尽职为归宿。领导者要在其位谋其政，敬业奉献，以饱满的热情和坚韧的毅力完成使命和任务。

4. 严于律己，宽以待人

著名诗人纪伯伦说："一个伟大的人有两颗心：一颗心流血，另一颗心宽容。"领导者要有宽容大度之心，责己恕人，对自己严格要求，以身作则，对下属和同事平易近人，宽容大度。律己人自威，有容德乃大。优秀的领导者必定心胸宽阔，豁达包容。反之，有的领导者心胸狭隘，傲慢自大，盛气凌人，对自己放纵无度，对下属的失误苛刻严厉；对得罪过自己的人耿耿于怀，睚眦必报；对有能力的人嫉妒猜疑，甚至压制打击。这样的领导者不但不能胜任领导工作，还会导致人才的流失和组织的衰败。

（五）知识体系

知识体系是指领导者做好本职工作所必须具备的基础知识、专业知识、辅助知识的基本内容及其体系结构。这些知识包括科学理论知识、文化基础知识、岗位业务知识、政策法律知识、领导管理知识、市场经济知识、社会生活知识、互联网知识等。这些知识之间要形成合理的知识结构，即理论清醒、基础扎实、专业厚重、体系开放、系统有序。

领导者的知识体系不仅是领导者走上领导岗位的必备条件，也是领导者不断适应环境变化，更好地履行领导工作职能的重要保障。21世纪是知识经济的时代，是信息化的社会，"知本"将逐渐取代"资本"成为推动经济社会发展的第一要素，知识的生产和利用将成为经济社会发展的强大助推器。领导者获取知识的能力、拥有知识的程度以及知识结构的合理性（主要指知识结构与领导角色和领导工作之间的适应性）越来越成为制约领导力的重要因素。心理学研究证明，人所具有的能力（一般能力和特殊能力）和所掌握的知识是相互联系、相互制约的。一方面，人们掌握知识要以一定的能力为前提，能力制约着人们掌握知识的快慢、深浅、难易和巩固知识的程度；另一方面，知识是能力的基础，丰富的知识有助于人的能力的提高和发展。

一般而言，领导者的知识体系包括以下三个方面。

1. 扎实的基础知识

这是领导者知识体系的第一层级，是领导者必须具备的基本知识。从领导工作的实际需要来看，应着重掌握以下知识：第一，科学文化知识。科学文化知识是基础知识的基础，也是其他任何知识的根基。领导者要有一定的科学文化知识，如语文、数学、历史、地理、生物、化学、自然、哲学、逻辑学等知识，而且要把这些知识转化为读、说、听、写、做的能力。第二，社会科学知识。社会科学揭示了人类社会的本质、发展方向和发展规律，是做好领导工作和其他一切工作的指导思想和理论基础。社会科学知识包括经济学、政治学、法学、伦理学、历史学、社会学、心理学、教育学、管理学、人类学、民俗学、新闻学、传播学等。不是要求领导者成为百科全书式的专家学者，而是结合所在行业和部门的本职工作有所侧重，并尽量广泛涉猎以增强岗位胜任力。除此以外，尤其重要的是学习马克思主义的基本理论、根本立场和科学方法，以及习近平新时代中国特色社会主义思想。第三，政策法规知识。法律法规是领导者开展工作的权威性依据和规范性遵循，法治领导已成为大势所趋。在中国，政策法规知识主要包括党的路线、方针和政策，国家的宪法、法律和各种规章、制度。政策是领导者开展工作主要的直接依据，领导者水平的高低、业务能力的大小，除了受其他诸多因素影响之外，在很大程度上取决于领导者的政策水平。第四，现代科技知识。学习和掌握现代科技知识，不仅能使领导者了解现代科学技术的发展状况，丰富科技知识，提高科技素质，而且还可以加深对“科学技术是第一生产力”和建设创新型国家的认识和理解，真正贯彻落实科教兴国战略、人才强国战略和自主创新战略。第五，社会主义市场经济知识。只有掌握市场经济的基本知识，领导者才能够在建设社会主义现代化的过程中，掌握市场经济发展的规律，做好领导经济的工作。

2. 深厚的专业知识

专业知识，是领导者知识体系的核心和主体部分，也是区别于其他领域人才知识体系的主要标志。领导的专业知识内容丰富，主要包括有关领导和管理的“共性”知识和领导者所在的行业、领域或部门的业务知识。就有关领导工作的共性知识来说，领导者要精通包括政治管理、经济管理、行政管理、科技管理、人才学、领导科学、思想政治工作等专门知识。就领导者所在的行业、领域或部门的业务知识来说，领导者虽然并不一定要成为某一领域的专家，但必须熟悉自己分管或直接领导的相关工作业务。

3. 广博的辅助知识

辅助知识是领导者知识体系的重要组成部分，指的是与领导工作相关的外围知识。领导者应该着重学习和掌握哲学知识、逻辑学知识、修辞演讲方面的知识、新兴学科知识、现代公关知识、心理学知识、社会学知识、历史知识、国际关系知识等。列宁曾说过：“只有了解人类创造的一切财富以丰富自己的头脑，才能成为共产主义者。”[①] 辅助知识能够帮助领导者拓宽视野、开阔思路、创新方法、博闻强记、活学活用，有助于提高领导者认识问题、分析问题和解决问题的能力，也能够提升领导者的综合素养，丰富领导者的人格魅力。

（六）身心健康

身心健康包括生理健康和心理健康，是领导者必不可少的基础性素质。世界卫生组织在其宪章中将“健康”界定为：“健康不仅仅是没有疾病或不虚弱，而是身体的、精神的健康和社会幸福的完满状态。”承担组织使命和领导责任的各级领导者必须具备较好的身体素质和心理素质。

1. 健康的身体素质

身体素质是指人的解剖生理特征，就是构成人这种高级生命体的所有物质成分的质量和健康状况的总和，包括体质和体貌两部分。身体素质是领导者素质的物质基础，是领导者其他全部素质的物质载体。身体素质的状况直接影响着领导者其他素质的质量、效能和价值。领导者用来处理复杂工作所凭借的能力素质、知识素质等都必须依靠充沛的体能和

---

① 列宁．列宁选集：第4卷［M］．3版（修订版）．北京：人民出版社，2012：285．

精力来支撑。领导者的活力和动力主要基于健康的体魄。对于领导者来说，身体素质具有不可替代的基础性作用和特殊意义。

2. 良好的心理素质

心理素质就是一个人认识和把握自我的能力，它包括人的认知、情绪、意志、气质和性格等方面的个性特征。人的所有行为都会受到心理因素的影响、制约甚至支配。历史和现实反复证明，心理健康往往是人们从事各种活动获得成功的不可或缺的因素。

领导者的心理素质是指领导者做好领导工作所必需的心理条件，主要是指领导者的认知、情绪、意志、气质、性格等方面的心理要素和心理特征，包括清醒的自我认知、理性的情绪自控、坚定的意志品质、开朗热情的性格、稳重亲和的气质、包容合作的态度、虚怀若谷的心胸等。领导者的心理素质主要看面对复杂矛盾和问题时，是否具有良好的心态、宽广的胸怀、坚强的意志、昂扬的精神状态等。

领导者应着重从以下几个方面加强心理素质的修炼：

（1）正确认识和评价自我，学会尊重和宽容他人。领导者的心理健康首先体现在清醒的自我认知和恰当的自我评价。既不自怨自卑，也不自恋自傲；既不盲目攀比他人，也不轻易诋毁否定他人。对自己要清醒、自信；对他人要尊重、宽容。领导者要克服偏见心理，提高对人对事的思维判断力；要克服求全责备的心理，培养尊重、宽容的人格亲和力；要克服嫉妒心理，保持良好的心理平衡力。

（2）正确看待财富和权力，保持从容、平和的情绪状态。领导者要提高思想境界，看淡财富与权力，升华工作动机，克服功利贪欲。人们用“情商”表示自我情绪管理的能力，认为智商高的人容易被录用，情商高的人容易被提拔。领导者要善于管理和控制自己的情绪，保持一种从容、平和的心态，做到反应适度，喜怒有节，胜不骄，败不馁，一旦出现负面情绪时，能够及时疏导和排解。

（3）正确对待工作和生活，远离奢华和浮躁，锤炼良好的意志品质。意志是人们支配和调节行为，克服各种困难，坚定实现目标的心理过程。领导者应该是工作目标上进、生活情趣健康、意志品质坚定者。这需要从以下几个方面做起：首先，要珍惜生命，珍爱健康，把生命和健康放在第一位。其次，要矫正工作目标，提升工作动机，升华人生意义和工作价值。最后，要正确处理工作与生活、娱乐的关系。老子云：“张而不弛，文武弗能也；弛而不张，文武弗为也。一张一弛，文武之道也。”

（4）注意气质性格的修炼，保持对外部环境的适应性。人的气质俗称性情、脾气，是人的心理活动的速度、强度及稳定性等方面的个性心理特征。性格是一个人对现实的稳定的态度和惯常行为方式方面的心理特征，包括态度、情绪、意志和理智等内容。气质指的是人的心理活动力量的强弱、变化的快慢和均衡的程度等。一般认为，人的气质可分为四种类型，即胆汁质（兴奋型）、多血质（活泼型）、黏液质（安静型）、抑郁质（抑制型）。领导者进行气质修养，就是在自我认知基础上有意识地扬长避短，增强对外部环境的适应力。

三、领导集体素质的构成

领导集体俗称领导班子，是指组织内各领导成员按照一定的关系组成的有机整体，是一种集团式领导主体。与个体领导相比，它具有功能多样、规模较大和结构复杂的特点。领导集体不是领导个体简单松散的拼凑叠加，而是若干领导成员按照一定的制度和原则，科学地进行配置组合而成的有机整体，是各个领导成员之间相互作用、相互影响、相互依存而形成的一个具有高度组织性和能动性的团体。因此，领导集体素质结构的优化，直接决定着组织的整体绩效，决定着组织的生存和发展。

（一）领导集体素质的含义

领导集体素质就是指一个领导集体中各个领导成员素质要素在一定时间和条件下的配置组合方式。领导集体是一个有着内在结构和特定功能的系统，因此，领导集体素质也是一个综合性的结构系统。领导集体的绩效在很大程度上取决于领导成员素质的结构状况。通过研究集体领导的内部结构，可以深入了解集体领导的基本属性和重要功能，并通过优化集体领导的结构，提高集体领导的适应力，增强领导班子的领导力。

（二）领导集体素质的特征

领导集体素质结构具有鲜明的整体性、相关性、适应性、稳定性、互补性等特征。

1. 整体性

领导集体素质结构是由不同领导成员的个体素质构成的综合体，个体素质之间相互影响、相互作用而形成一个有机整体。领导集体的功能是由构成这个团体的各个要素之间相互作用而产生的，其作用的发挥是以整体合力的形式出现的。在一个领导集体中，即使某些个体要素并不十分完善和优秀，但经过科学的配置和组合，也可以产生良好的整体效应。在现实生活中，保持领导班子结构上的整体性，需要合理设置领导成员的权责关系，协调领导成员的素质特性，统一规范领导成员的价值选择。唯有如此，才能有效发挥集体领导的整体效能，实现对组织发展的强力领导。

2. 相关性

领导集体素质结构的相关性表现在两个方面：一方面，在领导集体中，领导成员的个体素质会从不同角度对领导集体发生作用，从而形成领导集体素质结构的合力。这种合力决定着领导集体绩效的高低。另一方面，领导集体中各个成员的素质之间会发生相互作用、相互影响。这种影响可能是积极的，也可能是消极的。合理的领导集体素质结构是各领导成员素质之间的相互补充、互补协调所形成的领导合力，会产生更高的领导绩效。

3. 适应性

领导集体素质结构作为一个系统，必须适应外部社会环境的发展变化，不断调整自己的内部要素，持续发挥整体效能。领导活动总是在一定的社会环境中进行的，而环境条件总是处于不断的发展变化之中，被领导者的状况也因时而异。因此，随着环境的变化与发展，领导集体素质结构需要适时调整，主动适应环境的变化。

4. 稳定性

领导集体一旦形成，其成员构成一般不会随意变动，且成员素质也具有相对的稳定性，因而，领导集体素质结构一经形成就具有相对的稳定性。领导集体素质结构的相对稳定性，是其正常发挥作用的基本前提。如果领导成员频繁发生变动，其整体素质结构就不稳定，功能的发挥就会受到影响。

5. 互补性

组成领导集体的各个成员素质和能力具有一定的互补性，才能充分保证领导集体的领导效能，促进集体领导的健康发展。经验表明，具有不同专长的成员构成的团队与专长相同的成员构成的团队相比，前者在解决问题上更富创新性。在能力互补的前提下，不同意见的出现和交换会避免思维模式的单一和固化，从而增强集体领导的活力。因此，要保障领导活动的效能，不仅要保证领导人数的集合性和领导结构的整体性，更重要的是保证领导集体内部成员具备不同能力、拥有不同气质，并且其能力、气质和智能之间具有一定的互补性。只有将每个领导集体成员智能合理地组合起来，互相配合，分工合作，相互支持，才能达到整体效能大于部分之和的领导效果。

（三）领导集体素质的构成

不同音符完美的结合，会产生美妙和谐的乐章。同样道理，合理的领导集体素质结构也会形成巨大的合力，产生良好的领导绩效。合理的领导集体素质结构主要包括以下几个方面。

1. 梯次的年龄结构

年龄结构指的是领导集体中不同成员按年龄分布而组合的状况。年龄不仅是生理、心理功能的标志，也是个体能力和经验的基本标志之一。处于不同年龄区段的领导集体成员，在体力、智力、精力等方面表现出不同的优势和弱势。因此，在配备领导班子时，应该按照一定的比例，合理地配置不同年龄段的领导者，组合成一个老、中、青相结合的领导班子，使不同年龄段的领导者在领导集体中发挥各自的长处。老干部“老马识途”，久经考验，深谋远虑，善于应对复杂局面；中年干部“中流砥柱”，年富力强，意志坚强，思想成熟，勇于开拓，作风稳健，兼有青年、老年干部的长处，起着承前启后的桥梁作用；青年干部“青春焕发”，易于接受新事物，思维敏捷，血气方刚，奋发有为，富于进取精神和创新精神。领导集体年龄结构的梯次性，是实现新老领导干部交替与合作的有效途径，可以使领导集体更好地保持稳定性、连续性和创造性。

2. 互补的知识结构

知识结构是指构成领导集体成员的不同知识类型的排列组合。领导者的知识既包括书本中的基础知识和理论知识，也包括实践经验知识。由于每个人所具有的知识的广度、深度、向度各不相同，因此，在一个领导集体内部，要求每个领导成员都具有同等的知识素质是不大可能也不必要的。领导集体合理的、良好的知识结构应该是立体式的，即由多层次、多领域知识素养的人，按一定方式组合而成，并不断发展和适时调整。总体来说，一个领导集体合理的知识结构应该是高层次、高水平的知识结构。领导成员的文化知识水平和层次应该普遍高于其下属的文化知识水平，在此基础上，还要注重各种知识的搭配组合，形成一个合理的知识结构。

3. 整合的能力结构

能力结构是指领导集体内部各种不同能力类型的人的配比组合。能力的表现是多种多样的，如分析能力、学习能力、思维能力、观察能力、决策能力、监督能力、激励能力、沟通能力、协调能力、组织能力、创造能力等。具体到某个人身上，则可能是某种类型的能力表现得较为突出，从而形成不同的能力类型。一个良好的领导集体的能力结构，应该是具有各种不同能力的领导成员的合理搭配组合，不同能力的领导者之间能够相互取长补短、相得益彰，形成高能量的领导团队。具体来说，一个优化的互补的领导集体能力结构，在人员组成上至少由以下几种人组成：谋略家宣传家、指挥家、实干家、督导家和教育家等。谋略家，具有运筹帷幄、决胜千里的能力，善于发现问题，分析问题，反应敏捷，预测未来，深谋远虑，善于决断，为组织发展确定正确方向。宣传家具有敏锐的思维能力和良好的表达能力，热情洋溢，精力充沛，善于鼓舞士气、宣传政策。指挥家具有较强的组织能力、控制能力和协调能力，善于发现和使用人才，协调各种关系，激发员工潜能，进行科学管理。实干家具有较强的执行能力，对工作踏实认真、精益求精、任劳任怨、身先士卒。督导家具有高尚的道德情操和人格魅力，作风正派，办事公道，光明磊落，诚实公正，为人正直，敢于坚持原则，执法如山，善于监察和督导。教育家知识渊博，思想深邃，具有反思和批判精神，善于独立思考，善于传播新知识、新观念，善于做思想工作，循循善诱，诲人不倦。由上述不同能力类型的领导成员整合而组成的领导集体，更容易发挥最佳的整体绩效。

4. 协调的气质结构

气质结构就是领导集体中各种不同气质类型的成员的配比组合状况。不同气质类型的领导者合理搭配，可以协调组合，互相补充，发挥各自的积极因素，抑制消极成分，从而形成一个刚柔相济、动静共存的合理的领导集体气质结构。例如：在性格上，既要有开朗、活泼、善于交际的人，也要有沉着、稳重、长于运筹的人；在志趣上，既需要广征博采者，也需要钻研深究者；在脾气上，既需要热情豪放者，也需要老成持重者；在风度上，既需要大胆泼辣、敏捷明快者，也需要谨言慎行、柔中有刚者。总之，领导集体气质结构的协调效应，应以个体气质上存在的差异性为基础，通过不同气质类型的合理搭配，使领导者之间能够相互取长补短，使领导集体发挥最佳的绩效。

第三节　领导素质的提升

领导者良好的素质既不是天生的，也不是自发形成的，而是领导者在先天的生理基础上，通过后天的自身努力和环境塑造而生成和提高的。不可否认，领导者先天的生理素质是非常重要的，但它只提供了一种可能性的物质基础，决定性的因素还是后天的努力、培养与锻炼。

领导素质的提升

一、努力学习，提高领导者的理论水平

领导能力其实是学习能力、学习动力、学习毅力的综合反应，领导者只有善于学习，才能吐故纳新，不断突破。提高领导者素质最普遍和最基本的方法就是不断学习，提高理论水平。经验证明，学习一直是领导者获取知识、掌握理论、开启智慧、提升能力的基本途径和主要方法。

领导者应根据实际情况，结合岗位要求，注重理论武装和知识完善。具体来说，要注意以下几个方面：第一，要提高对学习的重要性、紧迫性的认识，明确学习目的，端正学习态度，做到主动学习，自觉学习。学习观念先进、学习目的明确，这是提高学习效果的

关键。学习是文明传承之途、人生成长之梯、政党巩固之基、国家兴盛之要。好学才能上进，好学才有本领。领导者要树立终身学习的理念，养成善于学习、勤于思考的习惯，实现学以养德、学以增智、学以致用。变“要我学”为“我要学”，变“学一阵”为“学一生”。第二，要明确学习内容，突出学习重点，制订学习计划，做到持之以恒。领导干部要学习知识，包括经济、政治、法律、历史、文化、社会、管理、生态、科技、国际等各方面基础性知识。知识是每个人成才的基础，必须把基础打深、打牢。通过学习知识，掌握事物发展规律，通晓天下道理，丰富学识，增长见识。领导干部还要认真学习马克思主义理论，这是我们做好一切工作的看家本领。通过学习马克思主义理论特别是新时代党的创新理论，掌握贯穿其中的立场、观点、方法，增强理论修养，提高思想水平，始终保持理论上的清醒和政治上的坚定。在这方面，尤其提倡读原著，学原文，悟原理。第三，要掌握和运用正确的学习方法，注重提高学习效率，做到学以致用。发扬马克思主义优良学风，坚持理论联系实际的总原则，防止学习和工作“两张皮”；坚持具体问题具体分析的基本方法，掌握循序渐进的基本规律。第四，要处理好学习中的各种关系，包括理论和实践的关系、专与博的关系、学与识的关系、读与写的关系、守正和创新的关系。

二、注重实践，锻炼领导者的履职能力

实践出真知、长真才，是培养干部最好的课堂。领导者要积极投身社会实践，在实践中锻炼和成长。实践既是发挥领导力的主战场，又是提高领导力的“大熔炉”和“磨刀石”。领导活动不同于抽象的理论研究，不同于一般的技术性工作，它是“决定做正确的事”的活动，特别注重解决实际问题，特别注重实践能力。诚如古人所说：“纸上得来终觉浅，绝知此事要躬行。”只会坐而论道、纸上谈兵者，终究会误国误民误自己。在实践中接受锻炼，经受考验，获得真知，增长才干，历来是中国共产党培养造就领导干部的重要方法，也是领导者提高素质修养的基本途径。

领导者实践锻炼的途径和方法很多，除了认真处理好日常工作事务、积极承担上级安排的各种任务之外，还可以深入实际第一线，开展调查研究，了解风土民情，了解基层民众的思想和工作，掌握各方面的情况和信息；可以到基层挂职锻炼，承担实际领导事务，负责处理一些重大问题；可以通过广泛交流，总结自己和他人的经验教训来提升自己的素质。干部管理部门也要有组织、有计划地把领导干部放到改革发展稳定的第一线锻炼，放到艰苦复杂地区磨炼，放到关键岗位历练，让干部在实践中砥砺意志、积累经验、增长才干。特别要注重在重大斗争中磨砺干部，增强斗争本领，增强防风险、迎挑战、抗打压的能力。

三、经常反省，总结升华领导工作经验

很多领导力大师都强调反思，比如美国研究领导力的专家本尼斯（Warren G. Bennis）就说过，反思也许是我们学习的关键方式。任何人的知识不可能超过他自己的经验，即便是杰出的领导者，在职业生涯中也难免会有段时间偏离正轨，因而需要经常总结与反省。总结与反省是在事后进行回顾梳理、分析评价，对成绩进行肯定从而得出经验，对错误和不足深入检查从而找出原因，避免再犯。经常反省，善于反思，往往能够将领导工作中的

经验认知升华、发展，最终再次指导领导实践。古人云“吾日三省吾身”，就是要求为人处世要多总结多反省，不断转换革新进步的思想动能，保持干事创业的积极活力。

中国共产党的批评与自我批评优良作风，本质上就是一种经验的总结与反思。有的领导者不善于总结经验、反省错误，成一事就欣喜，错一次就逃避，积累不了深厚的经验，无法取得长足的进步。因此，领导者要充分认识到总结与反省的重要性，适时总结，经常反省。

（一）从成功中总结经验，发扬优点

领导者要将个人成功的经历悉心解剖，及时总结归纳，看到成人成事背后的必然因素，形成人格上的美德、能力上的硬功、习惯上的优势，不断向深处挖掘，形成一笔无形的财富，持续有效地提升领导素质。同时，领导者对总结的经验不能沾沾自喜、骄傲自满，而要将思考创新与社会实践紧密结合起来，联系实际，指导工作。

（二）从失败中反思自我，总结错误

领导者在现实中难免遇到挫折和困难，偶尔出现失误也并非坏事。失败是成功之母，错误是正确之师，教训的可贵之处就在于为人铭记、反思、克服。领导者要从失败中总结，在错误中反省，冷静客观地查找缺点，客观深入地分析原因，升华为再次指导领导实践的经验，在解决问题的过程中提高领导者实践能力及工作成效。

（三）从历史中反省借鉴，挖掘规律

领导者要积极总结历史，学会借鉴，透过过去分析未来，在不同时期的环境和他人的现实经历中挖掘符合事物运行的客观规律，从历史上的杰出领导者身上总结和升华领导经验和领导艺术。

四、完善制度，规范领导者的行为方式

建立健全和完善提高领导素质的各种制度，通过发挥制度的稳定性和持续性，实现领导者素质优化的常态化和制度化管理，提供改善领导者素质的外在压力，促使领导者产生紧迫感和危机感。

（一）完善领导干部管理制度

健全领导干部的选举、考录、任免、考核、奖惩、辞职、辞退、交流、监督等制度体系，通过制度化手段实现对领导干部的严格要求、严格管理、严格监督。坚持和完善领导干部任期制度、交流轮岗制度、绩效考评制度、民主监督制度等。选拔干部要突出政治标准，坚持德才兼备原则，充分走好群众路线，开阔识人选人视野，拓宽干部来源渠道。任用干部要坚持正确用人导向，净化用人环境，坚持注重实绩和群众公认原则，切实配优配强领导班子。

（二）完善后备干部制度

通过教育培训和轮岗等制度安排，大力开发领导人才资源，建立后备领导人才信息网和人才库，实行后备干部动态管理等。尤其要大力培养选拔优秀年轻干部，健全优秀年轻干部选育管用的全链条机制，确保领导集体成员更替的可持续性。

（三）建立“能上能下、有进有出”的干部制度

注意从企事业单位和社会组织中发现选拔党政领导干部，坚持五湖四海，打破地域观念和部门界限，加大领导干部交流力度，推动干部能上能下、能进能出，形成能者上、优者奖、庸者下、劣者汰的用人导向和从政环境，维系领导集体内的有效新陈代谢。

（四）强化领导权力监督制约机制

党的十八大以来，以习近平同志为核心的党中央，以彻底的自我革命精神，把制约监督权力作为永葆党的生机活力的重要保障。强化领导权力监督制约机制，要以党内监督带动促进其他监督，健全党和国家监督体系，不断增强领导干部自我净化、自我完善、自我革新、自我提高能力，使领导干部牢固树立纪律意识、制度意识、法治意识，形成尊崇制度、遵守制度的良好习惯。强化领导权力监督制约机制，一方面，要完善用权公开机制，做到权责透明，让权力在阳光下运行，这是完善权力配置和制约机制的必然要求；另一方面，完善监督协调机制，增强监督合力和实效，这是完善权力配置和制约机制的重要保障。当前，党和国家监督体系的总体框架已经形成，下一步要着力实现各项制度的衔接协同，发挥集中统一的制度优势，增强监督的严肃性、协同性、有效性。

五、加强教育，完善领导者的培训机制

加强领导素质建设，必须大力开展领导者的继续教育工作，这是提高领导队伍素质的关键措施。

（一）建立学习培训制度

把学习培训变成领导班子建设和个人成长进步的必修课，建立培训工作机制，将日常工作与学习培训相结合，将提拔使用与学习培训相衔接，将学习培训纳入领导班子建设和干部管理考核。

（二）完善培训体系

一方面，借助专业的教育系统，建立常态化的培训体系，分批次、分领域、分主题、分专题开展领导成员的学习提优工作。另一方面，注重运用案例加强实战化培训和经验分享，善于运用信息化手段抓好干部培训，帮助干部拓宽思路和视野、更新思想观念、提升履职能力。

（三）建立学习激励机制

实行目标激励，针对领导者的素质差距，并确立学习培训的目标；实行竞争激励，激发领导者的学习动力和组织的活力；实行典型示范激励，用典型带动和影响大家一起学习；实行绩效激励，通过奖励学习工作好的人来推动领导干部队伍的集体学习。

六、建好班子，发挥领导集体结构功能

按照自优性原则、互补性原则、精干性原则、开放性原则，搭建和优化领导班子结构，包括：选优配强党政正职，优化年龄结构，改善专业结构，完善来源、经历结构，大力发现培养选拔优秀年轻干部，合理配备女干部、少数民族干部和党外干部等。

（一）选好配强“一把手”

“一把手”在一个地区、一个单位发挥着把方向、抓大事、谋全局的作用，是抓落实的第一责任人。习近平同志强调，选党和人民需要的好干部，重中之重是选好配强“一把手”，“一把手”选得好，整个班子的面貌就会好。当前在实现中国式现代化的道路上，在实现民族复兴的重大使命下，需要一大批思想政治素质好、专业知识强，熟悉现代化建设和社会主义市场经济、懂得现代科学技术的“一把手”来担纲领导班子的“班长”。第一，“一把手”作为重要领导干部，要重点选拔、重点培养、重点管理、重点监督，把政治立场坚定、勇于开拓创新、能够驾驭全局、胸襟开阔、作风民主、善于团结同志作为选拔“一把手”的基本条件。第二，坚持在选任上把好关、配备上定好向、储备上靠前想，加强跟踪问效和科学考评，使一把手选配更加符合当前领导班子建设和事业发展需要，推动“一把手”真正成为“一把好手”，成为“领头羊”。

（二）合理选配领导成员

除了选好配强“一把手”，还要注重领导班子成员的合理搭配。领导班子建设是一个动态的过程，随着社会发展和领导任务的变化，领导班子的结构也需要不断调整。选领导、配班子，要以有利于形成团结协调的领导集体作为出发点，既要注重领导集体成员个体素质的强弱，又要注意增强领导班子的整体功能，要根据各类领导班子的不同情况，合理调整和改善领导班子的年龄结构、知识结构、专业结构，使领导班子成为整体素质优良、成员优势互补的坚强集体。

第六章　领导作风

领导作风是领导者在领导活动中所表现出来的一贯态度和言行，是领导素质的外在显现或流露。领导作风体现领导活动的性质，关系到领导目标的实现，进而影响到社会风气的好坏，以及党和国家事业的兴衰与成败。因此，领导作风建设意义重大。

第一节　领导作风概述

领导作风是领导者的世界观、人生观和价值观在领导活动中的必然反映，是实现领导性质和履行领导职能的重要保证。加强领导作风建设，对于改进领导工作，塑造良好领导形象，具有极其重要的现实意义。

领导作风概述

一、领导作风的含义及特点

（一）领导作风的含义

“作风”一词在《辞海》中的解释为：“工作或生活上一贯表现的态度、行为。如作风正派；文艺作家在一系列创作中所表现出来的特有的方法、技巧和风格，也指一个时代或民族的文学风格；西文文论中也指在创作中表现出来的作家的主观癖性与习气。只是以作家主体的思想情趣去支配、左右作为客体的现实对象，而尚未达到主客体的和谐统一的一种状态。”可见，在一般意义上，作风是指行为主体一贯表现出来的态度和行为。领导作风就是指领导者在领导活动中表现出来的具有稳定性和一贯性的态度和言行。

国内学者对“领导作风”的界定大致可以归纳为以下两种类型：一是侧重于领导主体的角度，将领导作风定义为“领导者在领导活动中所表现的具有一贯性的言行、态度”①，这种言行、态度与领导者的综合素质密切相关，是“领导者综合素质在领导工作中的外在表现，它对领导者的工作具有重要的规定和影响作用”②。二是侧重于领导作风的本质的角度，将领导作风定义为“领导者的世界观和言论、行为及一贯态度在学习、工作、生活等行为中的表现”③。在社会主义条件下，领导作风不仅体现出共产党人的世界观、人生观、价值观和理想信念、思想作风、综合素质，更能体现出党的性质、宗旨、纲领和路线；同时，还是社会主义和共产主义道德品质的集中体现，是工人阶级和广大劳动者的先进的世

---

① 万良春．新编领导科学教程［M］．3版．北京：中共中央党校出版社，2012.

② 于炳贵．领导科学新论［M］．济南：济南出版社，2000：92.

③ 孙瑕，白明东．领导科学辞典［M］．长春：东北师范大学出版社，1988：517.

界观的重要体现。

综上，所谓领导作风，是指领导者在领导活动中所表现出来的一贯态度和言行，是领导者世界观、人生观和价值观的综合反映，也是领导者综合素质的外显或流露。这个定义的要点在于：一是状态上的一贯性，即领导作风是领导者一贯的态度和言行，而非偶然的、非一贯性的态度和言行；二是本质上的从属性，即领导作风是领导者世界观、人生观、价值观的反映，而非孤立存在的；三是表现上的外在性，即领导作风是在领导活动中具体表现出来的态度和言行，是领导者综合素质的外显或流露，而非局限于主体内部的心智活动。

（二）领导作风的特点

领导作风一般具有以下特点。

1. 从属性

领导作风是领导者世界观、人生观和价值观在领导活动中的具体体现，与领导者的政治立场、政治取向密切相关。领导活动的这种本质属性决定领导作风，领导作风从属于领导本质属性。社会主义国家的领导者是人民的公仆，这就决定了领导者从事领导工作必须站在人民群众的立场上，以正确的世界观和方法论来体现人民的意志和愿望。领导权力的运用也必须以维护党、国家和人民群众的根本利益为前提。

2. 外在性

领导作风是领导者综合素质的外在表现。尽管领导者的内在素质看不见、摸不着，但却可以通过领导作风显现出来。领导作风体现的内容是领导者的内在素质，体现的方式是领导者的态度和言行，体现的结果既可能是优良的，也可能是不良的。它反映的是领导者按什么样的思维方式研究问题、用什么样的态度学习理论、以什么样的精神对待工作、用什么样的方式实施主张等。

3. 时代性

领导作风是领导者政治、思想、道德、品质、知识、技能等方面素质的综合体现，而领导者素质又是由特定时代的社会政治、经济和文化等决定的，不同的社会时代以及同一社会时代的发展变化对领导者的素质和作风会产生不同的影响。因此，不同时代的领导作风会有一些新的内容和新的表现，会打上时代的烙印，体现出时代性的特点。例如，和平建设时期的领导作风同革命战争时期的领导作风相比较，在一些侧重点和表现形式上会有所不同。所以，在加强领导作风建设过程中，既要继承和发扬传统的优良作风，又要与时俱进，赋予其新的时代内涵。

4. 行业性

领导活动广泛存在于社会分工的各个领域、各个行业，在各个领域、行业内部，又有不同的领导岗位，诸如机关、部队、学校、企业、事业单位等。不同的行业背景、岗位分工因其工作性质和组织文化风格的不同，对领导素质和作风建设产生潜移默化的影响，领导作风表现出鲜明的行业性和岗位性，同时又会促使不同的行业和岗位形成各具特色的群体精神和组织风气。

5. 一贯性

领导作风的一贯性主要体现在风格的独特性、形成的长期性、与领导者内在素质的一致性。领导作风的形成不是一朝一夕的事情，是领导者在率领和引导组织成员，为完成组织使命，实现组织目标的长期实践中不断强化形成的，而且，领导作风一般与领导者个性化的、比较稳定的内在素质性相统一，领导作风本质上就是领导者综合素质的外在体现，因此，领导作风一经形成就具有一贯性和相对稳定性。从这个意义上来说，形成一种优良作风不可能一蹴而就，克服一种不良作风也不容易立竿见影。

马克思主义认识论强调，特征是本质的外部体现，对任何事物的认识必须透过现象看本质。领导作风的本质是领导作风固有的根本属性，也是解决领导作风问题的治本之策。就领导作风的本质而言，学者们从不同角度进行了具体阐述。有的学者将其归结为以下三点：一是领导者世界观的反映；二是领导者工作宗旨的体现；三是领导者有效影响力的组成部分。有的学者将其归纳为四点：一是无产阶级世界观和方法论在各级领导活动中的体现；二是无产阶级革命政党的党性、宗旨与党风在各级领导活动中的体现；三是继承了以往人类社会的一切积极的文明成果；四是社会主义和共产主义道德品质的集中体现。有的学者将其归纳为五点：一是领导者世界观的体现；二是领导者文化素养的综合反映；三是领导活动本质属性的表现；四是实现领导职能的重要条件；五是影响党风和社会风气的关键因素。① 无论对领导作风的本质作何种划分，归根到底领导作风的思想本质都是领导者世界观、人生观、价值观的体现，世界观决定着人生观和价值观，也决定着领导者的思想方法和工作作风。

领导作风不能脱离社会物质条件而存在，必然是一定社会物质条件的产物。领导者必须要在一定的社会物质条件下，才能掌握科学的世界观、人生观和价值观，才能树立良好的领导作风。科学的世界观，就是马克思主义的辩证唯物主义和历史唯物主义。在社会主义条件下，党政领导干部的作风就是共产党的党性原则和立党宗旨的体现，是工人阶级和广大劳动者的先进的世界观的重要体现。在当代中国，领导者要树立正确的世界观、人生观和价值观，就必须坚持辩证唯物主义和历史唯物主义，正确认识和理解物质世界的本质与规律，人类社会的本质与规律，人生的本质、意义和价值，牢固树立“人生的意义和价值在于为社会进步和人类幸福做出贡献”“权力是人民赋予的”“领导就是服务”“权为民所用、利为民所谋、情为民所系”“江山就是人民、人民就是江山”等观念，真正解决为谁服务和怎样服务的问题，为形成良好的领导作风奠定坚实的理论基础和政治基础，培养代表社会发展的前进方向、反映时代特征和维护最广大人民群众根本利益的一贯态度和言行。

二、领导作风的重要性

领导作风是领导者世界观和工作宗旨的具体体现，是领导综合影响力的重要组成部分。因此，领导作风对充分发挥领导的影响力、有效履行领导职能和达成领导目标以及优化党风和社会风气都具有十分重要的意义。

（一）领导作风是体现领导性质和制约领导目标的重要因素

领导性质，即领导活动的性质，是指领导工作区别于其他工作所具有的内在的质的规

① 黄强．现代领导理论［M］．福州：福建人民出版社，2001：222.

定性。领导性质是领导者进行领导活动的根本目的和根本依据。在社会主义条件下，领导工作有科学的指导思想，有崇高的奋斗目标，有纯洁的唯一宗旨，有科学的组织原则，有牢固的阶级基础，有可靠的同盟军。所有这些都从根本上确定了领导性质，即最大限度地为人民群众谋取利益的活动，也从根本上规定了领导作风。领导职能，即领导的职责和社会功能，是领导性质在领导活动中的具体体现。领导职能的发挥和领导目标的实现一方面来自组织赋予的领导权威，另一方面来自优良的领导作风和组织文化。因此，领导性质决定领导作风，但领导作风又反过来影响和制约领导性质。领导作风端正纯洁，就能保持领导性质，带动领导职能的发挥和领导目标的实现；领导作风不正不纯，领导性质就难以保持，甚至出现蜕变，领导的职能目标也就难以达成。在新的历史条件下，必须更加重视和加强领导作风建设，保持领导性质的先进性，防止其蜕化变质。正如习近平同志在庆祝中国共产党成立 100 周年大会上的讲话中所指出的："新的征程上，我们要牢记打铁必须自身硬的道理，增强全面从严治党永远在路上的政治自觉……坚定不移推进党风廉政建设和反腐败斗争，坚决清除一切损害党的先进性和纯洁性的因素，清除一切侵蚀党的健康肌体的病毒，确保党不变质、不变色、不变味，确保党在新时代坚持和发展中国特色社会主义的历史进程中始终成为坚强领导核心！"①

（二）领导作风是领导综合影响力的重要来源

领导作风作为一种无形的力量，对领导工作和被领导者有着深刻的影响。领导作风不仅具有沟通组织的人际关系的协调力，而且具有带动群众积极行动起来的示范力或感染力，更具有贯彻执行法律、法规、方针、政策的实际的说服力。如果领导者的作风好，所表现出来的正向影响力或正能量，有利于形成良好的人际关系，有利于凝聚群众，有利于贯彻执行各项方针政策。反之，就会破坏整个组织的人际关系的和谐，消解各项制度的权威和组织文化的纯洁，妨碍领导目标和任务的顺利完成，阻碍大政方针的贯彻执行。可见，领导作风是一种重要的影响力。同时，领导作风的这种影响力也可以通过领导形象这个中介得以体现。

（三）领导作风是赢得人民群众拥护和支持的重要条件

人民群众不仅通过党的路线、方针和政策来认识领导，而且更多更直接地是从自己周围领导干部的作风来判断领导，确定态度。广大人民群众积极性和创造性发挥得如何，关系到领导影响力的实现与否和各项事业的成败得失。一般来说，如果领导作风好，领导者的各项领导活动和行为反映并符合人民群众的利益、愿望和要求，人民群众就会理解、认同、拥护和支持领导者，发挥出极大的积极性和创造性，有助于领导者实现其影响力，完成领导工作目标；反之，人民群众就会在心理上、感情上、行动上与各级领导干部产生距离感和抵触情绪，严重挫伤其积极性和创造性，进而消解领导者的影响力，不利于领导工作目标的实现。

（四）领导作风是影响党风政风和社风民风的关键要素

风成于上，俗化于下。领导干部的作风对全党全社会有着很强的示范和导向作用，是凝党心聚民心的巨大力量，也是促社风带民风的关键。"党是整个社会的表率，党的各级

---

① 习近平．在庆祝中国共产党成立 100 周年大会上的讲话 [J]．求是，2021（14）：9.

领导同志又是全党的表率。”① 党风政风带动和影响行风、民风和社会风气，只有党风政风建设好，社会风气正，才能促进先进文化建设，才能不断巩固和谐社会建设的精神基础。各级领导者是执政党的骨干力量，领导作风必然反映党风并深刻地影响党风；各级领导者是社会各领域、各方面、各层次、各部门和各单位事务的决策者、组织者和指挥者，对广大群众和整个社会起着统率、指导和示范作用。俗话说：“上梁不正下梁歪，中梁不正倒下来。”领导作风必然反映社会风气并有力地影响着社会风气。领导作风具有一定的舆论影响力和显著的社会示范力，可以内化为人们的精神约束力，从而影响着周围人的思想行为和组织的运行、社会的和谐。如果领导作风好，能够做到用权为民，讲原则，不谋私，时时处处想着党的事业和人民的利益，就会给全党和全国人民树立一个良好的榜样，一些不好的社会风气也会销声匿迹，最终推动党风和社会风气的好转。反之，就会对党员和群众产生极大的消极影响，对社会风气起到负面的侵蚀作用，进而败坏党风和社会风气。因此，各级领导干部应当努力成为工作和学习的表率，以优良的领导作风发挥对人民群众的激励作用。

第二节　领导作风的基本内容

领导作风的基本内容

在我国，中国共产党处于长期执政地位并领导一切，同时，坚持党管干部的原则，所以，领导作风与党风密切相关。党的作风，即一个政党及其党员在思想、政治、组织、工作、生活等各方面所反映出来的作风，是党的性质和宗旨的集中体现，也是中国共产党区别于其他政党的显著标志。党的作风内在地包含并决定着领导作风，是中国共产党长期执政以来的历史经验和社会主义国家政党建设正反两方面经验的科学总结。

一、中国共产党百年作风建设的理论传承与实践创新

党的作风就是党的形象，是观察党群干群关系、人心向背的晴雨表。党的作风建设关系党和国家事业的兴衰成败，因此，马克思主义政党尤其中国共产党历来十分重视党的作风建设，并将其作为党的建设的重要组成部分。建党以来特别是成为执政党以来，历届党和国家领导人对党风问题都有深刻认识并高度重视。

党的作风建设能不能搞得好，关键就在于党的各级领导干部。党的思想作风、工作作风、学风、文风也集中体现在领导干部身上，这既是党永葆先进性、纯洁性的重要法宝，也是党带领人民取得伟大成就的根本保证。回顾党领导革命、建设和改革的历史进程，无论是哪个时期，党始终坚持问题导向，解决突出问题，将作风建设尤其是领导干部作风建设贯彻始终。

（一）新民主主义革命时期，中国共产党把作风建设作为安身立命的重要法宝，率先提出了加强作风建设的重要论断

早在 1929 年，古田会议通过的决议案就明确指出了红军内部各种非无产阶级思想的

① 邓小平．邓小平文选：第 2 卷［M］．2 版．北京：人民出版社，1994：177.

表现、来源及纠正的方法，初步回答了在党员队伍以农民成分为主和革命战争十分残酷的条件下如何从作风上建设党，以保持其无产阶级先锋队性质的问题。1942年2月，毛泽东同志在延安中央党校开学典礼大会上做了《整顿党的作风》的报告，通过反对主观主义整顿学风，反对宗派主义整顿党风，反对党八股整顿文风，形成了理论联系实际、密切联系群众、批评与自我批评“三大作风”，使全党达到了空前的团结和统一，为抗日战争的胜利和新民主主义革命在全国的胜利奠定了重要思想政治基础。

新中国成立前夕，随着革命形势的发展和任务变化，面对党即将由革命党转变为执政党的重大历史转折，中国共产党及时提醒全党同志做好充分的思想准备，保持高度的警觉，防止出现骄傲自满、贪图享乐等作风方面的问题，并采取了一系列有效的措施。毛泽东在七届二中全会上对全党提出：“务必使同志们继续保持谦虚、谨慎、不骄、不躁的作风，务必使同志们继续保持艰苦奋斗的作风。”“两个务必”作为我们党加强自身建设、拒腐防变的重要法宝，为党迎接中国革命在全国胜利和新中国建设事业提供了重要保障。

（二）社会主义革命和建设时期，中国共产党把端正党风作为加强执政党建设的重要举措，开展了通过集中教育形式加强作风建设的全新探索

1949年中华人民共和国成立后，党在执政初期相继开展了整风运动、整党运动。1950年5月，中共中央颁布《关于在全党和全军开展整风运动的指示》，开启了作为执政党进行自我革命的序幕。1951年12月，针对增产节约运动中发现的大量令人震惊的贪污、浪费和官僚主义现象，中共中央作出《关于实行精兵简政、增产节约、反对贪污、反对浪费和反对官僚主义的决定》。毛泽东强调要严格对共产党员的要求，尤其要严格对高级干部的要求，决不允许有任何因功劳大而不履行党员义务的特殊党员。“三反”运动清除了少数腐败分子，教育并挽救了大批干部，及时刹住了当时正在蔓延滋长的危险倾向。这对于在执政条件下党的作风建设起到了重要作用，保持了党的先进性和纯洁性，激发了党的生机活力。

1956年，社会主义基本制度初步确立。为适应大规模经济建设需要、应对党内外出现的新情况新问题，1957年4月27日，党中央下发《关于整风运动的指示》，在全党重新进行一次普遍的、深入的反官僚主义、反宗派主义、反主观主义的教育，及时警示和打击了新的历史环境下脱离群众、脱离实际、官僚主义和骄傲自满情绪有所滋长等作风问题，引领了一种新的政治风气和社会风尚。

（三）改革开放和中国特色社会主义现代化建设时期，中国共产党从“事关党的生死存亡”的战略高度强调作风建设，做出了一系列关于党风廉政建设的科学论断

十一届三中全会后，以邓小平同志为核心的党的第二代中央领导集体结合新的实际问题，以加强领导干部作风为主要途径，将“反腐倡廉”作为中心内容，提出了将党风建设制度化的伟大构想。早在改革开放之初，邓小平同志就指出：“在目前的历史转变时期，问题堆积成山，工作百端待举，加强党的领导，端正党的作风，具有决定的意义。”[①] 1979

① 邓小平．邓小平文选：第2卷［M］．2版．北京：人民出版社，1994：178.

年 3 月，邓小平同志在党的理论工作务虚会上明确指出：“为了促进社会风气的进步，首先必须搞好党风，特别是要求党的各级领导同志以身作则。”1980 年 11 月，陈云在中共中央纪律检查委员会召开的座谈会上提出：“执政党的党风问题是有关党的生死存亡的问题”，对于陈云对执政党作风问题的论断，邓小平在中央工作会议上指出，坚持不懈地纠正各种不正之风，“我赞成陈云同志讲的”。随着改革开放的深入，《中共中央关于整党的决定》在党的十二届二中全会审议通过，对整党的基本任务、基本方针、基本要求、政策和方法等作出具体的规定。邓小平同志指出，要整好我们的党，实现我们的战略目标，必须一手抓改革开放，一手抓惩治腐败。因此，廉政建设要作为大事来抓，尤其是对干部和共产党员来说，在整个改革开放过程中都要反对腐败。

党的十三届四中全会以后，以江泽民同志为核心的党的第三代中央领导集体进一步加强党同人民群众的联系，对党风建设的重要性的认识提升到了一个新的高度。为了提高干部队伍素质，进一步推进作风建设，1998 年 11 月，中共中央印发了《关于在县级以上党政领导班子、领导干部中深入开展以“讲学习、讲政治、讲正气”为主要内容的党性党风教育的意见》，深入开展以“三讲”为主要内容的党性党风教育。进入 21 世纪后，国际环境和国内形势都发生了深刻变化，我们党的作风建设也面临着许多新问题新挑战。2001 年 9 月，党的十五届六中全会作出《中共中央关于加强和改进党的作风建设的决定》（以下简称《决定》），明确提出了加强和改进党的作风建设的主要任务就是：“八个坚持、八个反对”，即坚持解放思想、实事求是，反对因循守旧、不思进取；坚持理论联系实际，反对照抄照搬、本本主义；坚持密切联系群众，反对形式主义、官僚主义；坚持民主集中制原则，反对独断专行、软弱涣散；坚持党的纪律，反对自由主义；坚持清正廉洁，反对以权谋私；坚持艰苦奋斗，反对享乐主义；坚持任人唯贤，反对用人上的不正之风。《决定》强调要着力解决党的思想作风、学风、工作作风、领导作风和干部生活作风方面的突出问题，标志着党的作风建设进入了一个新阶段。

党的十六大之后，国内外的客观环境发生极大变化，面对世情、国情、党情的新变化，以胡锦涛同志为总书记的党中央在继承和发扬党的光荣传统和优良作风的基础上，进一步发挥了党员干部的先锋模范作用，使我们党的作风建设又迈上了一个新的台阶。2007 年 1 月，胡锦涛在中央纪委第七次全体会议上指出，弘扬新风正气，抵制歪风邪气，全面加强思想作风、学风、工作作风、领导作风、干部生活作风建设，在领导干部中大力倡导勤奋好学、学以致用；心系群众、服务人民；真抓实干、务求实效；艰苦奋斗、勤俭节约；顾全大局、令行禁止；发扬民主、团结共事；秉公用权、廉洁从政；生活正派、情趣健康等八个方面的良好风气，这是根据新形势新任务对作风建设提出的新要求。2009 年 9 月，党的十七届四中全会通过《中共中央关于加强和改进新形势下党的建设若干重大问题的决定》，明确提出要大兴密切联系群众之风、大兴求真务实之风、大兴艰苦奋斗之风、大兴批评和自我批评之风。“八个方面的良好风气”和“四个大兴”作为党的作风建设在新的历史时期的科学论断，为党的作风建设注入了新的时代内涵、提出了新的时代要求，是加强和改进领导作风建设的重要行动指南。

（四）中国特色社会主义进入新时代，中国共产党对作风建设赋予了新的时代内涵，深化了对马克思主义执政党作风建设的规律性认识

党的十八大以来，以习近平同志为核心的党中央始终坚持从关系党和国家生死存亡的高度来抓作风建设，始终绷紧作风建设这根弦，以钉钉子精神紧紧抓住作风建设这条主线，提出了一系列新理念新思想，推出了一系列重大举措，为新形势下加强和改进党的作风建设提供了基本遵循和行动指南。

坚持打铁还需自身硬，从中央做起带头落实改进工作作风、密切联系群众的八项规定，作为解决作风问题的切入口。2012 年 12 月 4 日，中央政治局会议审议通过了《十八届中央政治局关于改进工作作风、密切联系群众的八项规定》，要求：第一，中央政治局全体同志要改进调查研究，切忌走过场、搞形式主义；要轻车简从、减少陪同、简化接待。第二，精简会议活动，切实改进会风；提高会议实效，开短会、讲短话，力戒空话、套话。第三，精简文件简报，切实改进文风，没有实质内容、可发可不发的文件、简报一律不发。第四，规范出访活动，严格控制出访随行人员，严格按照规定乘坐交通工具。第五，改进警卫工作，坚持有利于联系群众的原则，减少交通管制，一般情况下不得封路、不清场闭馆。第六，改进新闻报道，中央政治局同志出席会议和活动应根据工作需要、新闻价值、社会效果决定是否报道，进一步压缩报道的数量、字数、时长。第七，严格文稿发表，除中央统一安排外，个人不公开出版著作、讲话单行本，不发贺信、贺电，不题词、题字。第八，厉行勤俭节约，严格执行住房、车辆配备等有关工作和生活待遇的规定。会议强调，领导干部特别是高级干部作风状况，对党风政风乃至整个社会风气具有重要影响。抓作风建设，首先要从中央政治局做起，要求别人做到的自己先要做到，要求别人不做的自己坚决不做，以良好党风带动政风民风，真正赢得群众信任和拥护。要下大决心改进作风，切实解决群众反映强烈的问题，始终保持同人民群众的血肉联系。

1. 开展党的群众路线教育实践活动，集中整治“四风”问题

为了进一步密切党群关系，深入推进作风建设，2013 年 5 月，中共中央又印发了《关于在全党深入开展党的群众路线教育实践活动的意见》，着力解决形式主义、官僚主义、享乐主义和奢靡之风等“四风”问题。从 2013 年 6 月开始到 2014 年 10 月，在党中央的坚强领导下，全党以“为民、务实、清廉”为主题，按照“照镜子、正衣冠、洗洗澡、治治病”的总要求，自上而下分两批扎实深入地开展了教育实践活动。通过这次教育实践活动，使广大党员干部受到了一次深刻的马克思主义群众观点和党的群众路线教育，对形式主义、官僚主义、享乐主义和奢靡之风的“四风”问题进行了大排查、大检修、大扫除和集中整治，进一步增强了党员干部服务群众的自觉性，密切了党群关系，有效推进了党的作风建设。

2. 开展“三严三实”专题教育，以上率下抓“关键少数”

抓住“关键少数”，是坚持马克思主义唯物辩证法的体现。领导干部作为“关键少数”，是引领和推动党和人民事业健康发展的主要力量，其一言一行、一举一动，具有重要的示范作用。推动领导干部发挥好“头雁”作用，能起到以点带面、纲举目张的效果。2014 年 3 月，习近平同志在参加第十二届全国人大二次会议安徽代表团审议时提出：“各

级领导干部都要树立和发扬好的作风，既严以修身、严以用权、严以律己，又谋事要实、创业要实、做人要实。”① “三严三实”的提出，不仅明确了新形势下领导干部的修身之本、为政之道、成事之要，而且为新形势下加强和改进党的作风建设提供了重要遵循。2015年4月，中共中央办公厅印发了《关于在县处级以上领导干部中开展“三严三实”专题教育方案》，要求各级领导干部严格对照“三严三实”要求，深入查找和整改自己在修身、用权、律己、谋事、创业、做人等方面存在的问题，不断加强党性修养，在思想、作风、党性上进行了又一次集中“补钙”和“加油”，提高了党的创造力、凝聚力和战斗力，促进了党风的持续好转。

3. 开展“两学一做”学习教育，推动党的作风建设不断向纵深发展

2016年2月，中共中央印发了《关于在全体党员中开展“学党章党规、学系列讲话，做合格党员”学习教育方案》，对“两学一做”学习教育进行了具体的安排和部署。“两学一做”学习教育是推动党内教育从“关键少数”向广大党员拓展、从集中性教育向经常性教育延伸的重要举措。在“两学一做”学习教育中，广大党员干部认真学习党章党规和习近平系列重要讲话，坚持学用结合，知行合一，自觉按照党员标准规范言行，努力做讲政治、有信念，讲规矩、有纪律，讲道德、有品行，讲奉献、有作为的“四讲四有”合格党员，进一步增强了政治意识、大局意识、核心意识、看齐意识，推动了党的作风建设不断向纵深发展。

4. 开展“不忘初心、牢记使命”主题教育，不断深化党的自我革命

中国共产党作为百年大党，如何永远得到人民拥护和支持，如何实现长期执政，是必须回答好、解决好的一个根本性问题。党的十九大决定以县处级以上领导干部为重点，在全党开展“不忘初心、牢记使命”主题教育。2019年5月底开始的这次主题教育，习近平同志提出了“守初心、担使命，找差距、抓落实”的总要求，这“十二字”总要求，是根据新时代党的建设任务、针对党内存在的突出问题、结合这次主题教育的特点提出来的，鲜明体现了我们党自我革命的决心意志。在党的作风建设和纪律建设方面，突出强调要坚持不懈整治“四风”，抓紧解决人民群众反映强烈的形式主义和官僚主义、干部不担当不作为、侵害群众利益等突出问题，持续保持反腐高压态势，铲除寄生在党的肌体上的毒瘤，永葆党的肌体健康。

5. 开展党史学习教育，切实为群众办实事解难题

党的历史是最生动、最有说服力的教科书。党的十八大以来，党中央高度重视学习党的历史，提出了一系列要求。2021年2月20日，党中央立足党的百年历史新起点，统筹中华民族伟大复兴战略全局和世界百年未有之大变局，号召在全党集中开展党史学习教育。这次党史学习教育工作提出了明确要求，总的来说就是要做到学史明理、学史增信、学史崇德、学史力行，教育引导全党同志学党史、悟思想、办实事、开新局。习近平同志在党史学习教育动员大会上特别强调：在全党开展党史学习教育要务求实效，一要加强组织领导，做到学有所思、学有所悟、学有所得。二是要树立正确党史观，加强思想引导和理论辨析。三是要把学习成效转化为工作动力和成效要同解决实际问题结合起来，切实为

① 习近平．习近平谈治国理政：第1卷［M］．2版．北京：外文出版社，2018：381.

群众办实事解难题。四是要注重方式方法创新，坚决克服形式主义、官僚主义，注意为基层减负。在全党开展的党史学习教育是一次深刻的思想淬炼，筑牢了理想信念，强化了初心使命，为动员全党全国满怀信心投身全面建设社会主义现代化国家提供了强大政治优势、坚强组织保证和有力思想武器。

6. 开展学习贯彻习近平新时代中国特色社会主义思想主题教育

思想是立场的基础，思想是行动的指南，思想是作风的灵魂。党员领导干部作风建设永远在路上，必须与时俱进地运用党的创新理论武装头脑。2023 年 3 月 30 日，中共中央政治局召开会议，决定在全党自上而下分两批开展学习贯彻习近平新时代中国特色社会主义思想主题教育。此次主题教育是落实党的二十大报告中关于党的建设的重大任务，以县处级以上领导干部为重点，教育引导党员、干部在以学铸魂、以学增智、以学正风、以学促干上下功夫见实效。

开展这次主题教育，总要求是“学思想、强党性、重实践、建新功”。学思想，就是要全面学习领会习近平新时代中国特色社会主义思想，全面系统掌握这一思想的基本观点、科学体系，把握好这一思想的世界观、方法论，坚持好、运用好贯穿其中的立场观点方法，教育引导党员、干部从思想上正本清源、固本培元，不断提高政治判断力、政治领悟力、政治执行力。强党性，就是要自觉用习近平新时代中国特色社会主义思想改造主观世界，深刻领会这一思想关于坚定理想信念、提升思想境界、加强党性锻炼等一系列要求，始终保持共产党人的政治本色。重实践，就是要自觉践行习近平新时代中国特色社会主义思想，用以改造客观世界、推动事业发展，用以观察时代、把握时代、引领时代，在积极识变应变求变中推动中国式现代化取得新进展新突破，切实把理论武装转化为生动实践。建新功，就是要从习近平新时代中国特色社会主义思想中汲取奋发进取的智慧和力量，熟练掌握其中蕴含的领导方法、思想方法、工作方法，不断提高履职尽责能力和水平，凝心聚力促发展，驰而不息抓落实，努力创造经得起历史和人民检验的实绩，书写新时代的历史华章。这四句话的总要求，各有侧重，是一个紧密联系、相互贯通、内在统一的有机整体。

总结过去，面向未来，加强党的作风建设始终是党的建设的重要课题。在不同的历史时期，党风建设所要解决的问题不尽相同，但是，党的作风建设的主要内容始终围绕着保持党的先进性和以人为本、执政为民的本质要求而展开；党的作风建设的主体或主要对象始终是广大的党员领导干部。中国共产党的作风建设的理论与实践为改革开放和社会主义现代化建设顺利推进提供了重要保障，为新时期领导作风建设指明了方向，奠定了基础，积累了宝贵的理论资源和实践经验。

二、领导作风的基本内容和要求

根据党的作风建设的要求，结合领导作风建设的实际，可以将社会主义领导作风的基本内容概括为以下几个方面。

（一）思想作风：解放思想，实事求是，与时俱进

思想作风就是领导干部在马克思主义世界观和认识论的指导下，在坚持和实践党的解

放思想、实事求是思想路线的过程中表现出来的一贯的态度和行为风格，是党员干部思想观念、思想方法、思维方式在实际工作中的惯常表现。在社会主义条件下，领导者的思想作风要求坚持解放思想、实事求是、与时俱进，反对因循守旧、不思进取。解放思想、实事求是、与时俱进，是马克思主义活的灵魂，也是习近平新时代中国特色社会主义思想活的灵魂，也是我们适应新形势、认识新事物、完成新任务的根本思想武器。当今世界变局百年未有，正处于大发展大变革大调整时期。变革会催生新的机遇，也充满着各种风险挑战。风险越大、挑战越多、任务越重，越要加强党的作风建设，坚持党的思想路线，解放思想，实事求是，与时俱进，以好的作风振奋精神、激发斗志、树立形象、赢得民心。

解放思想，即在马克思主义指导下打破习惯势力和主观偏见的束缚，坚持从实际出发，实事求是，与时俱进，致力于不断研究新情况，解决新问题。“所谓解放思想，就是要勇于冲破落后的传统观念的束缚，善于从实际出发，努力去开拓进取。”[①] 解放思想的实质是人们在对待过去、现在与未来的关系中所表现出来的一种精神状态和思维方式。解放思想要遵循一定的原则，不是所有的“敢想”都称作解放思想。“解放思想不是脱离国情的异想天开，也不是闭门造车的主观想象，更不是毫无章法的莽撞蛮干。解放思想的目的在于更好实事求是。”[②] 当前，解放思想要自觉地把思想认识从那些不合时宜的观念、做法和体制的束缚中解放出来，从对马克思主义的错误的和教条式的理解中解放出来，从主观主义和形而上学的桎梏中解放出来，勇于且善于冲破思想观念的障碍、突破利益固化的藩篱，牢固树立社会主义市场经济体制的思想，巩固树立坚持和发展中国特色社会主义的思想，自觉地增强道路自信、理论自信、制度自信、文化自信，既不走封闭僵化的老路，也不走改旗易帜的邪路。

实事求是是党的思想路线的核心和精髓，是辩证唯物主义和历史唯物主义基本原理的凝结，具有十分丰富的内涵。实事求是，即一切从实际出发，理论联系实际，坚持实践是检验真理的唯一标准，探索事物的客观规律。习近平同志在《坚持实事求是的思想路线》的重要讲话中明确指出，坚持实事求是，最基础的工作在于搞清楚“实事”，关键在于“求是”，必须始终坚持一切为了群众、一切依靠群众，从群众中来、到群众中去的群众路线。这就要求领导干部在研究和处理问题时，要坚持一切从人民根本利益出发，深入群众听取意见，使各项决策和各方面工作既符合实际情况和客观规律，又符合人民意愿。实事求是与解放思想是相统一的。解放思想是实事求是的基础和前提，实事求是是解放思想的目标和归宿。不以实事求是为归宿的解放思想，极易脱离实际，脱离亿万群众的创造性实践，解放思想就会失去方向和目标。不以解放思想为必要条件的实事求是，也会导致教条主义盛行，不可能真正掌握事物发展的客观规律，研究新情况，解决新问题。因此，在工作比较顺利的时候，不能头脑发热，忘乎所以，不要提出不切实际的要求；在工作遇到困难的时候，不能灰心丧气，畏首畏尾，要善于在困难的条件下开拓新的局面。

实事求是，从实际出发，必然要求与时俱进。所谓与时俱进，就是党的全部理论和工

① 中共中央文献研究室．十三大以来重要文献选编：下［M］．北京：人民出版社，1993：2081.

② 习近平．在庆祝海南建省办经济特区30周年大会上的讲话［EB/OL］．（2018-04-13）［2023-08-25］．https://baijiahao.baidu.com/s?id=1597644009795038674&wfr=spider&for=pc.

作要体现时代性，把握规律性，富于创造性。领导活动要与时俱进，一方面要求我们的思想要与时俱进，树立新观念，形成新认识，提出新观点，达到新境界；另一方面要求我们的工作要审时度势，探索新思路，寻求新突破，采取新举措，开创新局面。

要很好地做到解放思想，实事求是，与时俱进，就必须用马克思主义基本理论武装头脑，坚持用发展着的马克思主义指导全部领导工作，坚持一切从实际出发，用全面、发展、变化的观点观察和处理问题；必须把实践作为检验真理的唯一标准，尊重人民群众的首创精神；必须坚持推进理论与实践融合创新，通过理论创新推动制度创新、科技创新、文化创新、管理创新以及其他各方面工作的创新，不断在实践中探索前进，永不自满，永不懈怠。加强思想作风建设，开展思想教育，主要是进行理论教育，即对党员、干部进行世界观、权力观、事业观、道德观等方面的教育。

（二）学习作风：学以致用，理论联系实际

学习作风，或简称为“学风”，是人们在学习和研究中所表现出来的一贯的态度和行为方式。良好的学风主要包括勤于学习、刻苦钻研、独立思考、学以致用等，核心是理论联系实际。学习是人的生命的存在方式，终身学习是现代社会发展的内在动力。对于领导干部来说，增强学习本领是全面增强执政本领的前提，是完成新时代伟大历史使命的内在要求。我们处在新的历史方位，面对新的社会矛盾，稳妥应对各类风险考验，全面增强执政本领，更加需要各级领导干部保持和发扬马克思主义政党不断学习的可贵品格，既要创造全员学习氛围，又要带头学习，努力做学习型政党和学习型组织建设的新型领导者。领导干部学习知识既要全面，注意基础性和广泛性，又要有所侧重，注意专业性和创新性，尤其是要认真学习马克思主义理论特别是新时代党的创新理论，这是我们做好一切领导工作的看家本领。

领导者要取得良好的学习效果，必须大力弘扬理论联系实际的马克思主义学风。理论联系实际，是中国共产党一贯倡导的马克思主义学风，也是领导干部不断提高自身素质、做好各项工作的根本途径。领导者坚持理论联系实际的优良学风，一要真正学懂弄通马克思主义基本原理、马克思主义中国化成果，努力掌握其精髓和真谛。二要在“结合”上做文章，在“应用”上下功夫。领导工作要紧密联系党和国家事业发生的历史性变革，紧密联系中国特色社会主义进入新时代的新实际，紧密联系我国社会主要矛盾的重大变化，紧密联系“两个一百年”奋斗目标和各项任务，自觉运用理论指导实践，使各方面工作更符合客观规律、科学规律的要求。三要坚持解放思想、实事求是的思想路线，把大胆探索的勇气同科学求实的精神统一起来，坚持以马克思主义的科学方法调查研究本地区、本部门、本单位的实际情况和第一手资料，以实践作为检验真理的唯一标准，以“三个有利于”来判断各项工作的是非得失。总之，坚持和弘扬理论联系实际的学风，要反对轻视理论的经验主义和不顾实际的教条主义，坚持“不唯书”“不唯上”“不唯洋”“不唯旧”“不唯己”“不唯众”，一切只“唯实”，努力做到说实话、干实事、求实效。

（三）工作作风：求真务实，密切联系人民群众

工作作风就是人们在工作中所表现出来的一贯的态度和言行。领导者的工作作风就是领导者在工作中所表现出来的一贯的态度和言行，具体表现为领导者在工作中如何对待群

众、对待下属和对待自己。历史唯物主义认为，人民群众是推动人类历史进步的主体力量。在我国，一切领导者都是人民的公仆，人民才是真正的主人。全心全意为人民服务是密切联系群众的核心。毛泽东同志说过："全心全意地为人民服务，一刻也不脱离群众；一切从人民的利益出发，而不是从个人或小集团的利益出发；向人民负责和向党的领导机关负责的一致性；这些就是我们的出发点。"①

领导者在对待群众方面，要坚持密切联系群众，诚心理解群众，真心帮助群众，热心服务群众，善于团结群众。坚持密切联系人民群众，要做到：第一，树立马克思主义群众观。马克思主义群众观，包括人民群众是历史创造者的观点、虚心向人民群众学习的观点、全心全意为人民服务的观点、干部的权力是人民赋予的观点、对党负责与对人民负责相一致的观点。第二，保持对人民群众的深厚感情。对待群众的感情实际上是个立场问题。对人民群众的真挚感情是人民公仆最基本的职业要求，是共产党人世界观、人生观、价值观的重要体现。只有在思想深处和老百姓融为一体，才能真正解决好"入党做官为什么，手中有权干什么，退下来后留点儿什么"的问题。第三，端正对人民群众的态度。对待群众的态度如何，是领导干部讲政治的核心问题。习近平同志强调："密切党群、干群关系，保持同人民群众的血肉联系，始终是我们党立于不败之地的根基。"② 各级领导干部一定要把群众当作主人，和人民群众想在一起、干在一起、风雨同舟、同甘共苦，始终把"人民拥护不拥护""人民赞成不赞成""人民高兴不高兴""人民答应不答应"作为评价工作得失的根本标准。第四，倾听人民群众的呼声。"政声人去后，民意巷谈时。"领导干部要保持对群众深厚的感情，就必须深入基层，深入实际，真诚倾听群众呼声，真实反映群众愿望，真情关心群众疾苦，真切回应群众期盼，以人民心为心、与群众心贴心。第五，为群众办实事、办好事。最好的作风，就是踏踏实实干事。领导干部工作要重实际、求实效，脚踏实地苦干实干，着力解决好人民群众最关心最直接最现实的利益问题。第六，自觉接受人民群众的监督。要把评判干部的标准交给群众，把是否得到群众公认、是否取得实实在在的政绩，作为选拔任用领导干部的重要依据。

领导者在对待下属方面，要做到以下几点：宽容友善，豁达大度；任人唯贤，充分信任；公平待人，秉公办事；热情支持，无私帮助；用心培养，科学指导；严格要求，赏罚分明；亲近"贤臣"，远离"小人"。

领导者在对待自己方面，要做到以下几点：严于律己，谦虚谨慎；言行一致，表里如一；从善如流，多谋善断；办事认真，勇于负责；以身作则，雷厉风行；永不满足，开拓创新；等等。

（四）组织作风：坚持和执行民主集中制原则

组织作风是领导班子集体在组织生活中所表现出来的一贯的态度和行为，是领导作风建设的一项重要内容。

在组织作风方面，要坚持民主集中制原则，发扬民主、团结共事，反对独断专行、软弱涣散；坚持党的纪律，反对自由主义。所谓民主集中制，就是民主基础上的集中和集中

① 毛泽东．毛泽东选集：第3卷［M］．2版．北京：人民出版社，1991：1094－1095.

② 习近平．习近平谈治国理政：第1卷［M］．2版．北京：外文出版社，2018：15.

指导下的民主相结合，两者互为条件、相辅相成、缺一不可。民主集中制是党的根本组织制度和领导制度，是马克思主义认识论和群众路线在党的生活和组织建设中的运用。我们实行的民主集中制，是既有集中又有民主、既有纪律又有自由、既有统一意志又有个人心情舒畅的制度，是民主和集中紧密结合的制度。对党的各级领导机关来说，民主集中制的民主，就是党员和党组织的意愿、主张的充分表达和积极性创造性的充分发挥；民主集中制的集中，就是全党意志、智慧的凝聚和行动的一致。领导班子坚持民主集中制原则，就是要按照集体领导、民主集中、个别酝酿、会议决定的要求，完善领导班子议事制度和决策机制，健全工作程序，凡属重大决策，都必须由集体讨论，禁止独断专行。

坚持和执行民主集中制，重点要解决好以下几个问题：一是维护党中央权威和集中统一领导，正确处理中央与地方、上级与下级的关系问题。维护党中央权威和集中统一领导，同坚持民主集中制是一致的。这个问题的核心是如何发挥好中央和地方两个积极性中自觉维护并遵守“个人服从组织，少数服从多数，下级服从上级，全党服从中央”的组织纪律原则，尊重和维护领导权威。二是加强集体领导和个人负责的关系问题。这个问题的核心是加强对各级领导干部特别是“一把手”的监督，把集体领导与个人负责结合起来，反对“家长制”和“一言堂”。三是加强组织纪律问题。这个问题的核心是强调组织纪律的严肃性，健全并执行好组织规章制度，以制度规范和约束领导干部的行为，保证良好的领导作风，反对本位主义、分散主义，防止议而不决，决而不行。四是大力加强基层组织建设问题。这个问题的核心是贯彻应建尽建的原则改变基层组织的软弱涣散状态，充分调动、发挥基层组织的积极性和主动性。五是正确处理好民主与集中的关系问题。这个问题的核心是坚持民主集中制的方法问题。民主是广泛听取人民群众的意见，尤其不要忽略少数人的意见；集中是按照组织原则和工作制度集中正确的意见，不是简单的“多数法则”。总之，要尽量避免极端民主化和领导者个人专断两种倾向。

（五）生活作风：廉洁奉公，艰苦奋斗

生活作风就是人们在日常生活中所表现出来的一贯的态度和行为。领导者的良好生活作风一般体现为：简约朴素的生活方式、乐善好施的优良品质、廉洁奉公的职业操守、艰苦奋斗的精神面貌等。领导者的生活作风不是领导者纯粹的个人事情，关系着领导者在群众中的形象和威望，而且影响到领导者在群众中的凝聚力和工作效能。培养良好的生活作风，就是要讲操守，重品行，坚持清正廉洁，反对以权谋私，坚持艰苦奋斗，反对享乐主义。

所谓廉洁奉公，就是廉洁自律、清正奉公。廉洁奉公是我们党一贯坚持的光荣传统和优良作风，是党加强自身建设的基本经验之一。为政清廉才能取信于民，秉公用权才能赢得人心。能否做到廉洁奉公，直接关系到改革发展稳定大局、人民群众的利益、干部队伍建设以及党和政府的形象。廉洁奉公的作风要求领导者加强思想道德修养，注重培养健康的生活情趣，正确选择个人爱好，慎重对待朋友交往，明辨是非，克己慎行，时刻检点自己生活的方方面面，尤其要继承和弘扬中华优秀传统文化，继承和弘扬革命前辈的红色家风，以身作则管好配偶、子女，本分做人、干净做事，努力做到：不贪不占，甘于奉献，两袖清风，一身正气，秉公办事，不徇私情，爱岗敬业，勤政负责。

所谓艰苦奋斗，就是不畏艰难困苦，始终坚持锐意进取、奋发向上、坚忍不拔的精神风貌和行为特质。它作为一种高尚的思想品格和精神财富，不仅具备超越时空的稳定性和持久力，而且具有超常规的凝聚力和号召力。艰苦奋斗是中华民族的传统美德，是中国共产党的政治本色和光荣传统，是立国之本、治国之道和富国强国之宝。“艰难困苦，玉汝于成”“忧劳兴国，逸豫亡身”“成由节俭败由奢”“生于忧患，死于安乐”，这些都是对艰苦奋斗精神价值的总结和概括。即使在今天，艰苦奋斗的精神仍然符合市场经济的基本规律和我国现代化建设的基本国情。2019 年习近平同志在参加十三届全国人大二次会议内蒙古代表团审议时强调：“不论我们国家发展到什么水平，不论人民生活改善到什么地步，艰苦奋斗、勤俭节约的思想永远不能丢。”新时代领导干部艰苦奋斗的价值意蕴具有与时俱进的根本属性，同时也对干部提出了更高的要求：一是要有崇尚节约、克勤克俭的朴素精神。坚持和发扬艰苦奋斗的作风，要求领导者在物质生活上合理节制消费，坚持勤俭节约，反对铺张浪费和奢侈腐化，在精神生活上崇尚勤劳朴素，秉持乐观向上，反对好逸恶劳和消极颓废。二是不畏艰险、勇于改革的实干精神。在行为方式上坚持知难而进，永不退缩，因陋就简，奋发图强，反对贪大求洋，得不偿失。

要做到艰苦奋斗，必须加强对各级领导干部的优良传统和国情教育，提升严以律己的精神境界，坚定吃苦耐劳的意志品质；强化理论学习，夯实思想根基，保持坚定的政治定力，不断增强斗争本领；健全相关的规章制度，确定领导者的职务待遇标准和工作项目标准，并进行严格的审计监督；树立先进典型，发挥榜样的示范带动作用；加强领导文化建设，优化社会风气和领导工作的舆论氛围，反对拜金主义、享乐主义和极端个人主义。

第三节　领导作风建设

党的十八大以来，党中央制定和落实中央八项规定，持之以恒正风肃纪，以钉钉子精神纠治“四风”，党风政风为之一新，社风民风向上向善。但无论作风建设还是纪律建设，都具有顽固性、反复性，只有紧紧扭住作风建设，营造良好的政治生态，才能确保党始终成为社会主义现代化建设事业的坚强领导核心。

领导作风建设

一、不良领导作风的主要表现

形成优良作风不可能一劳永逸，克服不良作风不可能一蹴而就，改进作风，要在坚持，难在坚持。因此，加强新时期领导干部作风建设，首先要正确认识领导作风建设的极端重要性和紧迫性，找准当前领导干部作风存在的主要问题，精准施治、靶向纠治。

（一）教条主义和经验主义作风

教条主义是领导者不良作风在思想作风和学风上的主要表现。教条主义也称本本主义，是把理论当教义、视书本为圣经的思想作风，其中一种表现是视理论为教条，只唯书，不唯实，一切从定义、公式出发，夸大理性作用，轻视感性经验。辩证法认为：理论来源于实践而又高于实践，可以指导实践而又必须接受实践的检验，并在实践中不断修正和完善。在革命战争时期，第五次“反围剿”失败的原因之一就是没有从实际出发，对战争形势的具体情况做具体分析，而是机械地执行中共苏区决议，犯了教条主义的错误，结果酿成巨大损失。另外一种表现形式为“唯上论”，把工作的基点单纯地建立在中央和上级的指示上，照搬照抄上级指示，对上级的指示和政策不是按照实际情况创造性地执行，而是大搞文山会海，议而不决，决而不行。个人崇拜和“一言堂”是产生教条主义的政治温床。在领导活动过程中，尤其在党委领导班子的“一把手”民主不够，独断专行，实行集权式的领导方式，致使有些地方和部门的人权、物权和财权过分集中于“一把手”，又缺少必要有效的制约监督，必然产生教条主义。

经验主义是主观主义的一种表现形式，它把局部的、狭隘的经验看作普遍真理，只相信局部的直接经验，轻视理论的指导作用。经验一般是在实践基础上总结出来的，是很宝贵的，但是，经验总是一定条件下的经验，在条件变化了的情况下照搬老经验、老套路，把经验封闭化绝对化，就会发生主观脱离客观、思想落后于实际的经验主义错误。经验主义者一方面轻视理论的学习，不乐于不善于改进、充实和发展已有经验，以自己的一孔之见作为工作的出发点，墨守成规，大搞实用主义。另一方面过分强调本地区、本部门的局部利益，过分突出自己的特殊性，对上级部门“表态嗓门高、落实行动差”，尾大不掉甚至妄议中央。这种不顾大局、违反政治纪律的思想和行为，严重污染了本地区、本单位的政治生态，必须加以克服和改正。

（二）官僚主义和形式主义作风

这是领导者不良作风在工作作风上的两种表现。官僚主义是一种常见的脱离实际、脱离群众、衙门式的不良作风，是一种长期存在的、复杂的历史现象。中国特色社会主义进入新时代以来，纠治“四风”来到深水区，形式主义、官僚主义仍是党和国家事业发展的大敌，是损害党群关系、败坏党风政风的顽疾，是纠治“四风”的重中之重。官僚主义作风，要害是脱离群众、当官做老爷。官僚主义危害极大，其主要表现是：无所用心，养尊处优；高高在上，脱离群众；作威作福，欺压群众；主观武断，层层加码；唯我独尊，自我膨胀；压制民主，打击报复；遇事推诿，欺上瞒下；自以为是、阳奉阴违；以权谋私、营私舞弊等。进一步归纳起来说，家长作风、特权作风、命令主义作风、事务主义作风、文牍主义作风等都是其典型的表现形式。官僚主义实质是封建残余思想作祟，根源是官本位思想严重、权力观扭曲，做官当老爷，高高在上，脱离群众，脱离实际。所谓“官本位”，就是“以官为本，以官为贵，以官为尊”，反映的是“一切为了做官，做官为了一切”的错误的价值观。这种“官本位”意识流传了几千年，至今在我国社会生活中仍然有着很深的影响。在领导活动中，官僚主义受“官本位”意识的影响，通常表现为：跑官、买官、卖官；弄虚作假，虚报浮夸；明哲保身，不思进取，不求有功，但求无过；渎职弄权，拉帮结伙，以权谋私等。其实，“官本位”意识的要害就是对党和国家的事业不负责，对民族和人民的利益不负责，只对自己或亲属或小团体负责，因此对“官本位”意识必须深刻警醒，彻底铲除。

形式主义作风的要害是只图虚名，不务实效。形式主义割裂了形式与内容的联系，脱离内容讲形式，甚至为了形式而搞形式。形式主义在领导工作中的主要表现是：不去认真领会中央精神，也不去了解下情，工作中习惯于做表面文章，空喊口号；沉湎于文山会海，醉心于应酬接待，不能深入基层；热衷于沽名钓誉，哗众取宠，应付上级，应付群众；搞各种名目的所谓“升级”“达标”活动，形式上热热闹闹，实则劳民伤财；喜欢说空话套话，好大喜功，不干实事；报喜不报忧，掩盖矛盾和问题，以致酿成恶果等。形式主义的实质是主观主义、功利主义，根源是政绩观错位、责任心缺失，用轰轰烈烈的形式代替了扎扎实实的落实，用光鲜亮丽的外表掩盖了矛盾和问题。

“实干兴邦，空谈误国。”再美好的目标，再宏伟的蓝图，没有崇尚实干的精神，没有脚踏实地的落实行动，也只能是镜中花、水中月，不会取得实际的成效。形式主义、官僚主义表现出来的不关心民生疾苦、只关心面子工程，只想当官不想干事、只想出彩不想担责，重显绩不重潜绩、重包装不重实效，实质就是领导干部责任心和担当精神的缺失。领导干部要落实求真务实的工作作风，就要旗帜鲜明地反对形式主义、官僚主义。

（三）宗派主义和山头主义作风

这是领导者不良作风在组织作风上的表现。宗派主义是以宗派利益为一切出发点的思想和行为，是封建宗派意识、资产阶级思想在政治上的极端表现，其产生有着深厚的社会历史根源，其特点是思想狭隘，只顾小集团利益，其主要表现为本位主义、地方保护主义、山头主义和裙带关系等。山头主义在实际的地方领导干部工作中影响最为深远，表现最为突出。圈子文化是山头主义的滋生土壤，拉帮结派是山头主义的外在形式，利益输送是山头主义的本质特点，其最大的危害无疑是坏党乱政。山头主义在我国由来已久，在我党的不同历史时期都以不同的形式存在过。毛泽东多次告诫各级党员干部不要搞山头主义。改革开放以来，一些党员干部经受不住市场经济和权力地位的考验，追求个人利益最大化，有些地方山头主义沉渣泛起、愈演愈烈，成为污染政治生态的重要祸源。

宗派主义和山头主义作为不良政治生态的突出问题还未得到根本转变，2014 年 10 月 23 日，习近平同志在十八届四中全会第二次全体会议上指出：“一些人无视党的政治纪律和政治规矩，为了自己的所谓仕途，为了自己的所谓影响力，搞任人唯亲、排斥异己的有之，搞团团伙伙、拉帮结派的有之，搞匿名诬告、制造谣言的有之，搞收买人心、拉动选票的有之，搞封官许愿、弹冠相庆的有之，搞自行其是、阳奉阴违的有之，搞尾大不掉、妄议中央的也有之。”这“七个有之”在一些领导干部作风上的不良表现主要体现为：在个人与组织的关系上，往往口头上说尊重组织，实际上却把个人放在第一位，把组织放在第二位，向组织闹独立性；在用人上，搞任人唯亲，拉拢一些人，排挤一些人；在同志中吹吹拍拍，拉拉扯扯，搞庸俗的非组织关系；在工作上，只强调局部利益，不顾整体利益，只要民主，不要集中，不遵守个人服从组织、少数服从多数、下级服从上级、全党服从中央的民主集中制原则，习惯于搞小圈子，进行无原则的派系斗争等。宗派主义和山头主义作风破坏了组织的统一和团结，又是滋生腐败、产生官僚主义的深厚土壤；狭隘的宗族意识和宗派主义不仅制约着社会、政治、经济、文化的发展，而且还通过深层的心理积淀，影响到社会的和谐。因此，加强党的团结和统一，提高领导班子的凝聚力和战斗力，必须坚决反对领导工作中的宗派主义和山头主义作风。

（四）拜金主义和享乐主义作风

这是领导者极端个人主义在生活作风上的主要表现。拜金主义是一种金钱至上的态度和行为。拜金主义认为金钱是万能的，是衡量一切的标准。拜金主义者把追求金钱当作人生的最高目的。享乐主义是一种消极颓废的生活态度和行为取向。享乐主义认为人生的目的和意义在于追求物质享乐，享乐主义者在行为上追求感官刺激和物质享受，不思进取，不愿创造，贪图安逸，坐享其成。拜金主义和享乐主义都是资产阶级普遍奉行的道德准则和人生信条，它们割裂了个人与社会、贡献与索取的关系，片面强调索取、权力和享乐，不讲贡献、义务和责任，对社会主义物质文明和精神文明具有极大的腐蚀作用。近几年来，拜金主义、享乐主义和奢靡之风在干部队伍中依然在一定范围内发生。一是讲排场、摆阔气，铺张浪费严重。一些地方财政本来很困难，却超标准购买小轿车、超标准建设和装修办公楼，甚至违反规定兴建楼堂馆所。二是以权谋私、贪污受贿、腐化堕落。一些领导干部拿钱送礼、疏通关系，损害和侵犯群众利益，引起广大群众的强烈不满。虽然这些问题只存在于极少部分领导干部身上，但是依然严重损害了领导的形象和声誉，甚至降低了党和政府的公信力，必须高度警惕和重视。

当然领导干部的不良作风远不止以上几种，其他诸如实用主义、功利主义、本位主义、好人主义等，都是我们应该防止和反对的不良作风，这里不再赘述。应该看到，领导者的不良作风不是偶然形成的，它是由历史、社会、体制、个人等一系列复杂原因造成的。从历史上看，封建专制主义积弊甚多甚厚，长期存在的小农经济的思想、官本位不可避免地会对领导者产生严重的影响，使得官僚主义、形式主义等作风有了存在的历史基础；从社会原因分析，改革开放以来各种社会思潮和外来文化的输入使部分领导干部的世界观、人生观出现问题，产生急功近利的短期行为；从体制上看，规范领导者作风和行为的体制和机制尚不够健全完善，对领导者的管理还存在漏洞；从个人角度来看，有些领导者的政治、业务素质不高，理论修养不足，存在本领恐慌，这些都是领导者作风出现问题的内在根源。

二、加强领导作风建设的基本途径

领导者的不良作风不仅直接影响党和政府的形象、党群干群关系的改善，党的路线、方针、政策和各项领导决策的落实，而且还影响党的执政能力的提升、经济社会的发展和进步。对干部不良作风既要“宣”更要“战”，党的二十大报告强调：“坚持以严的基调强化正风肃纪。”这是从保持党和人民群众血肉关系，保证党和国家长治久安的高度，对进一步加强党的作风建设作出的战略部署。领导干部作风作为新时期党的作风建设的关键，是重点也是龙头。因此，要把加强和改进领导作风作为全面从严治党的重要切入点，以习近平新时代中国特色社会主义思想武装头脑，按照“一以贯之持续从严”的要求，养成良好领导作风，永葆党的先进性和纯洁性。

（一）加强理论学习，夯实思想根基

领导作风是由领导者的世界观、人生观和价值观所决定的，理论学习是树立科学的世界观、正确的人生观和价值观的基础，掌握理论才能把握规律，才能有思路，才能有方向，才能出成绩。因此，加强领导作风建设必须首先从理论学习抓起，筑牢思想根基。优良的领导作风不是凭空产生的，必须通过长期的学习积累才能形成，在这个过程中，必须

有科学的理论作指导。列宁曾强调指出："只有以先进理论为指南的党，才能实现先进战士的作用。"① 领导者只有通过理论学习，打牢马克思主义理论基础，从思想上正本清源、固本培元，筑牢信仰之基、补足精神之钙、把稳思想之舵。因此，各级领导者要自觉学习科学理论，坚持读原著、学原文、悟原理，全面系统学、及时跟进学、深入思考学、联系实际学。强化理论武装，聚焦解决思想根子问题，深刻把握贯穿其中的马克思主义立场观点方法，知其然又知其所以然，不断提高马克思主义理论水平。提高对领导作风建设的重要意义的认识，把握领导作风修养的正确方向，明确领导作风建设的重要内容和基本要求，在思想上、学习上、工作上、组织上和生活上全面继承和发扬党的作风的优良传统，划清作风方面的是非界限，切实改进领导作风。

（二）注重教育培训，提高能力素质

教育培训是提升领导干部素质、改进领导干部作风的重要手段，是为领导干部充能蓄力的"加油站"。领导作风是领导者的综合素质在领导活动中的反映，是与领导者的思想政治品德、科学文化素质和业务工作能力紧密联系在一起的，从一定意义上说，作风修养本身就是领导者综合素质的重要组成部分。因此，必须将领导作风建设纳入领导者的教育培训计划，通过经常性的系统的教育和培训，努力培养造就一支政治上靠得住、工作上有本事、作风上过得硬、人民群众信得过、善于领导和管理的干部队伍。有关作风建设的教育培训的内容一般应包括：领导作风的地位作用；领导作风建设的形势分析；领导作风的理论基础；领导作风的内容要求；领导作风的优良传统；领导作风的先进典型；领导作风的实践锻炼等。教育培训工作的几个环节是：一要加大教育培训的力度，各级组织人事部门要将领导作风的教育培训纳入工作计划，争取各级党委政府主要领导的高度重视和大力支持，增加经费投入，改善教育培训条件，逐步建立系统化、规范化、法制化的教育培训体系，为领导作风的改进创造有利条件。二要采取"请进来"和"走出去"相结合的方法，请领导作风修养的先进典型谈体会论经验，请老红军、老干部、老领导讲优良的作风传统，为领导作风的改进提供标准和榜样。三要把业务培训与廉政教育相结合，激发领导者转变作风的内在动力，为领导作风修养创造一个风清气正的政治环境。四要开展教育培训质量评估，对教育培训的对象进行跟踪考核和管理，建立领导作风建设档案，有选择地公布监督检查的结果，督促领导者时刻警醒作风方面的问题，并自觉加以改进。

（三）完善规章制度，严明工作纪律

领导作风建设中，健全完善有关制度更加重要。邓小平同志曾指出："制度好可以使坏人无法任意横行，制度不好可以使好人无法充分做好事，甚至会走向反面。"② 制度建设更带有根本性，用制度的约束力促进领导作风的改进，是一条重要而有效的途径。领导作风建设每向前推进一步，制度层面就要加固一层。新时期的领导作风建设，必须坚持"严字当头、一严到底"，继续完善有关领导干部的政治活动、工作方式、学习安排和反腐倡廉方面的规章制度，严明纪律要求，建立机构合理、配置科学、程序严密、制约有效的权

① 列宁．列宁选集：第1卷［M］．3版（修订版）北京：人民出版社，2012：6－7.

② 邓小平．邓小平文选：第2卷［M］．2版．北京：人民出版社，1994：333.

力运行机制，严格干部管理，严肃组织纪律，规范领导行为，保障领导作风建设纳入制度化轨道。遵守党的纪律是干部必须具备的基本素质之一，也是重要的领导作风。习近平同志指出：党要管党、从严治党，靠什么管，凭什么治？就要靠严明纪律，坚持党性党风党纪一起抓。对党的干部来说，遵守党的纪律非常重要。要自觉维护并遵守“个人服从组织，少数服从多数，下级服从上级，全党服从中央”的组织纪律原则，尊重和维护领导权威。

（四）坚持民主决策，强化考核监督

为了充分发挥制度体系对领导作风改进的规范作用，不流于形式，还必须坚持民主决策，强化对领导作风的考核监督。各级领导干部必须高度重视党内民主，拓宽党内民主渠道，加强改进集体领导。因此领导干部要模范遵守民主集中制的基本原则，严格遵照“集体领导、民主集中、个别酝酿、会议决定”的要求，民主决策和科学处理各种问题。严格规范、严密有效的监督机制和群众公认、注重实绩的考核办法，有助于将各项规章制度落到实处，切实减少领导者发生作风问题的概率。因此，要加强领导作风的考核工作，对照制度的规定，将组织考核与群众评议相结合，使领导者执行作风制度的情况时刻处于组织的严密管理和群众的广泛监督之中。同时，要拓宽监督渠道，形成全方位、强有力的监督网络，防止领导者不良作风的滋生蔓延。这些监督渠道主要包括：组织系统监督——通过民主生活会、组织谈话制度、年度考核和执纪执法检查等形式实施监督；权力机关监督——通过实行人大评议政府机关、弹劾不称职领导干部等形式实施监督；社会监督——通过实行群众举报制度，发动社会各界包括政协、各人民团体、民主党派对领导作风实施有效监督；舆论监督——利用新闻媒体对各种违反制度规定的领导行为和不良领导作风进行公开曝光等。对违反领导作风制度的人和事，要严肃查处，决不姑息迁就。

（五）开展批评与自我批评，以党风正作风

批评与自我批评，是我们党强身治病、保持肌体健康的锐利武器，也是领导工作中基本的领导方法和作风。开展批评与自我批评，是帮助领导者避免工作失误和建立领导威信的重要武器。习近平同志在十八届中央纪委七次全会上指出：“让正常的批评和自我批评成为党内政治空气的清洁剂，让党员、干部习惯在相互提醒和督促中进步。”对领导干部来讲，必须在批评和自我批评上作出表率，打消党员干部自我批评怕丢面子、批评上级怕穿小鞋、批评同级怕伤和气、批评下级怕丢选票的思想顾虑。批评与自我批评总的来说有三层含义，即敢于自我批评、敢于批评他人、乐于接受他人批评。敢于自我批评，就是勇于解剖自己，勇于正视自己的不足，做到自我提高；敢于批评他人，就是勇于履职尽责，勇于当头棒喝，做到严管厚爱；乐于接受他人批评，就是勇于发扬民主，勇于接受监督，做到闻过则喜。

开展批评和自我批评，一是要坚持与人为善，在严肃认真中体现诚恳善意。始终坚持惩前毖后、治病救人的方针，精准把握事实证据、思想态度、纪法标准，做到严管厚爱相结合。二是要坚持实事求是，激发敢于担当精神。杜绝“层层加码”这一形式主义和官僚主义顽疾，要求领导干部必须激发担当精神，秉承共产党人“跟我上”的优良作风，干在实处、走在前列，变“一级压一级”为“一级带一级”，通过以上率下做到层层尽责、层

层负责，齐心协力把目标完成好、把任务落实好，不断提升人民群众满意度。三是要坚持从日常点滴抓起，从具体问题管起，及时纠正偏差。既要有只争朝夕的精神，又要有滴水穿石的劲头，抓常抓长，在坚持不懈、持之以恒中，始终保持强烈的事业心和责任感，牢记守土有责、守土尽责，以实际行动带动党风和社会风气的进一步好转，进而以作风正党风、以党风赢民心，在从严治党中保持党的先进性和纯洁性，不断增强与人民群众的血肉联系。

作风建设永远在路上，任何时候都不能松懈。党的二十大报告指出，全党同志务必不忘初心、牢记使命，务必谦虚谨慎、艰苦奋斗，务必敢于斗争、善于斗争，坚定历史自信，增强历史主动。领导作风建设恰如登泰山，只有学习挑山工不歇脚、不放弃的精神，乘势而上、乘胜追击、一鼓作气，才能登上作风建设的“十八盘”。要坚持自我革命，思想上不放松、标准上不降低、力度上不减弱，以钉钉子精神贯彻中央八项规定及其实施细则，才能不断地以作风建设的新进展、新成效取信于民。

第七章　领导方法

领导方法是履行领导职能的重要手段，是连接和实现领导工作目标的中介和桥梁，是提高领导工作绩效的重要条件。在领导活动中，无论是决策、用人，还是处理事情、解决问题，都需要运用一些领导方法。领导方法得当，则有利于达到领导工作目标，事半而功倍；领导方法不当，则不利于达到领导工作目标，或者事倍而功半。因此，学习和掌握正确的领导方法至关重要。

第一节　领导方法概述

领导方法是实现领导工作目标的手段和工具，是领导者发挥主观能动性和创造性的具体表现。运用好领导方法，需要正确认识领导方法的含义与特征，明确领导方法的意义和价值，并遵循一些基本的原则。

领导方法概述

一、领导方法的含义

领导方法，就是领导者为履行领导职能、达到领导目标而采取的各种措施和手段的总和。领导方法既包括领导思维方法，也包括领导者开展领导活动的工作方法。社会主义领导者的领导方法，是以马克思主义哲学为指导，以现代科学理论为基础，在总结领导实践经验的基础上形成的，并且是在社会主义革命、建设以及改革开放的实践中不断丰富和发展的。马克思主义哲学既是世界观又是方法论，是人们认识世界和改造世界所遵循的最普遍的方法，是一切具体科学方法的理论基础，因而也是领导方法的理论基础。

二、领导方法的特征

（一）客观性

领导方法是领导者在长期的领导实践活动中逐步积累、总结和归纳而形成的，它是领导活动客观规律在领导者头脑中的反映。领导活动的客观规律经过多次领导实践的重复，再经过领导者的思考与总结，就会以某种形式固定下来，并反过来指导领导实践。这说明领导方法的内容是客观的，表现形式是主观的。每一种领导方法必须接受实践的反复检验，以确定其正确性。因此，领导方法不是领导者心灵的“自由创造物”，而是具有客观性的领导实践的产物。

（二）动态性

领导环境与领导过程的不断发展变化，自然会影响到领导者对领导方法的选择，即领导方法因时而动，因地而异，因事而变，因人而适。因此领导方法也呈现动态性。领导方法的动态性具体表现在领导方法内容的不断充实与更新、领导方法对领导活动具体场景的适应性、领导者应用领导方法的灵活性等，同时，也表现为领导者不断总结经验，对领导方法进行不断的探索和创新。领导方法的动态性使领导活动得以协调运行，保持与外部环境的适应性，更有效地实现领导工作目标。当然，领导方法的动态性并不排斥其在某些方面、环节和特定历史阶段的相对稳定性。

（三）条件性

领导方法的条件性，是指领导方法的产生与使用受到一定条件的影响和制约，如领导者自身的特点、被领导者的状况、客观物质条件、内外环境因素等。条件不同，所采取的领导方法也不同。领导方法的条件性表明，当领导方法所作用的对象、条件相似时，它们之间可以通用，或稍加改造而相互适用；所作用的对象和环境不同时，便采取不同的领导方法。领导者对领导方法不能生搬硬套，而要具体问题具体分析，灵活变通，综合运用。

（四）目的性

领导方法总要为一定的领导目标服务，领导方法的选择取决于领导活动的目的，这体现了领导者运用领导方法的自觉性。在大致相同的条件下，领导者选用这种而不是那种方法，表明领导方法的目的性通过人们使用它的自觉性体现出来。但要注意，领导实践中一般都是综合运用几种方法或多种方法相互配合使用。因此，实现同一目标可以有多种方法，同一方法也可以用来实现多种目标。这说明不存在一种十全十美的领导方法。说到底，领导方法是手段，必须服从和服务于领导工作目标。

（五）时效性

时效性是指一种领导方法的使用存在周期性。采用一种领导方法往往会在最初的实施中取得较好的效果，但是这种效果会随着时间的推移呈下降的趋势。例如，领导者经常会采用物质奖励的方法来激发下属人员的积极性。最初实施这种物质奖励的时候，人们会产生一定的积极性，工作热情和业绩也自然会得到提高。但是，当这种方法成为一种常态时，效果就会逐渐降低，容易失去持续激励的作用。这就是说，领导方法往往存在时间上的“保鲜期”，因此，领导方法的不断创新至关重要。

三、领导方法的价值

（一）领导方法在领导活动中处于中介地位

在领导活动中，领导主体与领导客体共存于同一系统，二者相互作用。领导方法作为中介因素，成为领导者与领导对象之间相互作用的桥梁和纽带。领导者借助于某些领导方法对领导对象施加指挥、协调的作用，领导对象接受领导者的指挥与部署，从而使领导者与领导对象相互连接，构成完整的领导活动系统。毛泽东曾形象地把党的领导任务比喻为

“过河”，把完成任务的方法比喻为“桥”或“船”，指出“不解决桥或船的问题，过河就是一句空话。不解决方法问题，任务也只是瞎说一通”[1]。领导者为了完成所担负的任务，实现领导职能，就必须采取恰当的领导方法。

（二）领导方法是提高领导绩效的推进器

领导绩效是衡量领导活动成败的尺度。领导绩效的高低取决于多种因素，其中，领导方法具有极为重要的作用。只有掌握正确的领导方法并善于恰当地运用，才能提高领导工作绩效。领导者运用领导方法的能力存在着个体差异，导致领导方法运用的效果各不相同。面对近乎相同或类似的领导情境，领导者由于选用的领导方法不同，也会产生不同的领导绩效。可见，领导方法的正确运用是提高领导绩效的推进器。

（三）领导方法是现代领导者的必备条件

面对纵横交错的复杂社会因素，领导者仅凭个人经验是难以实现有效领导的。中国式现代化建设要求领导活动要自觉应用现代科学方法，而不是仅凭个人经验。领导者要实现从经验领导到科学领导的转变，就必须学习、掌握和探索科学的领导方法。

总之，领导者全面掌握并善于运用正确的领导方法，有助于以低成本获得高效益，减少和避免领导工作中可能产生的消极后果。要做到不犯错误或少犯错误，就要努力掌握科学的领导方法，做到善于领导。

四、运用领导方法的基本原则

（一）目的性原则

方法总是从属并服务于工作任务和目的，领导者要根据领导活动的任务和目的要求选择领导方法。任务、目的与方法是紧密联系的，一方面，任务的完成和目的的实现离不开一定的方法；另一方面，任务和目的又制约着方法的选择和运用。任务和目的不同，领导方法的选择和运用便有所不同；任务和目的发生变化，方法也要随之改变。

（二）创造性原则

各级领导的实践活动可以分为常规性实践和创造性实践。所谓常规性实践，就是人们在已知的领域和经验范围内活动，是有确定的程序和章法可遵循的实践，具有模式化、规范化特点。所谓创造性实践，就是指人们在未知领域内进行的开创性活动，是无固定程序与章法可遵循的实践，一般具有探索性和开拓性特点。现代领导活动没有一成不变的通用模式。从某种意义上说，领导者确定目标并率领群众实现目标的过程，主要是一种创造性过程。邓小平是开拓创新型领导的典范。他多次提出：“在党内和人民群众中，肯动脑筋、肯想问题的人愈多，对我们的事业就愈有利。干革命、搞建设，都要有一批勇于思考、勇于探索、勇于创新的闯将。没有这样一大批闯将，我们就无法摆脱贫困落后的状况，就无法赶上更谈不到超过国际先进水平。”[2]

---

① 毛泽东．毛泽东选集：第1卷［M］．2版．北京：人民出版社，1991：139.

② 邓小平．邓小平文选：第2卷［M］．2版．北京：人民出版社，1994：143.

（三）具体性原则

领导活动的层次性、具体性，决定了领导方法的层次性、具体性。高层领导、中层领导和基层领导所面对的领域、范围，所承担的工作职责、任务，所涉及的工作内容、性质等都不尽相同；领导活动所处理的事项、所面对的场景也存在区别。因此，领导方法总是具体的，即使具有普遍指导意义的方法论原则也需要针对特定的领导活动作出灵活而具体的应用。这要求领导者在运用领导方法解决具体问题时，要做到以下几点：

第一，要注意分析工作对象。工作对象不同，采用的工作方法应有所不同，方法的选择要符合对象的要求和特点。

第二，要考虑客观条件，包括时间、地点、环境等。方法的选择要依客观条件而变化。

第三，要考虑领导方法的综合运用。有时一种方法可能适用于多种情况，但更多时候完成一项领导任务需要综合运用多种方法。

第四，要继承和发展传统的领导方法。继承传统的领导方法的同时又不拘泥于传统的领导方法。在领导革命和建设的过程中，中国共产党积累了丰富的领导经验，创造了一系列行之有效的领导方法，如实事求是的方法、一切从实际出发的方法、领导和群众相结合的方法、抓两头带中间的方法等。领导者应该继承这些方法，并结合时代的发展不断完善和创造性运用。

（四）效能性原则

领导方法的选择和运用要符合提高工作效率和领导效能的要求。在选择和运用领导方法时应遵循效能性原则。一方面，领导方法本身作为履行领导职能、达成领导目标的手段性因素，内在地包含了提高领导效能的功用；另一方面，领导者选择和运用领导方法时，要着眼于提高领导效能的最终目的，以是否有利于高效率地实现领导目标为标准对各种领导方法作出选择性或综合性的运用。

总之，遵循领导方法的上述原则，领导者选择和运用具体领导方法时，必须把握以下几个要点：第一，不断丰富领导经验，系统掌握领导方法。第二，准确判断领导情境，有针对性地根据领导工作的需要选择和运用最佳的领导方法。第三，坚持灵活性和具体性，随时根据变化了的情况对领导方法作出修正、完善或调整。第四，在“结合”上下功夫，坚持理论与实际相结合、领导与群众相结合、普遍性与特殊性相结合。

第二节 领导思维方法

分析问题和解决问题的能力是领导者重要的职业能力，培养这种能力离不开思维方法的训练。因此，领导者必须掌握问题思维、系统思维、战略思维、辩证思维、创新思维、法治思维、底线思维、价值思维、历史思维、互联网思维等思维方法。

领导思维方法

一、问题思维

问题思维又称“问题导向的思维”，指的是以实际存在的问题或者假想推断出来的问题为牵引，通过对问题的系统分析和深入研究，从而提出解决问题的思路和对策，进而达到工作目标或事业发展目标的思维方式。2016 年 5 月，习近平同志在哲学社会科学工作座谈会上的讲话中指出："问题是创新的起点，也是创新的动力源。只有聆听时代的声音，回应时代的呼唤，认真研究解决重大而紧迫的问题，才能真正把握住历史脉络、找到发展规律，推动理论创新。"

理解问题思维，首先就要明白什么是问题。问题就是差距和短板，是矛盾和困惑，是不足和不满。问题是普遍存在的。问题无处不在，问题无时不有。毛泽东曾指出："问题就是事物的矛盾。哪里有没有解决的矛盾，哪里就有问题。"① 领导者履行领导职能的过程，就是不断发现问题、分析问题、研究解决问题的过程。

其次，领导者在实际工作中应该如何运用问题思维呢？第一，要强化问题意识。问题意识一般是指人们对工作中所存在的问题作出的能动性、探索性和前瞻性的反应，它使人们在工作中保持清醒和专注，增强工作的方向性和针对性。领导者必须高度重视问题，善于发现问题，勇于面对问题，不要回避问题，不要掩盖问题，不要惧怕问题，不要拖延问题，当然也不要人为地制造问题。第二，要科学界定问题。清晰地界定并描述问题，这是解决问题的开端。要认清问题的性质，分解问题的结构，厘清问题的范围，评估问题的危害。面对错综复杂的问题，领导者要善于抓主要矛盾；面对不同性质的问题，领导者要具体问题具体分析。第三，要深入分析问题。分析问题产生的背景和原因，透视问题蔓延的逻辑和机理，思考解决问题的重点和难点。第四，要研究如何解决问题，包括设定目标、制定方案、部署任务、落实分工、明确责任，就是常说的解决问题的"路线图"和"时间表"。

总之，领导者坚持问题思维，就要习惯于围绕问题想，跟着问题走，奔着问题去，追着问题查，盯着问题改，做到复杂问题不能躲、遗留问题不能推、惯性问题不能放、攻坚问题不能怕。在守正创新中解决问题、推动发展，在解决问题中积累经验、增强本领。

二、系统思维

现代领导活动是由领导者、被领导者、领导体制、领导目标、领导环境和领导方法等相关要素共同构成的相互作用的社会系统工程，是领导者和被领导者之间通过信息的输入与输出等实践操作过程，进而实现组织目标的组织指挥行为。因此，领导者必须把领导工作当成一个系统来看待，培养系统性思维。这既是现代领导行为本身的复杂性、系统性对领导者的客观要求，又是领导者提高自身思维能力和水平，实现协同性和科学性领导的前提条件。

所谓系统思维，就是用系统的眼光审视多样化的世界，把认识的对象作为一个系统整体，把多样化的事物和碎片化的现象在头脑中加以整合，形成新的认识，并指导实践产生"整体大于部分之和"的效应。系统思维的关键词主要是整体性思考，系统性把握，联动性反应，结构性优化，做到统筹兼顾、标本兼治、集约化管控、一次性解决。

系统思维的主要特征体现在整体性、结构性和动态性。

① 毛泽东. 毛泽东选集：第 3 卷 [M]. 2 版. 北京：人民出版社，1991：839.

（一）整体性

系统的整体性是指系统各构成要素的有机统一。一般系统论的创始人路德维希·冯·贝塔朗菲（Ludwig Von Bertalanffy）曾指出："一般系统论是对'整体'和'完整性'的科学探索。"[①] 因此，系统的整体性自一般系统论创立以来就一直占据着系统科学的首要地位。系统的整体性从实质上来看，就是系统的构成要素与整体、环境以及各个要素之间相互联系、相互作用，使系统整体呈现出各个组成要素所没有的新的性质，因而具有单一构成要素所不具有的整体功能，即"1＋1＞2"。

系统思维的整体性，要求领导者在领导工作中把自身同领导系统中的其他因素有机地结合起来，全面把握事物之间以及事物内部各要素之间的结构特点及相互影响，实现领导行为的整体效应。领导系统是由若干因素按一定制度安排和结构方式有机结合而成的完整体系。领导者个人的作用当然很重要，但领导活动毕竟不是领导者个人的单打独斗，领导者的影响力是通过领导系统中的其他因素及其结构优化得以表现和实现的，因此，领导者深受领导系统整体性的影响和制约，领导力就是整个领导系统有效性的反映。系统的整体功能发挥不好，就会出现"三个和尚没水吃"的尴尬局面。

（二）结构性

任何系统无不具有一定的内在结构。系统的结构是保持系统整体性及其功能的内在依据。然而系统论所说的"结构"与通常人们所理解的事物的物理性结构是不完全一样的，系统论中的"结构"主要指的是系统的"内部秩序"，也就是系统内部各要素在空间或时间上的有机联系与相互作用的方式或秩序。

系统的结构决定系统的功能。成功的领导者必须充分注意领导系统的内在结构并使其不断优化，才能充分发挥领导系统的整体效能。所以，结构性是领导者系统思维的又一重要特征。按照系统思维的结构性要求，领导者主要应该处理好两方面的关系：一是领导系统内部的关系，包括其内部的纵向关系和横向关系，即上下级关系和各平行部门之间的关系。处理上下级关系的结构性原则就是各司其职、上下互动、互相支持、彼此监督，共同维护系统的有机联系和相对稳定；处理各平行部门之间关系的结构性原则就是职责明确、分工合理、协同配合、有序竞争，从而保证系统在横向结构上的协调有序与工作合力。二是领导系统与外部环境系统的关系。对不同的环境因素应采取不同的应对之策，以保持内外平衡，延续组织的生命周期。

（三）动态性

无论是自然界还是人类社会，任何一个系统都始终处于动态变化之中。由于系统自身不断与外界发生交互作用，当前的结构状态是系统中各要素与当前的外界环境相互作用而形成的相对稳定态；随着时间的推移和外界环境的变化，当前的系统结构要想在变化了的环境中继续生存和发展，就必须要随着环境的改变而改变。因此，当前的系统结构又是未来新形成的系统结构的基础。正如马克思所说："现在的社会不是坚实的结晶体，而是一

---

① 路德维希·冯·贝塔朗菲．普通系统论的历史和现状［M］//科学学译文集．北京：科学出版社，1980：315.

个能够变化并且经常处于变化过程中的机体。”①

我国当代领导活动的一个显著特点就是变革，特别是随着社会主义市场经济体制逐步建立健全，全球化进程日益加深并面临挑战，变革愈加成为当代领导活动的一个显著特征。因此，领导者必须具备良好的系统思维能力。一方面积极适应不断变化的外部环境，使所在组织得以持续发展；另一方面以系统思维和系统观念指导实际工作。

三、战略思维

战略问题往往具有目标导向功能和未来长远影响。领导者无论做什么事情都要预判事物的发展趋势，谋划如何应对未来的长远思路，即必须解决战略问题，以保障可持续发展。在科学技术迅猛发展、全球化浪潮风起云涌以及知识经济方兴未艾的大背景下，仅凭领导者的个人经验满足于就事论事、得过且过，显然不适应时代发展要求了。现代领导者必须掌握战略思维方法，树立过去、现在与未来相统一的战略观念。

所谓战略思维，就是通过发现事物客观规律、预测未来的发展趋势，把握整体实践变化走向，并以此为根据确定发展目标、规划战略方案，采取超前行动的思维方法。其实质是正确把握过去、现在和未来的关系，对根本性、全局性、长远性问题进行超前性思考和前瞻性谋划，以争取历史主动、赢得发展先机。

战略思维具有如下特征。

（一）预见性

任何事物的发展都有一个从小到大、从弱到强，从历史到现实再到未来的过程。领导者担当着谋划事业发展思路、规划工作发展战略的“引航员”职责，是过去、现在与未来的连接点，必须养成战略思维习惯，不谋一兵一卒之得失，预谋战略全局之大势。“凡事预则立，不预则废。”领导者必须预见事物的发展趋势，并依靠对未来的正确判断作出当下的决策和选择，使领导活动经得起时间的考验和历史的检验，推动和保障事业可持续发展。我们常说的“高瞻远瞩”就是提倡用长远的眼光、站在全局的高度去观察和处理眼前的、当下的问题。

（二）长远性

俗话说：人无远虑，必有近忧。从时间上来说，领导者的战略思维要具有长远性，一般要把着眼点放在五年、十年甚至更久远。当然，对于不同的战略目标，预见的着眼点也有所不同。例如，要制定一个国家的经济发展战略，其着眼点要放在五至十年以上；要制定一个单位的事业发展规划，其着眼点要放在至少三年以上。

（三）综合性

从战略思维的形成过程来看，综合性特征非常明显。无论哪一级的领导，所要预见的对象都会涉及经济、政治、文化、社会、生态环境等很多方面。在社会主义现代化建设中，既要加快经济发展，又要加强共产党的执政能力建设；既要改善人民生活水平，又要注重生态环境的保护等。这充分说明，任何一项领导工作都不是单一的，而是包含诸多方

---

① 马克思，恩格斯．马克思恩格斯全集：第 23 卷［M］．北京：人民出版社，1972：12.

面的矛盾统一体。只有把握领导工作的复杂性，从多角度进行综合分析，才能够使领导者的战略思维更具有科学性。

（四）全局性

战略思维旨在总揽全局、驾驭全局和谋划全局、赢得全局，具有鲜明的全局性特征。战略思维的全局性，从广义上说包括系统空间维度和过程时间维度两个方面。就系统空间维度而言，包括横向的要素结构和空间格局；就过程时间维度而言，包括纵向的行为过程和发展阶段。

领导者战略思维的全局性，要求领导者从大局着眼、从全局出发，对工作进行系统谋划和总体部署，以战略目标为导向处理好全局与局部、整体与部分的关系，避免“丢了西瓜捡芝麻”、陷于局部而丧失全局的被动情形，更不允许局部凌驾于全局之上的情形。领导者要习惯于立足全局定位局部，立足局部服务全局，做到自觉认同全局、围绕全局、服从全局、服务全局、保障全局，将部分放到整体中定位，将局部放到全局中考量，保证全局工作的最佳效果。

改善战略性思维有以下两条途径：

第一，要正确认识过去、现在与未来之间的辩证关系和本质联系，找出三者之间的发展规律。列宁曾指出：“人的目的是客观世界所产生的，是以它为前提的。”[①] 也就是说，外部世界、自然界的规律乃是人的有目的的活动的基础。领导者要想作出准确的预见，就必须认识到在事物的过去、现在和未来之间的诸多联系中，存在着一种本质的、必然的联系，这就是规律。客观事物不仅存在一般的规律，而且存在特殊的规律。一般的规律具有重复性、持续性和相对稳定性，而特殊规律则是在特定的条件或环境下呈现出来的。例如，我国在未经历资本主义社会的情况下由封建社会直接跨越到社会主义社会，这就是由于我国当时比较特殊的历史所造成的。因此，领导者不仅要准确地掌握事物的一般规律，对于特殊规律也要具备深邃的洞察力和高度的敏感性。

第二，要正确处理工作中“出乎预料”的情况，提高预见能力。受诸多因素的影响，领导者的战略预见常常会存在不同程度的误差。首先，客观事物的成熟程度对战略预见的制约和影响。当事物的发展趋于成熟，各方面情况显露得比较充分时，才有利于正确的预见，反之则容易出现预见上的失误。其次，客观事物的复杂性、多变性和模糊性对战略预见的制约和影响。一般来说，人们对比较简单和确切的事物容易作出正确的预见，而比较复杂和模糊的事物，则较难作出正确的预见。最后，人的认识能力的有限性对战略预见的影响和制约。恩格斯曾指出，人的认识能力是无限的，同时又是有限的，按它的本性、使命、可能性和历史的终极目的来说，是至上的和无限的；按它的个别实现和每次的实现来说，又是非至上的和有限的。人的认识能力的有限性，势必会影响预见的准确性。因此，领导者必须提高预见能力，通过追踪预测，对预见进行不断的完善和修正，才能最大限度地缩小其误差。

---

① 列宁．列宁全集：第55卷［M］．2版（增订版）．北京：人民出版社，2017：159．

四、辩证思维

辩证思维是指以变化发展视角认识事物的思维方式。辩证思维是马克思主义哲学的根本方法。马克思主义唯物辩证法告诉我们，世界万事万物都是相互联系和不断发展的。联系是一切事物、现象和过程所共有的客观、普遍的本性，整个世界是一个相互联系、相互依存的统一体，每一具体事物都是这个统一体上的一个“环节”或“链条”。正是客观世界的这种相互联系和相互作用构成了事物的运动和发展。联系和发展的观点是唯物辩证法最基本的观点。唯物辩证法还认为，对立统一规律、量变质变规律、否定之否定规律是事物发展的最基本规律。

（一）对立与统一

辩证思维要求我们在认识和分析问题时必须“承认矛盾、分析矛盾、解决矛盾”。领导者在认识世界和改造世界的过程中，首先要承认矛盾，正视矛盾的客观存在，然后对矛盾进行客观分析，揭示矛盾的内在规律性，进而找出解决矛盾的方法和途径。其次，领导者在承认矛盾和分析矛盾的基础上，必须抓住关键、找准重点，分清事务的轻重缓急。既看到现象又看到本质，既看到原因又看到结果，既看到必然又看到偶然，既看到机遇又看到挑战，既看到成绩又看到困难，只有这样才能确保认识的全面性，防止片面性。再次，辩证思维还要求领导者必须善于在众多矛盾中找出主要矛盾，在每一矛盾的两方面中找出矛盾的主要方面。具体到实际工作中，既善于把握全局又要找准重点，既要全面推进又要重点突破。只有做到两方面有机结合，才能确保各项工作全面、协调、可持续发展。

（二）质变与量变

量变质变规律是唯物辩证法的基本规律，也是唯物辩证法的重要特点之一。这一规律表明，事物的发展变化存在两种基本形式，即量变和质变，前者表现为事物及其特性在数量上的增加或减少，是一种连续的、不显著的变化，后者是事物根本性质的变化，是渐进过程的中断，是由一种质的形态向另一种质的形态的突变。质量互变规律告诉我们，量变是质变的基础，质变是量变的飞跃。量变发展到一定的程度时，事物内部的主要矛盾运动形式发生了改变，进而才能引发质变。没有一定程度的量的积累，就不可能有事物性质的变化，就不可能实现事物的飞跃和发展。

要实现“量变”的积累，第一，要不断加强学习，提高自身政治素质和业务能力。对领导者而言，知识的更新是能力提升的必经之路。任何事情都要先知其然，然后知其所以然。因此，要主动向实践学习，向基层干部学习，向广大群众学习，学经验、学技能、学方法，让自己的思想更活跃、经验更丰富、技能更熟练、方法更有针对性。第二，要坚持务实干事，持之以恒。第三，要不断进行自我总结提升，养成定期分析与总结的习惯，对自身工作、言行、思维、方式方法等诸多方面进行自我检验，总结成败得失。同时，要注重征求周围同事、下属对自己的评价，特别是对不足之处的看法，从而使自己获得感悟和提升。

（三）否定之否定

否定之否定规律是马克思主义唯物辩证法的基本规律之一。它揭示了事物由肯定到否定，再到否定之否定的发展过程，它是事物完善自己、发展自己的一个有规律的过程，在这个过程中事物的发展表现出周期性。我们认识事物总是先从量的认识和外部分析入手，然后达到内在的本质分析，还要进一步上升到事物总体的自我肯定与自我否定。领导者只有在肯定和否定的辩证统一中把握对象，在肯定中把握否定，在否定中把握肯定，才能完整地理解事物存在的本质。与此同时，领导者也要认识到事物发展的总趋势是前进的、上升的，发展道路是迂回的、曲折的，既要坚信前途是光明的，又要承认道路是曲折的，充分做好走曲折道路的思想准备。

领导的决策离不开辩证思维能力。通过审视部分领导干部在实际工作中因目光短浅造成决策失误的原因与教训，我们发现除了对客观实际缺乏全面系统的了解外，不具备辩证思维能力是一个重要的主观原因，比如有的领导干部因为科学的理论素养和文化底蕴不够，从而缺乏"会当凌绝顶，一览众山小"的思维高度，缺乏"落叶知秋，见木知林"的思维深度，缺乏"登高望远，极目楚天舒"的思维广度。所以，自觉学会并掌握辩证思维，是提高领导者工作能力特别是决策能力的重要途径。

五、创新思维

领导活动经常处于非模式化状态，是开拓性、创新性要求非常高的特殊实践。领导者掌握和运用创新思维方法对拓展领导工作思路、提升领导艺术水平具有非常重要的意义。

（一）创新思维的含义

所谓创新思维，就是重新组织已有的知识和经验，提出新的方案或程序，并创造出新的思维成果的思维方式。创新思维是一种开拓人类认识的新领域，突破已有的旧思路，产生认识新成果的思维活动。例如，科学家的发明创造、工程师的技术革新等。创新思维是人类思维的高级形式，它是在一般思维基础上发展起来的，是人类思维能力高度发展的表现。许多心理学家认为，创新思维是多种思维形式的综合体。在创新思维中，既有抽象思维，也有形象思维；既有逻辑思维，也有非逻辑思维；既有发散思维，也有收敛思维。

（二）创新思维的特征

概括而言，创新思维一般具有如下特征。

1. 独特性

独特性亦称独创性、首创性、新颖性。这是创新思维最重要的特征，反映了思维内容的与众不同。美国心理学家吉尔福特（J. P. Guilford）认为，思维的独特性是具有创造才能的人最重要的思维品质，是鉴别一个人创造力高低的重要标志。独特性反映了思维的深度及对事物本质特征的把握程度，表现为解决问题的独特性以及认识事物的首创性。只有触及事物的本质，才能"棋胜一筹"。创新思维贵在创新，要在前人的基础上有新的见解、新的发现、新的突破。战国时期，齐国将军田单把一千多头牛集中起来，在尾巴上点火把，牛因屁股被烧而向敌人的阵营狂奔，形成了一股强大的冲击力，田单大败燕军。田单大摆“火牛阵”的战法出乎燕国意料，在战争史上是首创的、罕见的。南宋时岳飞用牦牛阵大败金兵也是受此启发的案例。

2. 求异性

创新思维是对已有知识经验的重新组合，目的是获得新的思维成果，因此是一种求异性思维。创新思维往往是一个破旧立新的过程。“破旧”才能“立新”，“推陈”才能“出新”，这个“新”就是打破传统思维模式、挣脱习惯性思维的产物。例如，哥白尼大胆地提出“日心说”，打破了垄断人们思想几百年的“地心说”偏见。敢于怀疑权威，不畏强权，坚持对真理的不懈追求，这是创新思维的显著特点，是其求异性的必备条件，值得领导工作借鉴。

3. 灵活性

灵活性即变通性。创新思维强调根据不同的对象和条件，具体情况具体对待，灵活应用，反对一成不变的教条和模式。如马克思在 19 世纪对社会主义革命曾得出这样的结论：在欧洲发达资本主义国家中，工人阶级共同起来革命，这个革命才能成功。但列宁没有并教条地照搬马克思的结论，而是根据 20 世纪帝国主义的现实——资本主义已经发展到垄断资本主义阶段，得出了与马克思完全不同的新的革命路线：社会主义革命在资本主义落后、薄弱的链条中也能取得胜利。这里，马克思强调要在欧洲发达的资本主义国家进行革命，而列宁则强调在落后、反动统治阶级薄弱的俄国进行革命；马克思强调要在英、法、德、意等多国共同进行革命，而列宁的回答是“一国、数国”首先发生革命也能取得胜利。可见，列宁没有按照马克思的结论生搬硬套，而是根据时间、地点、条件的变化，灵活地提出了与马克思不同的新的革命路线。中国新民主主义革命与俄国“城市暴动”的革命方式不同，选择走“农村包围城市”的道路，也是中国共产党根据中国的具体情况作出的英明决策。

4. 敏捷性

由于创新思维是以求新为目标，必然要求思维者有敏锐的洞察力，先一步看到别人所没看到的、想到别人所没想到的，这样才能比别人有所发现，有所发明，有所创新。思维的敏捷性就是指思维反应的果断性和机智性，在遇到突发事件时，能够即刻捕捉到关键因素加以决断，取得立竿见影的效果。它集中体现了一个人的总体思维水平。德国地球物理学家魏格纳（Alfred Lothar Wegener）提出了具有划时代意义的“大陆漂移说”，牛顿从苹果落地发现了万有引力定律，阿基米德通过洗澡发现了浮力定律，瓦特通过沸腾的水蒸气冲击水壶盖发明了蒸汽机等，这些都是创新思维敏捷性特点的具体体现。

5. 突发性

创新思维的突发性亦称非逻辑性，是指一个人的思维长期处于紧张状态，偶然受到某一现象的启发而达到顿悟、产生灵感的状态。当然，这偶然的背后隐藏着必然，突发的基础是积累，是“长期思考，偶然得之”。如德国化学家凯库勒（Friedrich A. Kekule）在研究有机化合物苯分子的结构时，长期思考未能解决。一天，他坐在火炉边沉思，渐渐进入睡眠状态，忽得一梦，梦见好多条蛇在眼前晃动，每条蛇咬住前面一条蛇的尾，组成了一个环，这些蛇组成的六角形的“环”使他茅塞顿开，解决了苯分子的结构：由六个碳原子各带一个氢原子组成的六角形结构。这些都是思维的非逻辑性的表现。

6. 综合性

创新思维是一种综合性思维。综合性就是把对事物各个侧面、各个部分和属性的认识，按照其内在联系统一为一个整体，从而把握事物的本质和规律的一种思维方法。知识是创新思维的基础，丰富的知识使思维主体站得高、看得远，容易产生新的联想和独到的见解。创新本身常常是“智力杂交”的结果，它既是各种知识的相互渗透、相互结合，也是多种思维形式和方法的综合。如交叉学科的兴起就是综合思维的结果。

7. 联动性

创新思维是一种联动性思维，亦称联想性。联想是将表面看来互不相干的事物联系起来，从而达到创新的界域。联想性思维可以利用已有的经验创新，如我们常说的由此及彼、举一反三、触类旁通，也可以利用别人的发明或创造进行创新。思维的联动性引导人们由此及彼产生连贯的思索，从一类事物联想到另一类事物，从一个思路到多个思路，由正向到逆向，从纵向到横向，引起一系列“连锁反应”，体现出思维的灵活性、变通性、联动性，常常会产生意想不到的效果。

（三）领导者创新思维的培养

1. 要突破习惯性思维定式

思维定式，指的是人们受已有知识、经验的影响，在解决问题时所具有的倾向性和心理准备。只注重已知的联系，习惯于在已知的道路上徘徊，容易使人形成目光短浅、因循守旧、孤陋寡闻的思维方式。列宁说：“千百万人的习惯势力是最可怕的势力。”① 不突破这种狭隘的眼界，工作就难以作出成效。

2. 要克服思维单一化

单一化思维是从某个方面，片面来观察世界，并把事物都归结为这一个方面。所以，单一化思维就是一种片面化的思维活动，它只考虑到事物的某一方面，而不顾及这一方面与其他方面的关系。单一化思维不利于人们从多个角度辩证地认识世界。如，在社会主义现代化建设中，曾出现过片面追求高速度的倾向，其结果不仅不能收到好的经济效益，而且造成材料、能源、运输等物力和财力的紧张，出现经济发展的某些混乱。这种状态与领导者的单一化思维有密切关系。

3. 发挥个人的直觉、灵感与想象力

领导活动中的创造性往往是一个无法加以具体界定的概念，因为创造性本身来源于个人的想象、直觉与经验的综合，而这种综合也往往带有个性化的特征，所以，领导工作的创新直接依赖于领导者的创造性人格及特质。

4. 激发集体智慧

我国著名教育家陶行知先生曾说道：“人类社会，处处是创造之地，天天是创造之时，人人是创造之人。”② 这就是说，创造是人人都具备的天赋。但由于环境不利，这种天赋会受到压抑。这就需要创造一种自由而愉快的气氛，大家围绕相关议题积极思考，畅所欲言，在相互启发中不断挖掘思想潜能，展开自由想象，尽可能发表广泛而新奇的创见，从

---

① 列宁．列宁选集：第4卷［M］．3版（修订版）．北京：人民出版社，2012：154.

② 陶行知全集：第4卷［M］．成都：四川教育出版社，2005：5-6.

而产生最有价值的决策方案或解决问题的创新思路。

六、法治思维

法治思维是基于法治的固有特性和对法治的信念，自觉运用法治理念、法治原则和法律逻辑来认识事物、判断是非、解决问题的思维方式。法治思维包含以下几层含义。

（一）法治思维是合法性思维

法律实际上是一种规则。法律规则具有明确性、强制性、稳定性和可预测性，从而为人们提供基本的行为准绳。法治思维承认和遵从宪法法律的最高权威，以法律原则和法律规则为依据来指导和规范人们的行为。

（二）法治思维是程序性思维

程序正义是实体正义的重要保证。程序的基本含义：一是任何人不能做自己的法官。二是同等情况同等对待、同等关注。三是权力在阳光下运行，在监督中行使。四是执法司法者不能从当事人那里牟利，否则会出现偏私。程序思维要求必须为公权力的行使设立科学、合理的法律程序，分析问题特别是处理问题必须按照法定程序进行，贯彻机会公平和权利救济的原则，并确立违反程序的制裁性后果，从而防止破坏法定程序的行为。

（三）法治思维是权利义务思维

法治的根本问题是解决权利与权力的关系问题，制约权力、保障权利是法治的主线。权利和义务是法律关系的关键要素，是判断是非对错的标准。法治思维的实质就是从权利和义务角度观察、分析、处理问题，通过权利和义务的运行，实现法的指引、评价、预测、教育、惩罚功能。

（四）法治思维是权责一致思维

法律就是权利义务的规范体系，法治就是确保权力与责任对等，坚持权责一致。法治思维不承认没有责任的权力，也不接受没有权力的责任。法治思维要求权力与责任紧密挂钩、与利益彻底脱钩。坚持权责一致的法治思维，要求做到：授权明责，受权受责，履职履责，用权负责，怠权问责，渎权追责，弄权查责。

（五）法治思维是治官治权思维

法治以制约和监督公权为核心，法治思维当然是以制约和监督公权为核心内容的思维。党的十八大报告明确提出，要推进权力运行公开化、规范化，完善党务公开、政务公开、司法公开和各领域办事公开制度，健全质询、问责、经济责任审计、引咎辞职、罢免等制度，加强党内监督、民主监督、法律监督、舆论监督，让人民监督权力，让权力在阳光下运行。

（六）法治思维是平等思维

法治体现了公平正义的精神和原则，法治思维自然要反映这种公平正义的内在要求。法律的一个重要价值取向是平等，即权利平等、机会平等、规则平等。平等思维要求每一个人都抛弃特权思想，自觉将自己置于法律的监督和制约之下。法律的制定需要贯彻平等原则，不允许个别人或个别集团将自己的特权法制化；法律的实施更要落实平等原则，任何人不得凌驾于法律之上，不得有法外特权。

强化领导者的法治思维，应突出两个重点：一是要对领导者加强法治要义和基本法律原则的教育培训，使其理解悟透法治的核心要义，掌握基本的法律原则，严格遵循法律规范，真正信仰法治，自觉遵从法治，带头实现法治，以社会主义法治规范和约束公权力；二是要把领导者的法治素养和依法履职情况纳入领导者考核评价的重要内容，作为履职问责和提拔使用的重要依据。

七、底线思维

底线思维就是指客观地设定最低目标，立足最低点，积极争取最大期望值的思维方式。所谓底线，就是不可逾越的界限，是事物发生质变的临界点。底线思维要求领导者在认识世界和改造世界的过程中，根据主观需要和客观条件，划清边界并坚守底线，尽力化解风险，避免最坏的结果，同时争取实现最大的期望值。坚持底线思维，就要凡事从坏处准备，努力争取最好的结果，这样才能有备无患。党的十八大以来，习近平同志多次强调领导干部要增强忧患意识，牢固树立底线思维。随着中国特色社会主义进入新时代，我国社会主要矛盾已经转化为人民日益增长的美好生活需要和不平衡不充分发展之间的矛盾，各领域的风险与挑战相互交织。运用底线思维应对前进道路上的重大风险，具有鲜明的时代特征。

底线思维具有以下四个特性。

（一）边界性

辩证唯物主义认为，事物的性质是由量的累积所形成的度决定的。所谓底线，就是度的下限。这个度就是事物保持原有性质的临界点和阈值，只有当事物的量在这个度的范围内时，才能保持事物性质不变，一旦超过这个“度”，事物的性质就会随之改变。在事物的产生发展过程中，底线无时无刻不在发挥作用。领导者必须明确边界，守住底线，积极作为，在推进事物向更高层次和更高水平发展的过程中，通过量的增加或减少、力度的调整等，主动施加外力影响，促成事物发展从量变逐渐超越度的界限而发生质的变化，实现质的提升；当需要防范和化解改革发展中的重大风险，维护社会和谐稳定时，就要控制量的变化，采取有力举措守住度的边界，防止突破底线使局面失控。与此同时，底线思维也承认度的范围内的自由空间和活动范围，在底线这一度的范围内自由行事但不逾边界。底线思维为领导活动划出了边界和范围。

（二）价值性

习近平同志强调“要善于运用底线思维的方法，凡事从坏处准备，努力争取最好的结果”。构成底线的度是客观的、现实的，但同时也是存在价值取向和偏好的。例如，只有气候和土壤处于边界之内，果树才能结出理想的果实。从价值伦理的角度来讲，底线思维具有鲜明的价值取向。底线思维要求以预期目标为导向，着力防止越界导致事物性质和方向发生根本性改变，避免发生重大风险，确保实现主体的利益和期望。这要求领导者在推动改革发展的实践中、在重大事项的底线问题上，要坚持原则不含糊，牢牢把握事物发展的主动权，实现客观标准与价值标准的统一。

（三）主动性

底线思维是根据事物发展的客观规律科学地设定最低目标，立足最低标准，争取最好结果的一种积极主动的思维方式。它鼓励人们在确保最低目标的前提下，取得期望成果的最大化，产生最好的效果和回报。这就要求领导者制定重大政策时，必须先守住底线，在做到“保底”的基础上不断开拓创新，争取最大成果和收益。

（四）前瞻性

底线思维也是一种预见思维，是对现实世界各种变化因素的积极反映。一方面，领导者要科学预测突破底线可能带来的不利后果；另一方面，领导者也要预见到采取什么样的行动可以防患于未然。因此，运用底线思维就要做到深谋远虑、未雨绸缪，增强前瞻意识，把工作预案做周详、做扎实，把各种可能发生的风险和不利因素估计得充分一些，从而做到处变不惊。这就要求领导者密切关注事物的发展变化，在某种可变因素即将突破边界发生质变之前，积极主动作为，防患于未然，堵住漏洞并消除隐患。

领导者要善于运用底线思维履行职能，做到居安思危，增强忧患意识和前瞻意识，把工作预案准备得更充分、更周详，做到心中有数，赢得工作主动权。

八、价值思维

价值思维，即以价值追求的动机和长远发展的眼光去看待和处理事情的思维方式，是指领导者在处理现实社会关系的实践活动中，建立起以主体为中心的主客一体化结构，通过一系列价值评判，对主体的思想、情感和行为是否符合价值定向进行充分评估，最终做出价值最大化的选择。中国共产党始终强调，要把人民群众对美好生活的向往作为奋斗目标，牢固树立“以人民为中心”的发展思想，认为“广大人民群众共享改革发展成果，是社会主义的本质要求”。在中国，领导者必须带头践行中国共产党的初心使命，秉持“人民至上”的价值理念，以人民群众的生活实践为基础，以正确的权力观、政绩观和事业观为导向，努力创造符合人民群众根本利益的最大价值。

以价值思维解决价值问题，实质就是追求持续高效能的价值变化过程。价值变化一般可以分为三个步骤。

（一）价值积累

价值积累指的是领导者自身通过不断投入时间和行动，最终实现主体价值的过程。价值思维是一种动态的过程性思维，价值积累也是一个动态的发展过程，“世界不是既成事物的集合体，而是过程的集合体。”[①] 因此领导者在进行价值积累时，要进行动态的分析、描绘、定义、判断和推理，将价值目标置于相应的历史进程中进行评价和分析，进而提高价值积累的效率。

（二）价值交换

价值交换指的是领导者在管理过程中，通过放权、分工等方式，为组织成员提供物质

① 马克思，恩格斯. 马克思恩格斯选集：第4卷［M］. 3版. 北京：人民出版社，2012：250.

及精神价值，以达成效率提升的过程。因此，领导者在进行价值交换时应当辩证把握生产力与生产关系、经济基础与上层建筑以及主要矛盾与非主要矛盾的相互关系，坚持主体性思维，强调人的核心地位和社会本位，把每个人的自由全面发展纳入组织发展的视野。领导者要善于运用综合手段，建立和完善协调组织利益关系的公平公正机制和多样化的利益诉求表达机制与实现机制，实施既能有效创造价值又能公平分享价值的发展模式，让发展成果惠及全体社会成员。

（三）价值变现

价值变现可以分为渐进式变现与跃迁式变现两种途径。渐进式变现强调通过不断的价值积累最终实现价值的变现；而跃迁式变现则强调规划的重要性，通过合理规划来实现价值跃升。因此领导者在利用价值思维指导价值变现时，既要关注发展诸要素在时间上的动态连续性，又要关注在空间上的结构合理性，以质变指导量变，同时以量变推动质变。

综合以上三种价值变化的状态与步骤，领导者在把握价值思维时，应把握好下几个要点：一是自觉性与内生性的统一，领导活动要追求发展的内在和谐，建立合理的价值目标，把社会主义现代化事业发展与人民利益至上的原则结合起来；二是科学性与革命性的统一，领导活动要坚持以马克思主义理论为指导思想，尊重人民群众的主体地位，做到一切从实际出发，实事求是，理论联系实际；三是传承性与创新性的统一，领导活动要继承和发扬中华民族优秀传统文化，站在中华民族伟大复兴的新起点，继承传统，推陈出新。

九、历史思维

所谓历史思维，就是用历史的眼光来审视当下的生活。其核心是“过程”思维，即善于从历史联系、历史过程中把握事物的本质与规律，通过反思历史、洞察未来，从而更主动、更好地解决当下问题。因此，历史思维的逻辑是从过去到未来再回到当下的思维。

历史思维具有以下几个特征。

（一）规律性

历史的发展像自然的发展一样有其内在规律，但历史规律又不同于自然规律。历史规律形成于人的活动过程中，同时也实现于人的活动过程之中。社会历史发展规律是在人的实践活动以及实践主体之间的交互作用中形成的，这种规律的具体存在与实际表现会随着人类历史条件的变化而变化。

作为领导者，在行动过程中要注意把握历史的规律性，在历史现象的多次重复中把握其内在联系，并学会利用历史规律对未来发展进行预见；同时领导者还应当把握好历史规律的适用条件，根据历史条件的变化选择适当的领导方法及其不同的表现形式。

（二）发展性

发展性的实质在于当下的历史是在过去的基础上发展起来的。历史是过去、当下和未来的统一。当下的历史之所以能成为现实，是因为过去的历史中孕育着向当下发展的条件，当下的历史在其发展中也孕育着通向未来的条件。马克思指出，资本主义的生产关系是社会生产过程的“对抗形式”，在这种“对抗形式”本身发展中就孕育着解决对抗的物质条件。未来的共产主义更是在“以往发展的全部财富范围内”实现的真正的人的复归。

历史思维的发展性要求领导者用联系的观点看问题，把过去事件作为当下发展的经验教训。当下的工作是建立在以往工作的基础之上的，以往工作做得不好，当下的工作就会受影响，进而影响未来的工作部署。

（三）创造性

历史的创造性，是指作为历史主体的人们往往将历史规律同人的目的相结合而创造新的历史。领导者把握历史的创造性就是要重视人民群众的意愿和实践。马克思主义告诉我们，人民群众是历史的创造者。符合大多数人民群众意愿的事情才会成为历史趋势。党员干部既来源于群众，又服务于群众。历史思维的规律性、发展性和创造性是统一的。历史规律的重复性和稳定性会使历史规律在新的历史阶段以新的形式重复出现，但这是在新的更高的历史发展阶段的复现。

领导者要注重培养自身的历史思维能力。认真学习中共党史、新中国史、改革开放史和社会主义发展史，做到学史明理、学史增信、学史崇德、学史力行；坚持马克思主义唯物史观，把握历史规律，认清历史趋势，明确历史方位，总结历史经验，牢记历史教训，发扬历史主动精神，做好当下的各项工作；坚持从长期大势认识当前形势，坚持从世界看中国、从全局看局部、从历史和未来看当下，在历史、现实和未来的联系中，把握发展的正确方向，以历史的使命感和责任感，为全面建成社会主义现代化强国、实现第二个百年奋斗目标，善于运用历史现象和历史眼光认识历史规律、把握前进方向、指导现实工作。

十、互联网思维

互联网思维是建立在网络信息链接的基础上，以大数据、云计算、人工智能等科学技术为支撑而实现社会实践效益最大化的信息化思维方式。互联网思维强调的是开放共享、快速、联动、去中心化。

互联网思维要求领导者以变革者的心态改进工作方式、提高工作效率，真正融互联网力量于日常工作之中。习近平同志要求“各级领导干部特别是高级干部要主动适应信息化要求、强化互联网思维，善于学习和运用互联网”①。当互联网成为这个时代的基础设施，互联网思维同样应该成为一个合格领导干部的标配。

为了进一步提升现代化治理能力，发挥互联网思维优势，领导干部需要在以下几个方面有所加强。

（一）用户思维：以人民为中心

互联网思维始终把“用户至上”“以客户为中心”的理念作为产品开发和服务的根本遵循。在坚持“以人民为中心”的治国理政实践中，要求各级领导者主动学习互联网思维，充分运用互联网思维的理念、方法，有效应对互联网这个最大变量引发的经济社会变革和网络空间治理挑战；同时，互联网思维认为网络的价值在于用户，领导者要高度重视亿万网民群众的网络行为和网络舆论诉求，建设信息时代下新型的引领与追随关系。

① 习近平．加快推动媒体融合发展构建全媒体传播格局［J］．求是，2019（6）．

（二）大数据思维：不断提高信息整合能力

2015 年，埃里克·奎尔曼（Erik Qualman）提出了互联网领导思维的五大法则，即简化、忠诚、行动、路径与人才，力图依据上述五大法则来变革传统的层级领导模式，构建扁平化的同级领导模式。[①] 信息的快速增长要求领导者要具有数据意识和数据思维，以数据治理为逻辑起点，围绕数据的采集、传输、使用等环节，创新性地探索充分利用大数据动态化、开放性的优势，将决策事件的问题和难题进行细节剖析，结合当地的实际情况，寻找到符合事件发展规律的解决方法，更加精准地对问题对象进行信息反馈。大数据思维可以为领导提供较全面的信息，避免决策过程中的信息渠道闭塞和片面性，降低决策的误差。

（三）跨界思维：打破边界桎梏

互联网跨界思维主张借用互联网的模式，聚焦用户需求，打破产业边界和产品形式的桎梏，大胆创新、敢于跨界，让用户得到更加多样化的选择和多元化的体验，尽可能实现一站式服务，不断提升用户黏度。跨界思维充分利用了互联网万物互联、牵一发而动全身的技术特点，对传统部门式分工体系和思维认知系统进行升级，是一种普遍联系、系统整体的思维方式。

跨界思维在领导干部实际工作中非常重要。党中央确定了“网络强国、数字中国、智慧社会”等战略目标，各级政府部门的数据资源不断开放和融合，各种数据边界不断打破和融合，客观上要求领导者在决策部署中摒弃传统工业文明时期的部门思维，以跨界思维进行资源整合和决策部署，提高工作效能。

互联网思维是人们立足于互联网去思考和解决问题的思维。互联网技术的广泛应用，对于政治、经济、社会、文化的发展及社会治理能力的提高提供了机遇，同时也提出了挑战。互联网将成为重要的资源支撑和技术支撑，因此领导者必须培养和强化互联网思维。

第三节　领导工作方法

领导工作方法是领导者履行领导职责、实现领导目标的措施和手段。领导者要做到具体问题具体分析，系统掌握和娴熟运用各类领导工作方法，主要包括调查研究方法、群众路线方法、“种试验田”方法、大数据方法、综合激励方法、思想政治工作方法等。

领导工作方法

一、调查研究方法

调查研究是领导者经常性的工作方法。从理论上讲，调查研究是马克思主义认识论在领导工作中的具体运用；从实践上讲，调查研究是领导者谋事之基、成事之道，是制定政策、作出决策的重要基础，也是各级领导者应当着力锻炼提高的一项工作本领。

---

① 埃里克·奎尔曼．互联网领导思维：成为未来引领者的五大法则［M］．师蓉，译．北京：中国人民大学出版社，2015：23.

注重调查研究、坚持实事求是，是中国共产党的优良传统和作风。没有调查就没有发言权，没有调查就没有决策权。搞好调查研究，是坚持党的实事求是的思想路线的前提，是党和国家制定正确的路线、方针、政策和不断取得胜利的重要保证。2023年3月，中共中央办公厅印发了《关于在全党大兴调查研究的工作方案》，要求广大党员、干部特别是领导干部，要大力弘扬党的光荣传统和优良作风，突出问题导向和目标导向，带头深入调查研究，不断深化对党的创新理论的认识和把握，并运用党的创新理论研究新情况、解决新问题、总结新经验、探索新规律，扑下身子干实事、谋实招、求实效，使调查研究工作同中心工作和决策需要紧密结合，更好地为科学决策服务，为提高党的执政能力和领导水平服务。

调查是研究的前提和基础，研究是调查的继续和深入。调查研究既是认识客观事物及其规律的学问，又是分析认识事物的本质和规律性并用以指导实践的活动。调查和研究是认识客观事物、寻找客观规律的基本方法和实际过程。调查研究的目的在于通过对事物的本质及其规律性的认识，正确指导当前和今后的实践。调查研究方法可以分为调查和研究两大步骤，因此要做好调查研究，就必须从调查与研究两方面入手。

所谓调查，就是通过各种手段和途径，了解和掌握客观事物，全面、系统地收集有关事物的情况，占有大量的、确实可靠的第一手材料。按照不同的划分标准，调查可以有多种多样的方法。就领导工作而言，比较常用的调查方法包括以下几种。

（一）典型调查

典型调查是调查研究中一种普遍运用的重要方法。典型调查又称定点法，是解剖“麻雀”的一种调查方法。它要求领导者根据一定的调查目的，在对调查对象进行科学分析的基础上，从具有某种共性的事物的总体中选择若干有代表性的个体进行深入细致的调查。典型调查符合唯物辩证法关于矛盾的特殊性和普遍性关系的原理，是一种科学的调查方法。运用典型调查法，要注意所选的调查对象真正有代表性和典型意义。同时，要考虑到任何工作都有上、中、下三种类型，调查联系点的选择应兼顾工作进展的不平衡状态，使所选择的对象能反映事物的全貌。为此，一方面，领导者要着眼于全局，对调查对象进行全面分析，找出在全局中有一定代表性的典型；另一方面，领导者要注意听取各方面意见，使所选的典型具有广泛的群众性。

（二）抽样调查

抽样调查又称选样调查、范例调查、标本调查，是一种用以掌握全面情况的非全面性调查的方法。它要求调查者从调查对象的全体中抽取一部分或若干部分进行观察，并以部分的调查结果来推论全体。抽样调查以概率论和数理统计作为科学的理论基础。抽样调查比较适合于个体数量不大、个体之间差异较小的对象，被公认为非全面调查方法中用来推算全面的最完善、最有科学根据的方法。运用抽样调查法，排除人们的主观偏见，保证样本的代表性。另外，抽样调查的适用范围有限，主要适用于：实际上不可能进行全面调查，而又需要掌握其全面资料的某些事物（如灭火器的合格率、种子的发芽率等）；虽有可能进行全面调查，但实行起来难度较大而又无全面调查必要的某种情况（如对城乡家庭支出情况的了解等）；对普查或全面调查统计资料的质量进行检查；对组成事物总体的单位数量较多的情况的观察。

（三）普遍调查

普遍调查也称全面调查，是在一定范围内对某类事物的全部个体进行全面的、无遗漏的调查，是一种如实了解事物全貌的科学方法。这种方法要求调查者对被调查对象的各个侧面和各种因素必须逐一查明，如实反映，不可遗漏。普遍调查涉及面广，调查结果周密、详细、全面、完整，有利于领导者比较精确地掌握事物的各方面情况，了解整体的基本面目，为进行系统分析、认识和掌握总体的规律性提供坚实的基础和准确的依据。当然，普遍调查多用于调查内容相对单一的事项。但普遍调查需要较长的时间，需要投入大量的人力，难度也很大，其适用范围受到一定的限制。因此，运用普遍调查法要在严密的组织、集中的领导和统一的规定下进行，必须有明确的目的，并根据调查目的规定统一的项目、规格和标准，不能无谓地浪费时间和人力。

（四）民意测验

民意测验一般是由调查者根据一定的目的、要求和条件制定调查表即问卷，由被调查者填好后寄回而完成的调查，通常用于了解人们对某一计划、方案、措施的看法，人们对某个预定人选的倾向性态度，以及人们当前普遍关心的问题。被调查者可以在不受任何干扰和压力的情况下，充分自由地发表自己的真实见解，使测验结果具有较高的可靠性。正确运用这一方法，可以使领导者及时获得比较可靠的信息，为领导者决策提供必要的材料。当然，民意测验也有一定的局限性：受到调查时机、民众的文化知识水平和思想觉悟程度以及现代化的调研工具等因素的影响和制约。

在上述四个环节的调查工作之后，还要进行深入系统的研究。所谓研究，就是在通过调查获得丰富材料的基础上，进行去粗取精、去伪存真、由此及彼、由表及里的加工制作，从客观事物的本来面目中找出其规律性。要做好研究工作，主要应从以下两方面着手。

1. 对材料进行处理

领导者可以运用现代科学技术和各种先进的信息处理工具，对材料进行“去粗取精、去伪存真”的一般性处理。经过审查、比较，分清主次、轻重、间接和直接，对材料进行筛选和取舍。

2. 对材料进行辩证的思考

领导者可以把经过一般处理的调查材料，进行“由此及彼、由表及里”的思考。要很好地完成这项工作，必须运用马克思主义的辩证方法，即分析事物矛盾的方法。具体来说，就是要把分析和综合、抽象和概括、归纳和演绎、历史和逻辑结合起来，连贯地思考，科学地研究，得出关于事物的本质及其规律性的认识。

二、群众路线方法

一切为了群众，一切依靠群众，从群众中来，到群众中去，这是我们党的群众路线。群众路线是中国共产党的生命线和根本工作路线，也是重要的传家宝。应用群众路线的方法，能够帮助领导者及时了解情况、发现问题，广泛倾听群众意见、了解群众诉求，便于集中民智、群策群力，从而避免或减少领导工作中的官僚主义，切实克服脱离群众的危险。

领导者实行群众路线的领导方法，主要应从以下几个方面入手。

（一）从群众中来：集群众意见为领导意见

从群众中来，就是深入到群众中去，通过细致周密的调查研究，把来自各个方面分散的、不系统的群众经验、要求和期望集中起来。“集中”的目的是把群众意见上升为领导意见，进而上升为一般的指导思想，作出正确的领导决策。从群众中来的过程，是充分利用“内脑”和“外脑”的过程，是搜集和吸纳群众意见的过程。

（二）到群众中去：化领导意见为群众实践

到群众中去，就是将领导意见即路线、方针、政策等，变为广大群众自觉行动的过程。领导的意见是否正确，只有在群众实践中才能得到检验、丰富和发展。因此，领导者要具有较高的政策宣传能力，善于做好群众工作，把上级领导的指示和决定变为群众的自觉行动。到群众中去的过程，是宣传、教育和组织群众的过程，是将领导决策转化为群众实践的过程。

（三）一切为了群众：实现领导与群众相结合

领导者必须要善于集中群众中的正确意见，然后把这些正确的意见同领导的意见结合起来。实际工作中，领导者往往是从上面看问题，而群众往往是从下面看问题，如果不把这两方面的意见结合起来，就很容易产生工作偏差和片面性弊病。群众的意见多种多样，因此领导者必须经过细致的分析、筛选和加工，做到收集群众意见要广泛，综合群众意见要科学。

（四）一切依靠群众：科学地组织群众

首先，要充分动员群众，调动群众的积极性。领导者要善于抓住群众最关心的急难愁盼问题，坚持把群众的情绪、愿望和要求作为领导活动的第一信号，把群众拥护不拥护、赞成不赞成、满意不满意作为想问题、办事情、做决策的根本出发点。其次，要科学地组织群众的力量，以提高领导工作效率。历史经验说明，组织群众力量要根据不同时期的不同任务和条件采取不同的方式和方法。在社会主义现代化建设中，各个领域的工作任务是复杂的，各有其特殊的客观规律。所以，在从事各项工作时必须因地制宜、灵活运用各种不同的方式和方法，最重要的是对群众力量进行科学组织、合理安排和有效发挥。

三、“种试验田”方法

“种试验田”方法最早来源于党的八届二中全会后湖北省下放干部的经验。1957 年 3 月，湖北省红安县县委第一书记程鹏和农村工作部长库崇德在杏花乡建苏社摸索到了一条经验，用领导干部亲自动手“种试验田”的办法，可以更好地做到参加生产、领导生产。程鹏选择了一块花生地作为试验田，按照当地习惯每穴播种一粒米或两粒米，技术干部主张播三粒米，程鹏和大家商量后决定播三粒米试试，结果花生苗长势良好。抗旱时，当地人说自古受了旱的花生苗不能浇水，一浇水就会死。程鹏和助手们研究后发现，受旱的花生苗一样可以浇水，办法是早晚浇，由此最终战胜了旱情获得了丰收。从试验田花生的播种到收获，程鹏亲自试验、全程参加。在他的带动下，从1957年4月开始，红安县掀起党员干部种试验田、钻研农业技术、培育优质品种促丰产的热潮。

“种试验田”的方法后来被引申到选择特定范围或区域进行试点的工作方法，也称为典型实验法。所谓种试验田，就是在遵循马克思主义对立统一规律的基础上，针对工作不平衡的差序格局，采取局部赋权、先行实验的方法，先试点再总结，最后将成熟的经验在更大范围推广开来。这种方法的根本特点是领导干部、技术人员和群众三者的相互结合，从而打破保守思想，敢闯敢干，先行先试，然后再推广经验，以点带面，点面结合。

实行“种试验田”的领导方法时，领导者应重点把握以下两个要点。

（一）局部赋权

赋权（Empowerment）被广泛应用于各发展领域，是理解个人、组织和社区发展的重要框架，是很多学科和领域的主流理论。在领导科学语境中，赋权指的是将某一工作的决策权、行动权、资源控制权等授予或转移给下属单位或特定地方，使下属和地方拥有更多的自主权和更大的独立性。相关研究表明，上级领导赋权能够提高追随者的内在动机、自尊和创造力水平。可见，种试验田的领导方法，即指领导者或领导机关在面临某一不确定的工作时，将部分决策权、行动权等赋予下属或地方，允许和支持其先行试验，再将局部经验复制和推广到全局。

领导者在进行局部赋权时，应当注意做到以下几点。

1. 选取有代表性的局部或行业

由于局部赋权的最终目的是要在赋权过程中发现和总结可复制可推广的工作经验，因此在局部赋权时，应选取有代表性的局部或行业，以便总结出一般性、概括性的工作经验。

2. 切实加强对所赋权工作的指导服务

在赋权过程中，领导者应当密切关注工作进程，及时帮助研究解决问题，推动被赋权地方相关工作顺利进行。

3. 把握好赋权的“度”

赋权不等于完全放权，既要赋予下属单位或地方一定的自决权力，又要时刻掌握工作的总体方向与进度。因此，领导者应当把握好赋权的“度”，既要在工作中发挥把握方向和引导指导的作用，又要保护被赋权者的自主权与独立性，给予一定的自由自主空间，鼓励大胆探索。

（二）试点实验

实验与实践是人们认识自然的重要途径，也是检验真理的唯一标准。试点实验指的是在进行某项工作之前，先在某部门或某地区进行小型试验，以便取得经验并向整体推广。党的十八届三中全会以来，我国重大的改革举措大多是通过试点来总结推广而成。改革开放以来，政府通过组织大规模的政策试验，总结各地在试点中积累的成功经验，进而通过顶层设计这一途径予以复制和推广，形成了“自上而下”与“自下而上”相结合的政策创新模式。试点实验允许试点单位自行设定目标，自主选择工具和手段，这使试点地区的利益相关者能够充分参与实验，分享和交流不同来源的知识。

在进行试点实验时，领导者应当从以下几个方面入手：第一，观察与记录。试点实验是对某一工作的全新探索，因此，对试点工作中涉及的工作内容，以及工作效率、工作业绩、工作方法等做定期的观察与分析，并对试点的工作和事件进行全过程的详细记录。第二，假设与检验。在试点过程中对各种可能出现的突发状况应进行充分假设，并在实验过程中进行检验，寻找有效对策，即大胆假设、小心求证，从而提高实验结果的可行性。第三，总结与推广。试点实验是一个从特殊到一般的过程，因此，在对工作经验进行总结与推广时，应当遵循简洁性、一般性、可行性的原则，使实验结果能够为人民群众所理解，被更大范围所接受，在全局中得到广泛应用。

四、大数据方法

2017 年 12 月 8 日，习近平在十九届中共中央政治局第二次集体学习时强调，要运用大数据提升国家治理现代化水平。他同时还指出：“善于获取数据、分析数据、运用数据，是领导干部做好工作的基本功。”大数据正在引发一场巨大变革，深刻改变着人类的思维、生产、生活、学习方式，改变着领导方式和组织的治理模式。随着大数据技术、云计算等广泛应用以及智慧城市建设兴起，不同领域的网络数据呈现爆发性增长、海量式集聚和多样化形态等特征。领导干部能否运用好大数据，对国家经济发展、社会治理、人民生活将产生巨大影响。

大数据是指无法在一定时间内用常规软件工具对其内容进行抓取、管理和处理的数据集合。大数据有五大特点，即大量、高速、多样、低价值密度、真实性。大量，就是具有海量的数据规模；高速，就是快速的数据流转；多样，就是多样的数据类型；低价值密度，就是价值密度低；真实性，就是与传统的抽样调查相比，大数据反映的内容更加真实全面。它并没有统计学的抽样方法，只是观察和追踪发生的事情。大数据的用法倾向于预测分析、用户行为分析或某些其他高级数据分析方法的使用。

领导工作中运用大数据方法应注意以下几个要点：

第一，从“经验主义”向“数据主义”决策转变，高度重视数据在领导决策中的价值。我国的政府信息化和电子政务系统已实施和运行多年，各政府部门积累了大量关系国计民生的数据。领导干部首先需要了解本部门的数据状况、主要的应用场景、潜在的价值等基本问题。在此基础上，善于运用大数据资源，充分挖掘数据中蕴含的决策信息，将领导决策建立在数据与事实之上，提高决策的科学化水平。

第二，以利他分享的大数据思维思考公共数据的共享开放，实现领导工作的“数据赋能”。目前很多政府部门的数据实际上处于“信息孤岛”状态，很多政府部门领导把自己部门的数据看作部门利益基础，认为数据的共享开放输出就意味着利益输出。由于不能与其他部门共享，也没有实现开放，使得数据价值的发掘非常有限。数据如果不流动起来，不与外部数据融合，就会成为死数据。因此，领导者要用共享思维打破数据的封闭和隔离状态，本着“开放为默认，不开放为特例”的原则，对数据信息资源进行整合和公开，建立大数据信息管理平台，实现数据的系统集成和实时共享，切实消除“信息孤岛”。

第三，加快建设大数据人才团队。引进大数据专业人才，形成稳定的大数据生产、储存、转化和应用的专业队伍，并持续加强学习和培训。

第四，增强数据安全意识，注意防范大数据安全风险。对关系国计民生以及涉及国家安全、商业秘密和个人隐私的数据保持高度警觉，切实做好安全防范工作。健全大数据安全管理各项制度，明确安全职责，保护数据系统不受攻击、不被泄露，鼓励使用自主可控、技术可靠的国产产品。强化数据安全监督，实行常态化的监督检查机制，督促落实数据全生命周期的安全责任，严格规范数据的收集、存储、使用和销毁等行为，加强数据风险评估，及时纠正监督检查所发现的各种问题和安全隐患。

五、综合激励方法

激励既可以被看作是一种领导职能，也可以被看作是一种领导方法。作为领导方法来看，领导活动中的“激励”，是指领导者为履行领导工作职能、实现领导工作目标，遵循人的行为规律，采取有效措施激发被领导者的动机，鼓励被领导者采取符合组织目标的态度和行为，充分调动被领导者的主动性、积极性和创造性的手段。领导激励的目的在于调动员工积极性，引导员工正向行为，从而增强组织凝聚力，提高工作效率，多快好省地实现组织目标。

领导者正确有效地运用激励手段，应遵循以下几个原则：第一，针对性原则，即差异性原则，指领导者所使用的激励种类、激励方法和激励措施等要针对激励对象的客观实际和心理需要。第二，导向性原则，领导者要明确激励方向，即针对什么样的内容来实施激励。第三，有效性原则，即要保证领导激励效果的可靠性。第四，公平性原则，领导者在激励过程中要注意激励的方式、方法和手段的公平性。

领导者需要掌握以下激励方式。

（一）行为激励

现代领导者处于组织中的主导地位，其行为容易引起被领导者学习和效法，领导者所处的统帅地位、权威作用、传统习惯和心理定式等因素，使得领导者的行为具有示范效应。领导者通过自己的行为示范刺激和影响被领导者的思想和行为，并逐渐被其认同与模仿，从而转化为被领导者的“自我强化”，内化到自身的心理结构。领导者高尚的品德、强烈的事业心和责任感、公正公平的处事态度、渊博的知识、丰富的经验、突出的个人才能，以及领袖的风范和魅力等，都是领导者行为激励的基本条件，正所谓“其身正，不令而行；其身不正，虽令不从”。因此，在领导激励中，以身作则是最重要的秘诀和法宝。

（二）目标激励

所谓目标激励，就是组织和领导者为激励对象确立符合切身利益的、能够鼓舞人心的目标，通过目标的设置来激发人们的动机，引导人们的行动，激发人们为实现目标而奋斗。目标具有定向、引导和激励的作用，不断地启发一个人对更高目标的追求，能够使其产生奋发向上的内在动力。目标激励贯穿领导活动的始终，在实施目标激励方法时，领导者把各个时期的任务目标化，以激发激励对象的积极性和创造性。目标实施前，领导者要善于用目标激励人们献计献策；目标实施中，领导者要善于用目标激励人们发挥才能做出贡献；目标实施后，领导者要总结经验、实施奖励，激励人们奔向新的目标。

应用目标激励方式，要注意以下几点：第一，目标的设定要符合组织发展方向，契合组织战略规划。若目标设定有偏差，则激励的结果容易使下属的行为偏离组织目标，导致领导激励无效甚至是反向激励。第二，重视组织目标与成员个人目标的协调一致。领导者要善于使组织成员的个人目标同组织的整体目标结合起来，使组织目标能包含人们更多的共同要求，使更多的人能从组织目标中感受到切身利益，从而把组织目标的完成看成是与自己休戚相关的事，出色地完成组织目标。第三，目标设定要把握挑战性和可行性的统一。在一般情况下，目标应适当高于个人的能力与水平，使其带有一定的挑战性。但同时也不能脱离个人能力的实际情况，要有一定的可行性。缺少挑战性与可行性的目标，就失去了激励的有效作用，或者使激励效果打折扣。

（三）工作激励

工作激励是指领导者把工作本身作为激励的内容和手段，以提高下属工作的积极性和创造性的一种激励方式。美国的行为科学家赫兹伯格（Frederich Herzberg）的双因素理论认为，工作本身就是一种非常重要的激励资源，它是调动人的积极性的最本质、最活跃、最有效的因素。领导者的重要责任就在于启发和增强下属对工作的兴趣或者对工作结果的期待。这就对领导者提出了以下要求：第一，给下属安排与其自身素质、能力、兴趣、追求相匹配的工作，把合适的人安排到合适的岗位上。第二，让下属了解本职工作的重要性，了解本岗位工作与最终工作结果的关系，从而激发他们对工作的认同与热情。第三，增加岗位工作的挑战性，在明确工作意义与价值的同时，适当安排给下属有一定难度的工作，使下属能够获得从事创造性工作的满足感和成就感。第四，使工作范围扩大化、工作内容丰富化，适当增加下属承担工作任务的多样性，以消除由专业分工造成的工作单调乏味的状况，或者将一项完整的工作交给一个人去独立完成，使其获得心理上的满足，从而激发工作兴趣。第五，使下属对工作有更多的自主性，创造条件让下属在职责范围内有更多自由选择工作方式的机会，以增进下属的责任意识，充分发挥个人才能，不断满足自尊需要。第六，提供给下属更多的参与管理的机会，这有助于提高参与者的归属感和成就感，也有助于领导者广开思路、集思广益，同时也有助于保持组织活力，增进组织和谐。第七，以工作绩效作为评价贡献、决定奖惩的主要依据，重视工作成绩与工作效果在员工个人职业发展中的应用。第八，建立良好的信息反馈制度，及时把对工作结果的评价告知本人，从而使下属在获取成就感的同时，进一步提高工作的责任感，增强工作兴趣。

（四）榜样激励

榜样激励就是通常所说的典型示范。典型人物的行为能够激发人们的情感，引发人们的内省与共鸣，所以，领导者在注重发挥自身表率作用的同时，还应当建立起科学、合理的“参照系”，善于发现、重点培养、大力宣传、积极保护本单位的先进典型，把下属的行为导向组织目标的实现，发挥榜样的激励作用，使下属学有榜样，赶有目标，形成你追我赶的良好氛围，促中间带落后，推动队伍建设和工作进展。

领导者在实施榜样激励时，要坚持以下几个原则：第一，重视榜样激励的动机。实事求是地宣传榜样事迹，激发其他人学赶榜样的动机。第二，引导下属正确对待榜样，不可求全责备，不可使榜样人物自身承受不必要的压力。第三，分析榜样形成的条件和成长过程，为下属指明学习榜样的正确路径。第四，关心榜样的成长，创造榜样不断成长的条件，使其不断进步。第五，保护榜样，对那些中伤、打击榜样的错误言行要进行批评和教育，防止狭隘心理和嫉妒心理的产生与蔓延。

（五）情感激励

情感激励主要是满足人们交往和友谊的需要的一种激励方式。马斯洛的需求层次理论认为，人是社会的人，人们的生活和工作都不是独立进行的，因此，人们希望有所归属并为别人所承认。因此，领导者要建立起友爱良好的组织内部关系，重视下属对情感与归属的需要，恰当地运用情感激励，从而调动人的积极性，提高工作效率。这就要求领导者与组织成员在思想、工作、生活等各方面相互沟通、关心和爱护，友好交往，以增进彼此的了解和信任，使下属在友好宽松的组织环境中心情舒畅地工作；同时，领导者应当坚持严格管理和关心信任相统一，及时了解下属的难处，主动排忧解难，做到政治上激励、工作上支持、待遇上保障、心理上关怀，从而增强下属的荣誉感、归属感与获得感，使下属更好地投入到工作当中。

（六）尊重激励

尊重激励，是指领导者采取恰当方式满足下属希望被肯定、被尊重的需要。马斯洛的需求层次理论认为，人们普遍具有获得尊重的需要。这种尊重既包括人们内在的自重，也包括来自外部的社会尊重。人一旦满足了归属的需要，就会产生两种追求：一是内在地渴望有知识、有实力、有成就，能胜任工作，渴望独立的人格和自由的天地；二是外在地渴望个人成就被人认可，行为被人欣赏，为人得到好评，以及同性的尊重、异性的羡慕、社会的赞誉等，以期提高自己在社会中的地位和影响。领导者对组织成员的尊重和信任，可激发下属强烈的自尊心。因此，不论职位高低，领导者都应一视同仁地对待下属，满足下属渴望尊重的需要，激发下属的工作热情。尊重激励一般包括以下内容：第一，支持下属的开拓进取精神，尊重他们的独到见解，爱护其积极性和创造性。第二，信任下属的工作能力，放手让其大胆工作。第三，让下属承担与其才能相对应的责任，给他们提供施展才华的机会与舞台，以满足其成就感，激发其献身精神。第四，当工作出现问题和差错时，领导者应勇于为下属承担责任，不诿过于人，更不要落井下石。

（七）荣誉激励

荣誉激励是一种较高层次的激励方式，它指的是领导者根据人们希望得到社会的承认和集体的尊重的心理需要，对那些为社会或所在组织做出贡献者给予相应的荣誉称号和精神奖励。荣誉激励一般通过组织决定对工作表现突出、贡献较大或社会地位和威望较高的人授予某种荣誉和称号，予以表彰，这样既可以使荣誉获得者心理上得到满足，正确的思想和行为得到巩固和提高，并经常以此鞭策自己，又可以为其他人树立学习的榜样和奋斗目标，产生较大的社会激励效应。荣誉激励是组织对个体或群体的崇高评价，是满足人们自尊需要、激发人们奋力进取的重要手段。荣誉激励成本低廉，但效果很好。

（八）物质激励

物质激励是指领导者采取一定的措施，以货币、奖品等实物奖励为主要形式，使下属得到一定价值的物质利益，满足下属的某种物质需要。物质对人的生存和发展具有基础性作用，对人的行为产生导向性作用，由此也决定了物质激励的有效性。领导者必须重视运用合理正确的物质激励手段来满足下属的物质需要，从而调动其积极性，提高领导绩效，顺利实现组织目标。物质激励的形式视具体物质需求的对象物而定，一般包括涨工资、发奖金、提供住房或住房补贴、改善工作条件等。

除了以上几种常用的方法外，激励方法还有：参与激励、晋升激励、培训激励、成果激励、危机激励、产权激励等。这些方法都值得学习和借鉴。

六、思想政治工作方法

思想政治工作属于领导者“一岗双责”的内容，也是实现有效激励的重要方法。在中国共产党成立100周年之际，中共中央、国务院印发了《关于新时代加强和改进思想政治工作的意见》，这是做好新时代思想政治工作的纲领性文件，对领导者履职尽责具有重要指导意义。各级领导者应加强对思想政治工作重要性的认识，把思想政治工作作为治党治国的重要方式，贯穿日常工作的各领域各方面各环节；坚持以人民为中心，践行党的群众路线，推动理想信念教育常态化制度化，巩固思想政治工作的理论基础与群众基础；坚持守正创新，推进领导工作理念创新、手段创新、方法创新，完善领导体制与工作机制。

所谓思想政治工作方法，是指领导者进行思想政治工作的具体方式、手段或办法。思想政治工作是现代领导的一项重要职能，是中国共产党在长期的领导工作中形成的优良传统。领导者要对人们的行为进行正确引导，离不开有效的思想政治工作。思想政治工作在整个领导工作中占有重要地位，发挥着重要作用，是领导者提高人们的思想觉悟、调动人们积极性的一种重要手段，也是领导过程中各项工作的生命线。

（一）新时代思想政治工作的主要内容

新时代思想政治工作的主要内容包括：

第一，坚持用习近平新时代中国特色社会主义思想武装全党、教育人民，健全用党的创新理论武装全党、教育人民工作体系，增进对习近平新时代中国特色社会主义思想的政治认同、思想认同、理论认同、情感认同。

第二，推动理想信念教育常态化制度化，广泛开展中国特色社会主义和中国梦宣传教育，弘扬民族精神和时代精神，加强爱国主义、集体主义、社会主义教育，加强马克思主义唯物论和无神论教育。

第三，培育和践行社会主义核心价值观，加强教育引导、实践养成、制度保障，推动社会主义核心价值观融入社会发展和百姓生活。

第四，加强党史、新中国史、改革开放史、社会主义发展史和形势政策教育，引导党员、干部、群众旗帜鲜明地反对历史虚无主义，继往开来走好新时代长征路。

第五，加强社会主义法治教育，深入学习宣传习近平法治思想，在全社会普遍开展宪法宣传教育，有针对性地宣传普及法律、法规和法理常识，加大党章党规党纪宣传力度。

第六，广泛开展防范化解重大风险宣传教育。防范化解重大风险是新时代国家安全工作的中心任务。领导工作中必须贯彻落实总体国家安全观，坚持把防范化解国家安全风险摆在突出位置，统筹发展与安全，宣传教育引导干部群众增强忧患意识、发扬斗争精神，提高风险预见、预判能力，为实现中华民族伟大复兴中国梦提供坚实安全保障。

（二）思想政治工作的具体方法

1. 说理教育法

领导者通过开展宣讲理论、解读政策、分析形势、回答疑惑等方式，影响、说服和引领群众树立正确的世界观、人生观、价值观，增强对党的基本理论、基本路线以及党和国家重大方针政策的理论认同、思想共识和行动自觉，促进群众思想观念的转变。这种思想政治工作的方法称为说理教育法。说理教育法的主要特点是晓之以理，以理服人。领导者要善于透过现象看本质，坚持具体问题具体分析，把科学道理讲准确、讲充分、讲透彻，把政策内容讲清楚、讲全面、讲系统。工作中要巩固壮大主流思想舆论，坚持正确政治方向、舆论导向、价值取向，把思想政治工作融入主题宣传、形势宣传、政策宣传、成就宣传、典型宣传中，落实到党报党刊、电台电视台、都市类报刊和新媒体等各级各类媒体，不断提高新闻舆论传播力、引导力、影响力、公信力，帮助人民群众搞清楚马克思主义为什么行、社会主义为什么好、中国共产党为什么能。

2. 情感交流法

情感交流法是指领导者通过与思想政治工作对象相互交流情感，以情感去感动对方，从而使对方转变思想的一种方法。在思想政治工作中，理和情的关系是辩证统一的关系。既不能没有理，也不能没有情。有理无情，会使思想政治工作呆板僵硬，无法收到应有的效果；有情无理，会使思想政治工作失去原则性和启发性，不能取得好的效果。只有把理与情有机地结合起来，思想政治工作才会彰显巨大的生命力。情感交流法的主要特点在于：领导者动之以情，用情感去征服思想政治工作对象，从而达到使其转变思想的目的。领导者要关怀、体贴、信任群众，急群众之所急，想群众之所想，经常与群众交心谈心，多与群众交朋友，增进彼此之间的相互了解。

3. 个别引导法

个别引导法也称因材施教法或“一把钥匙开一把锁”的方法。它是指领导者对个别对象因时因地采用不同的具体方式、手段进行有针对性的思想政治工作的一种方法。其特点是：对象的个别性，方式与手段的针对性，因人施教、因时施教、因地施教。运用个别引导法应注意因势利导、因时利导、因人利导，优化职场环境，做到潜移默化，循循善诱，引导工作对象转变思想和行为。

4. 心理咨询法

领导者运用心理学的有关原理和方法，帮助咨询对象发现自身的问题及根源，挖掘潜在的能力，改变咨询对象原有的认知结构和行为模式，增强自我调节能力，以提高对生活和环境的适应性。这种思想政治工作的方法就称为心理咨询法。心理咨询的目的在于通过语言、文字等媒介，给咨询对象以帮助、启发、暗示和教育，使咨询对象在认识、情感和态度上有所变化，解决其在学习、工作、生活、身体健康等方面出现的心理问题，促使咨询对象自我调整和环境调适，保持身心健康。具体的心理咨询法包括现实疗法、咨询对象中心疗法、理性情绪法、认知领悟法、行为疗法等。

5. 榜样示范法

榜样示范法就是以先进典型为榜样，以先进人物的先进思想和先进事迹为范例来教育工作对象，以提高其思想觉悟的方法。其特点是：以榜样作为示范，通过学先进、赶先进等活动，促使工作对象向先进人物看齐，不断提高自身的思想觉悟。采用榜样示范法，必须做好以下工作：一是培养和树立群众公认的榜样，确保榜样的真实性和先进性；二是要宣传榜样，从榜样的先进事迹中概括其精神实质，发挥榜样力量的引领作用；三是不断发现和树立新的榜样，让榜样的力量不断开花结果。总之，要深化时代楷模、道德模范、最美人物、身边好人等学习宣传，持续讲好不同时期英雄模范的感人故事，探索完善先进模范发挥作用的长效机制，把榜样力量转化为亿万群众的生动实践。

6. 自我教育法

自我教育法一般指动员和组织思想政治工作对象坚持自我学习、自我教育、自我提高，主动接受科学理论和先进思想，主动学习先进人物和模范事迹，不断提升自己的认识水平和人格境界，不断加强自我修养的方法。自我教育法的主要特点是：自觉性和内省性。自我教育法充分体现出在社会主义条件下人民群众的主人翁地位。当然，这并不是说对群众的思想政治工作可以放任自流。在强调自我教育的同时，领导者的责任主要是加强正确引导和组织管理。注重深化拓展群众性主题实践，充分利用重要传统节日、重大节庆日纪念日，发挥礼仪制度的教化作用，丰富道德实践活动，推动形成适应新时代要求的思想观念、精神面貌、文明风尚、行为规范。

第八章　领导艺术

领导艺术是卓越领导者所具有的高超能力的体现。领导艺术不是自然生成的，而是来源于实践又高于实践。领导者要在不断学习和实践过程中，按照客观规律做到随机应变，提高领导水平。

第一节　领导艺术概述

领导艺术概述

一、领导艺术的含义

毛泽东曾说："领导人员依照每一具体地区的历史条件和环境条件，统筹全局，正确地决定每一时期的工作重心和工作秩序，并把这种决定坚持地贯彻下去，务必得到一定的结果，这是一种领导艺术。"[①] 在领导活动中，常常出现这种情形：面对基本相同的工作任务，有的领导者得心应手、事半功倍；有的领导者则勉强应对、事倍功半。背后的原因之一，就是领导者素质及领导艺术水平的差异。可以说，领导艺术是决定领导事业成败的重要因素之一。

领导艺术是指领导者在一定的知识、经验、才能和气质等因素基础上逐步形成的，能够创造性地运用各种领导原理原则、资源条件和方式方法开展领导活动的技能技巧。其中，领导者的知识、经验、智慧、才能等因素是领导艺术得以发挥的前提；对领导原则、条件、资源、方法等纯熟巧妙和创造性运用，是领导艺术的实质；领导风格和领导者创造性的实践所塑造的"美"的形象，是二者结合的结果，是领导艺术的外在表现。因此，领导艺术是非规范化、非程序化、非模式化的领导行为，是领导者把握领导规律、履行领导职责的能力达到纯熟的一种境界。

二、领导艺术的定位

领导艺术与领导经验、领导科学、领导方法以及领导权术既有区别又有联系。

（一）领导艺术与领导经验

经验一般指感性认识和习惯做法。领导经验就是领导者从领导实践中获得的各种感性知识，总体上比较粗糙和表面化，不够深入，不够系统。领导艺术虽然有经验因素或经验性特色，但它显然高于一般的领导经验，是领导者灵活运用工作经验和领导科学知识的综

① 毛泽东．毛泽东选集：第3卷［M］．2版．北京：人民出版社，1991：901.

合能力的表现。因此，领导艺术源于并高于领导经验，是对领导经验的系统总结、理性升华和创造性应用；领导经验有待于发展为领导艺术，是领导艺术得以形成的重要基础和得以展现的实践载体。

（二）领导艺术与领导科学

科学是实践经验的结晶，是系统化的知识体系。领导科学是对领导活动的普遍经验进行系统总结而形成的原理和原则，是关于领导活动基本规律的知识体系，具有系统性、稳定性和普遍指导性等特征。领导艺术则是领导者以一定的知识和经验为基础，在长期领导实践中形成的灵活运用领导原理原则、资源条件和方式方法的创造性技能技巧，具有经验性、权变性、创造性和个性化等特征。因此，一方面，领导科学是领导艺术的基础，领导者的领导科学知识越是系统全面和深厚扎实，对领导规律的掌握和应用越是娴熟，理论联系实际的能力越强，领导艺术就越是臻于完善和应用自如；另一方面，领导艺术是领导科学的重要来源和灵活应用，领导者的领导艺术水平越高超，非模式化的领导经验和技能越丰富，那么包含其中的系统化知识就越成熟，领导活动的规律性就越是得到彰显，从而领导科学的知识体系就会更加完善和成熟，更加具有普遍的指导意义。可见，领导艺术与领导科学既有区别又有联系。

（三）领导艺术与领导方法

领导艺术与领导方法都属于领导科学的方法论范畴，都是领导者开展领导活动的手段。从这个意义上讲，它们是统一的、紧密联系的。领导方法是领导者为履行领导职能、达成领导目标而采取的各种措施和手段的总和，具有目的性、客观性、静态性、条件性和时效性等特征。领导艺术则是对领导方法的具体的灵活的运用，但不是简单地再现，往往意味着突破和创新。与领导方法相比较，领导艺术具有灵活性、权变性和主体差异性等特征。领导方法大都体现在对常规事件的程序化处理过程，一般情况下是稳定的、不易变化的；而领导艺术却多数体现在对非常规性事件的非程序化处理过程，它往往因人、因事、因时、因地而异，具有很大的随机性和灵活性。因此，领导者不能对领导方法进行简单、机械地运用，而要根据变化了的情况，针对实际的需要，灵活地、创造性地解决问题。只有这样，才能产生高超的领导艺术。可见，领导方法是领导艺术的基础；领导艺术是领导方法的灵活应用，二者对立统一，相互促进。

（四）领导艺术与领导权术

“权术”即权变之术，最初并无贬义，是一种根据环境进行变通、灵活处理问题的智术。随着阶级社会的产生，权力被极少数的统治阶级所掌控，成为其奴役控制、愚弄欺骗被统治阶级的工具，成为愚弄民众的权术权谋。领导艺术与领导权术的区别在于：一是目的不同。领导艺术是为了公共利益，为国家、人民和组织的利益服务。领导权术则是为了个人和小团体谋取私利，为个人、家族、小团体的特殊利益服务，为了争权夺利，把谋取权力作为目的。二是表现形式不同。领导艺术表现为真、善、美，领导权术表现为假、恶、丑。领导艺术的“真”是指领导艺术遵循社会发展的客观规律，符合领导活动的基本规律，实事求是、光明正大、表里如一、言行一致。领导艺术的“善”是指领导艺术以公共利益、社会进步和人的自由全面发展为出发点和归宿。领导艺术的“美”是指领导艺术以丰富的创造性给人一种美的享受，是领导者综合素质、方式方法、人格魅力、经验胆略等方面的完美统一，是先进性、创造性、正义性的统一体。领导权术的假、恶、丑主要是指其违背人民利益和时代发展趋势，是玩弄权术、欺上瞒下、坑蒙拐骗、阳奉阴违、自作聪明、口是心非、装腔作势、阴险毒辣、虚伪狡诈的不端行为，是见不得阳光的阴谋诡计和歪门邪道。领导权术具有欺骗性、阴暗性、邪恶性和落后性。三是手段不同。领导艺术所采取的手段一般都是合法、合情、合理和正当的，遵循法律法规和道德规范，在较高领导素质基础上，创造性地运用智慧、规律、经验和胆略。领导权术则采取不道德、不合法和不正当的手段，没有底线和原则，不问是非，弄权作势，无视法律道德，为达目的不择手段。四是结果不同。领导艺术有助于领导绩效的提高、领导目标的实现，有利于社会的进步和发展，有利于人类福祉的增加，其结果是积极正向的效应。领导权术则是腐蚀剂，破坏团结、败坏风气、危害社会、泯灭正义、丧失人心，带来消极负面的影响。随着人类政治文明的进步，领导权术日益受到人们的普遍唾弃和厌恶，而领导艺术则会受到广泛的赞誉和追求。

三、领导艺术的特征

毛泽东曾经指出："对于物质的每一种运动形式，必须注意它和其他各种运动形式的共同点。但是，尤其重要的，成为我们认识事物的基础的东西，则是必须注意它的特殊点，就是说，注意它和其他运动形式的质的区别。只有注意了这一点，才有可能区别事物。"[①] 领导艺术之所以称为"艺术"，就在于它的与众不同。

（一）经验性与科学性的统一

无论领导者的领导艺术如何高超、如何巧妙，总是不可避免地带有经验的痕迹，但是这种经验并不是无规律可循、高不可攀的东西，它是无数领导者经过多年的实践探索而逐渐形成的一套比较完整的知识体系以及运用这种知识体系的技能技巧。这套知识体系在实际运用中可以达到熟能生巧并升华为艺术。这就是说，领导艺术一方面以领导者拥有一定的领导科学知识为基础，另一方面又以自己的经验总结不断丰富和发展领导科学知识。因此，领导艺术具有科学性，更彰显其经验性，是科学性与经验性的统一。

（二）原则性与灵活性的统一

领导艺术当然是一种灵活性的体现，但却不是随心所欲的行为，而是原则性与灵活性的统一。原则性是指领导工作遵循的总的方向，灵活性则是指达到总方向的具体方法和措施。如果抛弃了原则性，只讲灵活性，领导艺术就会蜕变为不择手段的政客权术。只有在坚持正确原则的基础上，根据形势变化采取灵活多变的措施，高效率地达成组织目标，才能被称为高超的领导艺术。可见，领导艺术就是对领导原则加以灵活运用的技能技巧，是原则性与灵活性的统一。

（三）共性与个性的统一

领导者在实践活动中总要运用一定的知识和经验，而这些知识和经验是无数人通过实

---

① 毛泽东．毛泽东选集：第1卷［M］．2版．北京：人民出版社，1991：308.

践证明的具有普遍指导价值的原则和方法，体现为领导艺术的共同基础、共性特征。但是，由于个人素质、阅历、知识结构等各不相同，领导者运用这些原则和方法便会表现出不同的风格、不同的技能技巧，体现为领导艺术的个性内容和个性特征。因此，领导艺术是共性与个性的统一。

（四）规范性与创造性的统一

领导工作既要坚持规范稳定，又要坚持开拓创新。领导者在领导活动中会遇到常规事件和非常规事件。领导工作的规范性主要表现在领导者运用程序化、模式化的方法处理常规事件；领导工作的创造性则主要表现在领导者运用创造性才能和方法处理各种非常规事件，善于打破常规，勇于标新立异，追求最佳效果。总之，领导艺术是在坚持规范性原则基础上的一种风格独特的领导技巧，是规范性与创造性的统一。

（五）明晰性与模糊性的统一

明晰性与模糊性的关系，可以理解为定量分析与定性分析的关系。模糊性是指对事物之间的关系难以完全用定量的方法描述或单纯用定性的方法分析，处于“模糊区间”。艺术的魅力就在于它的模糊性，领导艺术也不例外。领导工作不能也不必要一味地追求确定性和明晰性，清晰与模糊在领导工作中各有其合理的价值，需要视具体情况而灵活变通。需要注意的是，领导艺术的模糊性不是糊涂性，它仅仅是对于不需要清楚的不苛求清楚，不必须量化的不苛求定量，模糊的背后仍然蕴含着客观规律的科学性和条理性，绝非无原则、无规矩地任意妄为。所以，领导艺术是明晰性与模糊性的统一。

第二节　领导艺术的主要内容

领导艺术的内容和形式是十分丰富的，贯穿于领导活动的各个方面。本节主要介绍授权的艺术、沟通的艺术、协调人际关系的艺术、运筹时间的艺术、驾驭会议的艺术、处理突发事件的艺术等。

领导艺术的主要内容

一、授权的艺术

（一）授权的含义与类型

1. 授权的含义

领导授权艺术是领导者在大权集中、小权分散前提下，为提高工作效率、调动下属积极性而采取的一种领导用权技巧。所谓授权，是指领导者根据工作需要，在职权范围内授予下属处理特定事务的权力，从而使下属拥有一定的自主行动权的一种行为。授权是领导者的“分身术”，授权有效得当，可使领导者集中时间和精力办大事，增强宏观分析和战略谋划能力，提高领导绩效；同时，授权也能够激发下属的积极性和创造性，发挥其专业特长，增强其荣誉感和责任心，提高工作能力，增强组织效率。

2. 授权的类型

从不同的角度划分，领导者的授权有不同的类型。

（1）根据授权的具体内容，可以分为以下几种类型：

第一，刚性授权。刚性授权是指领导者对所授权力的大小、范围、时限，对所托付事务完成的要则等均有明确的规定与要求，被授权者必须严格遵守、照章行事，不得随意自主处置的授权方式。这种方式一般适用于对一些重大事项的授权。

第二，弹性授权。弹性授权是指领导者在授权时对下属只指示一个大纲或轮廓，被授权者拥有较大的自主权，可以对完成所托事情的具体方法等进行自主确定，随机处置。这种授权方式一般适用于下列情况：下属精明强干，所处理事务复杂多变，领导者对情况不甚清楚，需要下属充分发挥主动性和创造性才能完成任务。

第三，惰性授权。惰性授权是指领导者把不必要亲自处理的繁杂而琐碎的事务，或者是领导者不知道如何处理的一些技术性事务交由下属去处理的授权形式。惰性授权并不是领导者偷懒、图轻松、回避问题，而是通过摆脱一些细枝末节的、技术性的、事务性的烦琐事务而专心于更重要的工作。

第四，模糊授权。这种授权方式与弹性授权有些相似，区别在于它授予被授权者的权力限度和权力大小比较模糊，没有明确具体的规定。在授权时，授权者只向被授权者提出“做什么”和“达到怎样的效果”的要求，至于用何种方法去实现目标则由被授权者自己选择和确定，领导者不加干预，以此使被授权者拥有充分的自主权，激励被授权者的工作热情，调动其积极性。

（2）根据授权行为的具体形式，可分为以下几种类型：

第一，口头授权与书面授权。所谓口头授权，是指领导者将某项工作或某一方面的权力和责任口头授予下属。口头授权多属临时性授权或随机性授权，所授权力往往随着工作任务的完成被上级收回或自行失效。所谓书面授权，是指将权力以书面形式授予下属的一种方式。这种授权比较庄重，有效期相对较长。

第二，个人授权与集体授权。在领导活动中，常有一些领导者自行决定将自己所拥有的一部分权力下放给下属，或口头或书面，或临时或长期。这种授权即为个人授权。个人授权往往伴随着该领导者被调离原岗位而被新的领导者收回。在领导活动实践中，更多见的则是集体授权，即经过集体讨论决定，将某一方面或某一部分权力授予某人。这种授权多是常规的、行文的，既可以在任命干部的同时授权，还可以在非任命（即对一般干部）时授权。集体授权属常规授权的一种。

第三，长期授权与短期授权。任何授权都是有期限的。根据授权的时间长短，授权可分为长期授权和短期授权。长期授权是指下属对所授权力的使用期相对长一些；短期授权则是指下属对所授权力的使用期相对短一些。授权使用期的长短均因工作的需要和条件的许可而定。

第四，逐级授权与越级授权。按授权者与被授权者之间的关系划分，授权可分为逐级授权与越级授权。逐级授权是指直接上级对直接下属所进行的授权；越级授权则是间接上级对间接下属进行的授权。在领导工作中，授权一般应该是自上而下逐级进行的，越级授权应该尽量避免。因为越级授权往往容易引起被授权者直接上级的不满，也容易使被授权者产生顾虑，影响其放手开展工作。然而，在遇到某些紧急情况或非常事情时，越级授权往往有其合理性，有利于迅速解决某些紧迫的问题。

（二）领导授权遵循的原则

领导授权是一项复杂而重要的工作，需要遵循以下原则。

1. 围绕目标，明确要求

领导授权要以组织的目标为依据，对下属分派任务和委任权力都应围绕组织的目标来进行，只有为实现组织目标所开展的工作才能赋予相应的职权。授权要体现明确的目标导向，分派职责要同时明确下属应做的工作是什么、达到的目的和标准是什么、达成目标后如何奖励等。只有目标明确、要求具体的授权，才能使下属明确自己所承担的责任。

2. 因事择人，视能授权

授权的目的是有效推动事业发展，实现工作目标，因此，选择合适的授权对象非常重要。要坚持因事择人，视能授权，将授权对象能力水平的高低和品德优劣等作为重要依据。不能不顾工作需要，“因人设岗”，把授权单纯当成对下属的一种奖励或搞任人唯亲的机会；也不能超越下属能力和水平的限度，下属有多大能力和水平，就适合授予多大的权力，防止大材小用和小材大用。授权之前，领导者必须对下属的能力和水平进行认真考核，切不可盲目授权。正如不是所有的领导工作都可以授予他人一样，也不是所有的下属都能够成为被授权者，拟授予的权力一定要与被授权人的职业道德、责任意识、胆识魄力、专业技能、合作精神、个性气质等诸多因素协调匹配。

3. 把握尺度，适度授权

授权的关键问题是如何把握授权的“度”。领导者的主要权力不能授予他人，事关大局的权力不能授予他人，如重要决策权、目标修订权、主要监督权、法定协调权等。领导者授权应该一事一授，除特殊情况，一般不要同时把几件事情托付给同一个下属。

4. 尊重分工，逐级授权

除对极特殊的、突发性事件的处理可以越级授权外，一般应该尊重组织体系的隶属关系和分工原则，实行逐级授权，即领导者只能对直接下属授权，不能越级授权。否则，不仅使中间层次的领导者的工作被动，而且容易造成管理秩序的混乱，产生权力冲突，影响上下级协调，干扰组织正常运行。

5. 民主监督，公开授权

由于授权是一种组织行为，不是领导者的个人行为，因此，领导授权过程及内容都要公开，包括领导者授予下属什么权力、授予多大权力、代理什么事情、履行什么职责、有效期限等，这些都要公布于众。这样既可以激励被授权者，便于被授权者开展工作，也可以使被授权者更好地接受民主监督。否则，授权容易演变为拉帮结伙、搞宗派主义等不正当活动。

6. 强化责任，可控授权

授权不仅要适度和公开，还要保持可控性，即要确保所授之权不被滥用，并能够及时收回。授权不是放权和弃权。一方面，领导者要对被授权者在授权的同时赋予责任，保证权责对等；另一方面，领导者仍然对被授权者负有检查、监督、指导权，并承担连带责任。

二、沟通的艺术

从一定意义来说，领导活动本身就是一种沟通过程。领导者沟通艺术的水平和技巧往往会直接影响领导绩效。

（一）领导者的接待艺术

接待是领导者基本的沟通形式，是指领导者以主人身份迎接、接洽和招待上级、下属部门和其他单位来访人员的一种沟通交流方式。领导者接待艺术的高低，不仅影响其个人形象，也关系到组织与上下级和其他部门关系是否顺畅和谐，影响组织发展环境。领导者在接待过程中要遵守热情大方、稳重有序、以礼相待、周到细致的工作原则。接待工作一般要求做到“三声”“三到”。“三声”即来有应声、问有答声、走有送声。来有应声，就是客人到访时要主动、及时、得体地打招呼，表示欢迎。问有答声，就是当客人提问时要及时、真诚、恰如其分地进行回答。走有送声，就是客人离开时要使用得体的送别语言。“三到”即眼到、口到、意到。眼到，就是在接待来宾时，一定要目视对方，注意与对方进行目光交流。口到，就是要有待客敬语，并且要让对方听清楚、听得懂。意到，就是表情、神态要热情、友善，自然流露出真情实意。无论是接待上级、同级还是下级部门，无论是本系统还是外系统的单位和人员，都要做到以礼相待、热情友善、真情实意，尊重习俗，遵时守约，接待人员的言谈举止、穿着打扮都要符合礼仪规范。接待工作要达到交流信息、增进感情、相互学习、广交朋友的目的。为了取得接待的良好效果，要把握以下接待技能。

1. 做好接待准备

在接待工作中，领导者要事先熟悉来宾的基本信息，做好接待来宾工作的周密计划和安排，熟悉接待流程，确定接待规格。接待工作流程主要包括：接待工作指导思想；接待原则和规格；迎接与接待的步骤及注意事项；接待的方式（确定迎接人员、接待人员的人数、迎接礼仪、接待礼仪基本知识、接待礼仪的教育训练、纪念品准备、迎接交通工具）；活动安排；出访行程；住宿安排；突发事件的处理；其他事项。来宾有应邀而来的宾客和因事登门的宾客。要根据来访人员的特点、目的、人数、级别、时间、行程、来访主要内容以及具体要求进行全面计划安排。然后，根据来访人数确定具体的联络人，便于及时沟通联系。同时，安排人员准备好相关资料和信息，与对方约定好相关的接洽事项，核对信息。

2. 落实迎接工作

领导者应该根据来访规模、目的和分工负责的要求，落实计划安排，确定负责后勤、具体业务、参观点等方面的具体人员，统筹安排，明确职责，分工负责。对于主动来访者的接待始于登门之时，而对于应邀来访者的接待则从应邀者接受邀请开始，指导工作人员安排交通食宿，准备迎接宾客，同时，根据客人的地位和身份，安排地位和身份相当的人到机场、码头或车站迎接，或通知、协调有关单位的领导前来接迎，以示对客人的尊重。

3. 规范接待过程

在接待工作中，领导者要安排好接待中的主要事项，指派专人做好每一个环节的具体工作。接待工作不仅涉及正式的座谈、参观、汇报、调研等事项，而且还需安排好客人的食宿、交通出行等。领导者要安排联络员和负责人做好相关工作。如果接待的是上级领导，单位主要领导应全程陪同参观、考察和汇报；如果接待的是下级或其他部门人员，单位主要领导应该在迎接和送别时参与接待。在接待过程中，要坚持原则性与灵活性的统一，符合相关法律法规和政策规定，不能搞特殊化和铺张浪费，做到礼仪周到而不烦琐，服务热情而不铺张，尽可能做到让客人满意。

4. 遵守接待礼仪

以最恰当的方式待人接物是做好接待工作的基本要求。礼仪是做好接待工作的基本规范，是一个人的道德思想、文化修养、交际能力的外在表现。接待工作中的礼仪主要包括迎接礼仪、仪容仪表礼仪、介绍礼仪、称呼礼仪、握手礼仪、引导礼仪、座次礼仪、言谈礼仪、送别礼仪等。领导者应该遵循以下基本的礼仪原则：一是敬人原则，要以客人为中心，尊重客人；二是自律原则，在交往过程中要克己慎重、积极主动、自觉自愿、礼貌待人，不能妄自尊大、自负自满、口是心非；三是适度原则，适度得体，掌握分寸；四是真诚原则，诚心诚意，以诚待人，不逢场作戏，言行不一。

（二）领导者的表扬与批评艺术

1. 表扬奖励的技巧

表扬奖励可以起到树立典型、示范引导、鼓励竞争、激发潜能的作用。

（1）表扬的内容要实事求是，恰如其分，不要随意拔高。任意拔高和夸大会引发其他部属的逆反心理。表扬的内容要具体，泛泛地表扬起不到激励作用。

（2）表扬的态度要诚恳热情、发自内心，体现共享的快乐，不要冷漠敷衍、言不由衷。虚情假意式的表扬不仅起不到积极作用，反而会引起当事者的反感。

（3）要注重表扬的时机。表扬不及时或时过境迁或拖得太久，人们的印象就会淡漠，表扬奖励的激励作用就会减弱。

（4）表扬的方式要不断变化，过于单一或一成不变的奖励方式会钝化人们的反应，消解表扬奖励的积极效应。因此，表扬的效果要不断延伸，善于利用各种庆典、表彰活动，使家属分享荣誉；表扬奖励后应适当指出（以个别交谈为好）其不足之处，使其保持清醒头脑；有时候间接表扬的效果会更好；适应表扬对象的个体差异，增强表扬的针对性和有效性。

（5）表扬的过程要注意整体效果，不要因为表扬了个别人而挫伤多数人的积极性。

（6）表扬要坚持物质奖励与精神激励相结合，而且要配合得当。

2. 批评惩处的技巧

批评和惩处能起到警示威慑、定向控制、行为矫治和环境净化的作用。

（1）客观具体。领导者不能道听途说、轻信谣言，要弄清真相，尊重事实，实事求是，而且批评内容要具体，纠正问题要有措施。

（2）掌握尺度。要分析情节，理解动机，根据被批评者的反应，掌握批评的火候，有时喋喋不休式的说教会使人厌烦，也会降低批评效果。

（3）把握时机。要善于把握批评惩处的最佳时机，注重批评的效果。

(4) 区别对待。要根据不同对象的特点，分别采取暗示、提醒、触动、严厉批评等不同方式，因人而异，对症下药。

(5) 就事论事。对于已经做过结论的过错，不翻旧账，不搞所谓“新账老账一起算”。

(6) 范围适当。根据问题性质和影响，确定批评的范围。若要公开点名批评，最好事先使被批评者有思想准备，不搞突然袭击。

(7) 先扬后抑。适当肯定对方的优点和长处，使其更容易接受中肯的批评。

(8) 允许申辩。允许被批评者说明情况，申述理由。

(9) 勉励进步。本着惩前毖后、治病救人的方针，不歧视，不偏见，勉励对方打消顾虑，放下包袱，轻装前进。

(10) 勇于负责。领导者在批评下属时，也要多做自我检讨，承担领导责任。

(三) 领导者劝说与疏导的艺术

劝说和疏导是面对面的双向沟通。

1. 劝说的技巧

劝说的沟通方式要求领导者细心洞察他人的心理状态，把握对方的思想脉搏，通过说理和劝导使对方改变态度。

(1) 对症下药。劝说的内容要有针对性，以对方最关心的问题作为劝说的重点。

(2) 共同语言。努力拓展双方的共识域，寻找共同语言，提高对方的接受度。

(3) 分散注意力。采用迂回的方法，避开敏感话题，分散其注意力，放松其紧张心理，缓解僵局。

(4) 以诚相见。淡化领导者的地位身份，使双方处于人格平等的气氛中，轻松愉快，坦诚相待。

(5) 动之以情。寻找并表扬对方的长处，结合自己的经历进行现身说法，打动对方，同时进行晓之以理的劝导。

(6) 选择时机。尽量避开严肃的气氛和场合，在随意闲谈中进行劝导。有些事情可以采取冷处理的办法。

(7) 以退为进。当对方对劝说的内容一下子很难接受时，可优先选择对方容易接受的内容进行劝导，适当地承认对方观点的合理性，分步深入、以退为进。

(8) 幽默风趣。幽默能起到调节气氛的作用，有利于打破僵局，使劝说得以轻松进行。

2. 疏导的技巧

疏导的沟通方式就是通过疏通和引导，使当事人消除顾虑，走出误区，舒缓情绪，促其合作。

(1) 正面疏导。摆事实、讲道理，用正确的观点、科学的道理、典型的事例进行循循善诱、晓之以理的劝导。

(2) 批评疏导。选择适当的时机和场合，抓住根本问题，或单刀直入，或旁敲侧击，引起对方重视，促其反省。

（3）示范疏导。通过言传身教和典型示范等方式，对受教育者产生潜移默化的作用，使其明晓事理、幡然悔悟。

（4）感情疏导。关心对方，传达善意；理解对方，感情融通；求同存异，建立友谊。

领导者在运用劝说和疏导的技巧时，努力做到“十要”：要抓住苗头，防微杜渐；要有的放矢，对症下药；要因人而异，区别对待；要言传身教，以身作则；要循循善诱，启发悟觉；要动之以情，晓之以理；要说服为主，批评为辅；要典型示范，舆论引导；要形式多样，生动活泼；要允许反复，耐心细致。

（四）领导者电话与信函沟通的艺术

1. 电话沟通

电话沟通是领导者沟通手段中最常见的方式。因此，领导者掌握电话沟通的技巧和办公室的电话礼仪是很有必要的。

（1）电话机旁应备记事本和笔。领导者每天需要处理的事情很多，重要事项需要及时做记录。所以，电话机旁应备好记录本和笔，随时记录重要事项。

（2）先整理电话内容，后拨电话。干练的领导者打电话前，应该把想说的事情逐项整理记录下来，然后再拨打电话，边讲边记录，随时检查是否有遗漏。特别是与上级通话时不能语无伦次，丢三落四。

（3）注意语速和语调。急性子的人听慢话，会觉得断断续续、有气无力，颇为难受；慢吞吞的人听快语，会感到焦躁心烦；年长的人听快言快语，难以充分理解其意蕴。因此，讲话的速度并无定论，应视对方情况，灵活掌握语速，随机应变。领导者适当地提高声调显得富有朝气、明快干练。

（4）复述确认。由于电波只能传播声音，无法看见对方的表情和口型，为了防止听错电话内容，一定要当场复述。领导者无论是接受上级任务，还是向下级部署任务时，要对容易混淆、难以分辨的词语放慢速度，清晰地发音。特别是同音不同义的词语及日期、时间、电话号码等数字，应养成听后即复述、当场予以确认的良好习惯。

（5）不要使用简略语、专用语。简略语、专用语一般都限于部门内部使用，第三者可能无法理解，因此，乱用简略语、专用语会给对方留下不友善的印象。特别是与非主管领导通话时，不但不能正确地表达思想，还有可能造成误会和歧义。

2. 信函沟通

信函沟通也是领导沟通的形式之一。信函能够缩短双方的时空距离，密切彼此之间的联系。因此，领导者千万不要忽视信函的作用，特别是电子邮件的作用。电子邮件作为新的信函沟通方式，具有方便快捷的特点和普遍的应用价值。领导者写信函时，要注意以下两点：一要注意格式。信函包含日期、收信者姓名、地址、称谓、结束语、签名等，这些要素均具有较为固定的格式。二要注意信函内容。应主题突出，层次分明，语言简洁、准确。

（五）领导者的语言艺术

领导者语言一般具有权威性、准确性、激励性和时代性等特点。领导者语言艺术就是强调提高领导者的语言表达技巧，充分体现上述语言特点要求，使听者有所学、有所获、有所悟。因此，领导者的语言艺术就是指在领导活动中，领导者将自己的思想、观点、意见、建议等，运用最生动和最有效的表达方式传递给听者，从而对听者产生最佳的影响效果。所谓“良言一句三冬暖，恶语伤人六月寒”，说明了语言在人际交往中的重要性。刘勰在《文心雕龙》中指出：“一人之辩，重于九鼎之宝；三寸之舌，强于百万之师。”因此，良好的语言艺术是领导者的基本素质之一。

1. 分清对象，有的放矢

领导者讲话时，要充分尊重受众的选择权。要了解听众的成分，并根据其社会角色、心理期待、文化层次、知识水准、年龄、性别、人数等因素，来考虑自己的讲话角度和观点主张，把握讲话的理论深度和听众的接受程度，以抓住多数人的视听心理，提高讲话的针对性。

2. 适应场合，协调得体

领导者经常会面对不同的场合，置身于不同的环境氛围，扮演不同的角色，所以，领导者在语言表达的手法、技巧、用词、语气、表情、风度等方面，要协调得体，择机而行，即所谓“到什么山上唱什么歌”，努力使语言适应不同场所和不同氛围，与讲话的环境和气氛相协调。

3. 设计开头，引人入胜

把握好听众情绪，设计好讲话的开头，是领导者讲话成功的前提。一般来讲，在领导讲话的最开始，听众的心理和注意力都比较集中，期望值和好奇心也很高，在这个黄金时段讲好“开头语”很重要。领导者讲话的开头一般有以下几种方法：用引人入胜的故事式开头；用令人震惊的事实开头；用权威或名人的话引出话题；展示某种物品来吸引听众的注意力；从涉及听众切身利益的话题开始；从身边的环境说起；以交代讲话主题开始等。总之，要根据内容、环境、场合，破除千篇一律的模式，以新颖的开头，达到一鸣惊人的效果。

4. 紧扣主题，突出中心

领导者要善于围绕主题，突出中心思想，尤其是长篇报告和限时讲话，不能东拉西扯，信口开河。要做到主题鲜明，中心突出，条理清楚，主次分明，详略得当，逻辑严谨。对先讲什么、后讲什么、重点是什么，要做到心中有数，游刃有余。

5. 恪守逻辑，论证有力

领导者的讲话不同于一般性的说话，它肩负着传达上级精神、明确工作要求、统一人们思想、武装群众头脑、鼓舞下属士气的使命与责任。因此，领导者的讲话必须有说服力和感染力，要依据扎实可靠的论据资料和清晰明确的表达逻辑来支撑自己的立场和观点，要恪守逻辑的严谨性，做到言之有物，言之有理，入耳、入脑、入心。

6. 符合角色，把握分寸

任何一个领导者，处于不同的场合、不同的环境和不同的岗位，面对不同的对象，所扮演的角色也不尽相同。所以，领导者讲话要符合特定的角色规范，把握讲话的分寸。领导者要善于根据不同情况，讲符合身份的话，讲恰当的话。从级别关系上要分清上级、同级还是下级；从主次地位上要分清主角还是配角，是主讲还是辅讲；从时间顺序上要弄清先讲还是后讲、多讲还是少讲；从内容上要分清对上汇报还是对下要求，是表态还是发言，是讨论问题还是交谈交心，是对等谈判还是就职演说；从场合和气氛上要体会是庄重严肃还是活泼喜庆。领导者在讲话之前，一定要找准切入点，明确自己的身份，把握讲话的策略，注意讲话的分寸，防止出现表达不对、不妥、不当、不够等有失分寸的情况。

7. 控制篇幅，长短适宜

领导者在讲话时，要根据内容、主题、环境、对象、场合、时间等因素，注意把握讲话的篇幅。该长则长，该略则略，该省则省，宜减则减，宜细则细，无论长话或短话，都要注意语言的简化和准确，善于把握时机和听众心理。不说与主题无关、重复啰嗦的废话，不说言之无物、无的放矢的空话，不说违背事实、言不由衷的假话，不说"穿靴戴帽"的套话。大力提倡讲真话、讲实话、讲新话、讲短话的"话风"。

8. 重视结尾，留有余味

一篇好的讲话，精彩的结尾很重要。当然，文无定法，结尾的方式很多，达到言有尽而意无穷的境界就是好的结尾。有的结尾振聋发聩，把讲话推向高潮；有的结尾发出号召，使人精神振奋；有的结尾总结全篇，画龙点睛，使人受益匪浅；有的结尾语重心长，发人深省；有的结尾提出疑问，引人思考；有的结尾提出希望，表达信心，使人明确方向，备受鼓舞。

上述领导者的语言艺术要点，在领导者的公众演讲和即兴讲话等不同场合有不同的应用，这里限于篇幅，不再赘述。

三、协调人际关系的艺术

领导工作的一个重要内容就是协调人际关系，增强组织凝聚力。协调人际关系就是通过对人际关系的梳理和调整，使之顺畅和谐，从而优化人际环境。

在组织体制内，领导者面对的主要的人际关系包括与上级的关系、与同级的关系、与下级的关系、正职与副职领导的关系。

（一）协调与上级的关系

协调好与上级的关系，有利于维护上级权威，取得上级的信任和支持，保持和谐的上下级关系，保证领导工作的顺利进行，也有利于领导者的健康成长。

1. 遵守组织原则，维护上级权威

下属要遵守组织原则，通过正常的组织渠道向上级反映问题和意见；要尊重和维护上级领导的权威，执行上级的工作要求。如果确有不同意见，要注意表达方式，不要轻易与上级领导发生正面冲突，不要挑战或动摇上级的组织权威。对上级没有做出最终的决定而是向下属征求意见的事项，应本着对上级高度负责的精神，积极献言献策；对上级已经做出决定的事项，要坚决执行，有不同意见可以暂时保留，但在上级决定没有改变之前，仍然要服从和执行，并且通过创造性工作把上级决定可能产生的风险或副作用降到最低。

2. 领会上级精神，回应上级要求

下属要准确领会和积极回应上级的工作部署、工作要求和指示精神，主动围绕上级确定的中心工作和总体安排，找准本单位或本部门的组织定位和职责分工，做好理解、动员和实施工作。根据上级要求，结合本单位实际，制订工作方案，报上级批准并取得上级的指导和帮助。

3. 了解上级风格，适应工作习惯

领导工作是一种创造性实践，赋予领导者更大的主观能动性的发挥空间，因此，领导者往往会形成个性化的领导风格，这种领导风格通常表现为领导者个性化的行为模式，即一种相对稳定的职业习惯。所以，下属在处理自己与上级领导的关系时，要主动了解上级的领导风格，适应上级的工作习惯，与上级领导建立起良好的互动关系。这样有助于改善上下级关系，有助于顺利开展工作。

4. 大事请示报告，小事独自担当

对工作中的重大事情，要遵守组织纪律，在职责范围内主动思考谋划，超越职责范围的事情要及时请示汇报；对常规工作和分内事情，要勇于负责，积极作为，不等不靠，主动履职，为上级领导分忧解愁，尤其不要轻易把矛盾上交。

5. 熟悉工作业务，当好参谋助手

工作中注重学习，勤于思考，实践锻炼，积累经验，熟悉业务，增长才干，以内行的身份为上级领导当好参谋和助手。下属如果能够经常提出有价值的意见和建议并被上级领导吸收和采纳，就会得到上级领导的重视，有更多机会参与讨论和决策，成为上级领导信任的参谋和助手。

6. 坚持开拓进取，创造工作业绩

俗话说，有为才能有位。下属要立足工作岗位担当作为，积极履职尽责，创造性开展工作，勇挑重担，做到平常时候看得出来、关键时刻站得出来、危难关头豁得出来，以实实在在的成绩为全局工作作出更大贡献，自然会赢得上级领导“高看一眼，厚爱一层”，进而取得上级领导更大的信任和更多的支持。

7. 注重沟通交流，取得上级信任

采取恰当的沟通方式和有效的沟通方法，保持与上级领导在工作上的沟通交流，方便上级领导及时了解自己所承担的工作的基本情况和实际进展，这是主动赢得上级信任、获得上级支持和帮助的重要途径。常用的方法很多，比如：反复强调，加深印象；他人帮助，侧面疏通；汇报成绩，说明经验；纵横对比，启迪认识等。

8. 学会换位思考，理解上级领导

上级领导所掌握的信息以及看问题的角度可能与下属不同，上级领导关注的优先事项和承受的工作压力也可能与下属不同，因此，下属在工作中有必要学会换位思考，尝试从全局和长远的角度去理解上级领导的一些想法和做法，努力缩小与上级领导的“认识误差”和“行为误差”，更好地理解上级领导的工作要求，适应上级领导的工作节奏，积极响应与配合上级领导的工作部署。

（二）协调与下级的关系

领导工作的有效运行需要领导者与下属的良性互动。领导者的权威来源于下属的服从，领导者的业绩来源于下属的奉献，领导者的责任需要下属来分担，领导者的口碑来源于下属的传扬。所以，领导者必须重视协调与下属的关系，充分调动下属的积极性，激励和保持下属的工作热情。

1. 加强自身修养，塑造良好的领导者形象，努力满足下属的“形象期待”，做一个受下属欢迎的领导者

领导形象是领导者综合素质的反映。良好的领导形象是组织凝聚力的源泉，它往往能激发下属对未来的希望和信心，是调动和保持下属积极性的有效手段，是协调上下级关系的重要资源。领导者应该准确了解下级希望有一个怎样的“上级”，希望从上级那里得到什么帮助，然后尽力使自己“接近”下属心目中的“理想上级”，塑造良好的自我形象。一般而言，下级都希望有这样一个“理想”的上级：工作上职责清楚，赏罚分明；生活上关心体贴，甘苦与共；作风上深入实际，谦虚民主等。同时，多数下级都希望从上级那里得到以下三方面的帮助：一是工作上能够用己所长，避己所短，尽量将自己安置在良好的人际环境中，从事自己比较擅长的工作，与此同时，积极为自己提供“更新知识”的学习机会；二是生活上帮助解决自己难以克服的困难；三是关键时刻给人以理解、关心和帮助，而不是落井下石。符合上述要求的领导者形象应该是：思路清，决策稳，关系顺，用人准，素质高，办事公，作风实，立身正，表现在工作上，就是要团结协作，顾全大局，廉洁奉公，率先垂范，公道正派，宽宏大度，作风民主，办事果断，实干创业，开拓进取。

2. 关注下属的心理特征和情绪变化，因势利导，不断进行科学的反馈调节，充分调动下属积极性

一方面，绝大多数下属在接触上级时，一般都具有一些共同的心理特征。作为领导者，应该设法满足下属的共性心理需要，从而有效调动其积极性和创造性。另一方面，领导者应积极观察下属的情绪变化，尽早帮助他们排除各种不利因素的困扰，使其走出情绪低谷，以良好的精神状态积极投入到工作中去。下属共同的心理特征归纳起来有：愿意与上级保持一致；主动显示成绩，掩饰过失；追求人格平等，渴望获得尊重；希望得到领导的理解，赢得领导的信赖；愿意参与领导工作，希望得到表现机会；愿意展示才能，为领导分担责任。针对下属的共性心理特征，领导者应采用下列技巧：只要条件允许，应尽量同下属一起研究工作，鼓励他们直率地说出不同意见；当下属完成工作任务时，领导者应主动表示祝贺，并及时予以表扬和奖励；听下属汇报工作时，应尽量有选择地听完其具体过程，并适时地暗示或明白表示上级知道下属的某些工作情况；对下属偶尔出现的小过失，只要本人已经知道改错，领导者最好佯装“不知”，给下属弥补的机会；要谦虚学习，平等待人，给下属表现的机会，尤其要谨慎对待下属的创新意见；运用各种有效方式，向下属传递“充分信赖”的信号；经常在闲暇时间接近下属，随便闲聊时有意识地表示理解下属的工作动机等；工作中一旦出了问题，领导者要敢于承担责任，切忌让下属当“替罪羊”；对下属不必统得过死，管得过严，要给予他们表现的机会；领导者还要善于观察下属情绪的变化，帮助下属排除消极情绪的影响，使下属在工作中保持积极的态度和良好的情绪。

（三）协调与同级的关系

同级即平级，指的是领导系统中地位平等的角色关系，同级之间既是分工基础上的合作者，又是工作中潜在的“竞争者”。

1. 明确分工，减少职责交叉

各部门之间、同级领导者之间应该做好责任分工，明确各自的职责范围，减少职责交

义。同时，同级领导者均应该积极承担共同的组织责任，做到权力不争、责任不推、困难不让。

2. 顾全大局，克服本位主义

在处理同级关系时，要互相尊重、互相支持、互相谦让、互相谅解。要尊重其他部门的职权和其他领导者分管工作的职权，维护他们的威信，不干预其权限内的事务。和同级之间彼此尊重、平等和谐、相互信任、不耍权术、团结同志、亲密合作。

3. 沟通交流，避免相互误解

同级领导者之间遇到相关的事情时要多商量，不要强加于人。要建立正式、公开的沟通渠道，克服不良的沟通习惯，善于聆听他人的看法和意见。

4. 团结合作，克服组织内耗

同级领导者相处，要严于律己，宽以待人。在一个领导集体中，要取长补短，形成系统合力，充分发挥优势，努力减少内耗。

5. 理性竞争，避免两败俱伤

同级领导者之间应该真诚相待，互相帮助，牢固建立友好协作的工作关系。正确对待合作与竞争的辩证关系，真诚合作，积极竞争。

6. 讲究方法，学会巧妙处事

同级领导者之间应讲究沟通和协作的方法，巧妙化解矛盾，寻求共识，努力达到互相信任、亲密合作的最佳效果。当同级领导者之间发生矛盾时，既要坚持原则，又要相互谅解，不宜把矛盾公开化，甚至扩展到下级和公众中去。遇到这种情况时，最好由其共同的上级出面协调。

（四）协调正副职的关系

正职与副职是领导班子中的两种角色，二者关系的协调是领导活动中非常重要的内容，关系到领导班子建设和组织生态的和谐。

1. 明确正副职的关系定位

在领导班子中，正职和副职虽然扮演的角色和所承担的职责不同，但都是领导集体成员。副职不是一个独立的层次，一般情况下副职不能直接对上和对外。从组织上说，二者是领导与被领导的关系；从工作上说，二者是分工与合作、协助与被协助的关系；从程序上说，二者是集中与民主的关系。

2. 遵守正副职的行为规范

正职是正副职关系中的矛盾主导方面，对领导班子团结起着决定性作用。当好正职的行为规范应该是：统揽不包办，善谈不空谈，敢断不武断，大度不失度。既要学会当家作主，又要善于发扬民主。正职领导者既要全面负责又要充分授权；既敢于拍板又能接受监督；既统一指挥又尊重副职分工。当好正职领导，必须认识到：全面负责不等于包揽一切，中心地位不等于封建家长，核心作用不等于独断专行。副职是领导班子中正职领导者的助手，一般按照工作分工，协助正职负责某一方面的工作。副职的行为规范应该是：揽事不争权，务实不务虚，敢为不乱为，干事不误事。工作多请示多商量，不擅自作主；积极建言献策，不喧宾夺主；善于表达不同意见，不声大压主；努力工作不断进取，不功高盖主。这里所说的“主”是借用约定俗成的说法，指代正职领导者。

3. 健全领导班子工作制度

健全领导班子工作制度主要包括健全领导分工制度、集体决策制度、工作例会制度、民主学习制度、失误问责制度等，将领导活动纳入制度化轨道。

4. 加强正职与副职的个人修养

正职与副职要相互理解、相互支持、相互协调。政治上相互信任不猜疑，思想上相互沟通不堵塞，工作上相互支持不拆台，有了失误相互理解不指责，生活上相互关心不冷漠。正职一般处于矛盾的主导方面，更要积极主动，做团结的模范、沟通的核心、协调的表率，并努力使副职增强安全感——思想上充分信任，工作中大胆授权，方法上多商议少命令。当然，正职对副职也要严格要求，做到授权不放任、亲密不庸俗、体谅不迁就、撑腰不放纵、关心不偏袒。

四、运筹时间的艺术

美国著名管理学家彼得·德鲁克在《卓有成效的管理者》一书中把“记录时间”“管理时间”“统一安排时间”作为卓有成效的管理的基础，认为时间是最珍贵的资源，如果不去管理时间，那么其他任何东西都没有管理的必要了。时间是一种宝贵的资源，但又不同于一般的资源，它无法储存，没有替代品，是最稀缺的资源。马克思曾经指出，一切节约都可以归结为时间的节省。在领导工作中，能否科学地运筹时间，直接影响着领导绩效的高低。因此，领导者必须掌握运筹时间的艺术。

有效运筹时间的艺术就是领导者通过一定的方法和手段对时间进行创造性的管理和控制的艺术。领导者运筹时间的艺术的要点包括集中时间的艺术、扩大时间容量的艺术、优化时间利用的艺术和节约时间的艺术等。

（一）集中时间的艺术

集中时间就是把分散的、零星的时间聚集成一个整体来使用。集中时间既是完成重要领导任务的客观需要，是提高工作效率的基础，还是提高时间利用率的一种好办法。许多领导者成功的秘诀之一就是善于集中时间、集中精力，善于利用整块的时间、集中主要精力做重要的事情。德鲁克提出把握时间的方法之一就是集中精力在少数领域。

（二）扩大时间容量的艺术

扩大时间容量就是通过科学合理地安排和分配时间，在有限的时间内做更多的事情。提高时间的利用效率，就等于扩大了时间容量，等于延长了人的生命。扩大时间容量的基本方法主要有两种：一是织网法，即领导者通过科学方法统筹安排工作、学习和生活，使其形成一个时间与事项紧密联系、有效结合的网络，更加充分地利用时间。二是压缩法，即领导者根据领导目标，全面审查自己的活动安排，取消和减少不必要和可做可不做的事项，合并相同相似的事项，简化繁杂的事项，精心安排时间。

（三）优化时间利用的艺术

优化时间，就是领导者科学分配和合理利用时间资源，使其发挥最佳的效果。优化时间利用一般有以下几种方法：一是优化总体工作安排，即领导者对特定阶段的时间安排全盘考虑、周密计划、合理划分、统筹协调，使时间的利用在总体安排上达到最优。二是优化工作程序，这种方法又称“ABC时间管理法”，即把有限的时间集中于关键和重要的工作上面，以期获得好的工作绩效。具体来说就是将事情按照轻重缓急分为A、B、C三类。A类最重要，是必须做的；B类次之，是可以做的；C类又次之，是可做可不做的。这样就可以保证领导者把精力集中在重大的任务上。三是提高时间使用效率，就是领导者最大限度地发挥时间的效用，这种方法又称生理节律法，在精力状况最好时安排最重要、最复杂、最艰苦的工作；在精力状况较差时安排比较轻松的工作；在精力状况处于低潮时则安排休息、娱乐等。

（四）节约时间的艺术

领导者除了有效利用时间之外，还应该克服浪费时间的不良习惯，掌握节约时间的艺术。具体来说，领导者应该掌握以下技巧：一是制订合理可行的工作计划，精心安排时间，做到有条不紊。二是精简会议。实践证明，无效率的会议既浪费时间，又浪费社会财富，还败坏党风和政风。要节约时间就必须精简会议，“有效地开会，开有效的会”，严格控制会议数量，提高会议质量。三是善于授权。领导者通过有效授权，充分发挥下属的自主性和积极性，避免事必躬亲，防止陷于琐碎繁杂的事务之中难以自拔。四是善于利用现代办公自动化技术。“工欲善其事，必先利其器。”领导者掌握现代化的办公自动化技术可以达到事半功倍的良好效果，也是节约时间、提高时效的重要保证。

五、驾驭会议的艺术

会议是领导者履职尽责、开展领导活动的常用工具。依靠会议咨询、决策，依靠会议交流、沟通，依靠会议安排布置工作，依靠会议激励职工等。但如何开好会，时间花费少、效果好，这既是一门科学，又是一门艺术。

（一）开会必须遵循的原则

为有效避免低效率的“文山会海”，领导者在召开会议时，必须遵循以下原则。

1. *超前性原则*

会前准备工作很重要。开会前，领导者要明确会议目的，确定议题、程序和开会的方式方法；选定出席人员；确定会议的时间、地点。要把会议目的、议题、要求等事先通知参加者，便于与会者提前做好准备。会前应收集意见，准备必要的资料，做好会场的布置等。

2. *有效性原则*

一是会议期间要提高效率，力争用最短的时间解决尽可能多的问题。二是会议要讲究效果，会中有议，议而有决，真正达到开会目的。

3. *善后性原则*

议后有决，决而有行，行要有果，结果反馈，检查落实，使会议产生较长期的影响。

（二）严格控制会议规模

会议的规模要与会议的性质和目的相适应。控制会议规模的方法包括：与会议无关的人员不必到会；能合并的会尽量合并，能开小会的不开大会；根据会议议题的内容及其顺序，允许有中途退席或中途出席的；有的人仅需获知会议结果而不必参加讨论，可在会后通知他们；泡会议、磨时间的人，应劝其退会。

（三）主持会议的技巧

1. 严肃会议作风

严肃会议作风要做到五个“不”：准时开会不迟到；认真对待不私聊；慎重发言不乱说；解决问题不拖拉；发扬民主不专断。只有与会者自由地表达意见，才能更好地集思广益。否则，就会出现“领导讲话念稿子，回去传达翻本子，贯彻落实一阵子”的现象。

2. 控制会议进程

首先，领导者组织会议时要明确自己的职责，以最有效的方式解释议题，引导大家围绕议题展开议论，为通过理想的决议而努力。其次，要分清会议的性质，以免逢会必到、到会必讲、每讲必长的毛病。最后，还应控制会议的时间。准时开会，适时闭会；制止马拉松式的长篇发言，引导离题者紧扣议题；合理安排议题的顺序；提高讲话水平，有话则长，无话则短，言简意明。

3. 处理会议问题

首先，正确处理“冷场”。领导者要仔细说明议题，进行启发、引导；用有趣的话题去吸引，或安排有威信者先发言。其次，及时处理“离题”现象。可以接过离题议论中的某一句话，或插上一个话题使其自然转回；或联系议论中的某一层意思，提出新的话题，使议论者在有意无意中回到正题上来。再次，理性处理会议上的“争执”。如果争执是由逻辑问题所致，可先肯定各方的有理之处，然后指出逻辑上的错误。如果是含攻击成分的争吵，可以用目光、手势示意，或起身以引起注意，或直接仲裁，或暗示有威信者发言调停。另外，对不同类型的与会者，要学会区别对待。

4. 制定会议守则

列宁曾专门为人民委员会倡导和制定了开会的纪律。其内容有：只请与议论问题有关的人参加；不许迟到，无故迟到半小时，罚款五卢布，迟到半小时以上罚款十卢布。开会有事只许递纸条，禁止说小话。给报告人的时间是十分钟。给发言人的时间，第一次是五分钟，第二次是三分钟。发言不得多于两次。对议程赞成或反对的每次表决，占一分钟。例外情况按人民委员会的特别决议处理。从上述规定，我们不难看出列宁是非常珍惜时间和重视纪律的，他反对讲废话，反对办事拖拉的官僚主义作风，这很值得我们一些领导者学习。借鉴列宁的做法，领导工作都要制定严格的会议守则。

5. 保持简约高效的会风

领导者发言声音要洪亮，以展现其自信心和个人魄力，形成一种无形的感染力，同时在发言过程中要注意言简意赅，直奔主题。这在客观上可以提高与会者高度集中、专心致志的参会状态。当然，领导者也要注意避免自我炫耀式发言，以防削弱与会者的积极性。最后，领导者还应注意细节，举止要恰当。

六、处理突发事件的艺术

领导者常常会面临一些突发性危机事件，有效应对突发事件考验着领导艺术的水平。

突发事件是指突然发生的、超越常规的、具有重大社会影响的事件。突发事件一般具有以下几个特点：一是突发性。突发事件最基本的特征是突如其来、始料不及甚至意想不到，在人们毫无准备的情况下发生，可谓从天而降。二是复杂性。突发事件往往是各种矛盾和问题交织并相互作用的结果，所呈现的形态和方式多种多样且复杂多变，最基本的形态有自然灾害、事故灾难、公共卫生事件和社会安全事件等四类。三是传导性。在互联网时代，突发事件好比病毒，传染性强、传播速度快，容易产生各种连锁反应和辐射效应。四是破坏性。突发事件是严重"危险品"，如果处置不当或处理不及时，则危害性大、杀伤力强，甚至产生大面积、大范围和爆炸性影响。

美国著名管理学家赫伯特·西蒙（Herbert A. Simon）指出，突发事件的实质，是非程序化决策问题。[①] 处理突发事件是一种非程序化决策过程，是领导艺术的一种具体形式。

领导者处理突发事件的艺术要点包括以下方面。

（一）敏锐洞察，确认事件性质

领导者必须具有敏锐的洞察力，具有高超的信息收集、处理和分析能力，能够迅速区分和确认突发事件的性质。

（二）以人为本，救治伤亡人员

人的生命是最宝贵的。领导者在处理突发事件时，必须坚持以人为本的原则，把人的生命安全放在第一位，全力以赴、不惜一切代价救助伤亡人员，关心、安抚遇难者家属。

（三）主动出击，控制事态发展

领导者应积极组建应急机构，配备精干人员，迅速开展工作，有效控制事态，使其不扩大、不升级、不蔓延，这是成功处理突发事件的关键。久拖不决是处理突发事件的大忌。

（四）果断决策，把握全局

领导者最好能够亲临现场，最大限度地获知真实的情况，并根据所获知的信息准确研判形势，把握全局，果断作出正确决策。

（五）打破常规，化解危机

突发事件的性质和特点决定了领导者对突发事件的处理很难按常规进行，几无先例可循，这就要求领导者敢于打破常规，敢于冒险，善于冒险，充分发挥主观能动性，创造性地化危机为转机和生机。

（六）加强沟通，主导舆论

进行无障碍的沟通、确保信息的通畅，这是领导者成功处理突发事件的重要基础。领导者要把突发事件中发生的人员伤亡情况以及救助情况等通过媒体及时准确地通报，争取社会各界的理解、支持与合作，主导舆论，避免谣言传播。

（七）整合资源，协力行动

突发事件的处理是一个复杂的系统工程，领导者需要整合多种资源和各方力量共同应对。领导者要善于动员整合社会各界力量，尤其是专家、社会中介组织、媒体、企业等方

---

① 西蒙. 管理决策新科学 [M]. 李柱流，等译. 北京：中国社会科学出版社，1982：24.

面的智慧和力量，群策群力，协力应对。

（八）重视善后处理，力戒重蹈覆辙

善后处理关系到组织未来的生存与发展。领导者要重视突发事件的善后处理工作：认真彻查事件发生的原因；评估事件造成的损失；恢复生产生活；及时补偿损失，稳定民心；变革和完善相关体制机制；增强危机意识，消除危机隐患，力戒重蹈覆辙。

第三节　提高领导艺术水平的途径

领导者要提高领导艺术水平，最根本的是要实事求是，一切从实际出发，按照客观规律的要求，充分发挥主观能动性，在领导活动中随机应变地处理各种问题。提高领导艺术水平的途径，主要有以下几个方面。

提高领导艺术水平的途径

一、提升工作动机，保持领导艺术的先进性

领导艺术的先进性不仅指方法论意义上的有效性，还要体现在领导艺术的目的性追求，即致力于维护党和人民的根本利益，实现社会公共利益的最大化。如果偏离人民至上的宗旨和公共利益最大化的目的，领导艺术就会滑向追求不正当个人利益的权术权谋的错误方向。

领导艺术作为一种直接、直观和现实的创造性行为，正是由于其价值的人民性、目的的公共性和行为的有效性而彰显其先进性。领导艺术的主体是领导者，领导艺术的先进性也必然通过领导者的先进性体现出来，并依靠领导者的先进性来保障。因此，保持领导艺术的先进性，必须提升和维系领导者高尚的工作动机。领导者强烈的事业心和高度的责任感是维系领导者工作热情、推动领导工作创新发展的巨大的内在动力，是领导艺术先进性的重要体现，是领导工作坚持正确方向的重要保障。如果领导者缺乏崇高的理想、强烈的责任感和高尚的思想品德，醉心于以权谋私、贪图享乐、追名逐利，就会堕落成为阳奉阴违、心术不正的政客与阴谋家，毫无领导艺术的真、善、美可言。

领导者提升和保持先进性，往往通过领导者的思想品质、工作能力和行为方式综合地体现出来。思想品质上的先进性，就是领导者始终牢记为中华民族谋复兴、为中国人民谋幸福的初心使命，秉持全心全意为人民服务的根本宗旨，坚定马克思主义的政治信念，保持共产党人的崇高理想和人民公仆的高尚情操，在领导立场和领导方向上始终保持先进性。工作能力上的先进性，就是领导者始终加强和保持履职尽责的岗位胜任力，在调查研究、科学决策、选才用人、沟通协调、组织指挥、思想工作和指导监督等方面，表现出卓越的领导才能和工作本领，在驾驭复杂形势和解决实际问题上始终保持先进性。行为方式上的先进性，就是领导者始终能够做到光明磊落、大公无私，发扬民主、厉行法治，担当作为、公平公正，严于律己、率先垂范，在领导工作的科学化、民主化、法治化、协同化方面始终保持先进性。

二、运用现代技术，提高领导艺术的科学性

科学是人类对世界客观规律的系统化和理论化的认识体系，重在解决理论问题；技术

则是应用科学原理而产生的工具、方法、手段和产品等，重在解决实际问题。科学和技术相互依赖、相互交融、相互渗透、相互促进。提高领导艺术的科学水平，既需要弘扬科学精神和坚持科学理论，也需要运用现代管理技术和先进的信息化工具。

一方面，领导者应该掌握基本的科学知识，提高科学素养，强化科学精神。科学知识包括自然科学知识、社会科学知识和思维科学知识以及当代交叉学科知识。领导者作为国家治理的骨干力量，必须掌握这些基本的科学知识，自觉运用先进的科学理论——马克思主义理论特别是习近平新时代中国特色社会主义思想。科学精神的内涵主要是追求真理、崇尚创新、实事求是。领导者必须把坚持科学理论、掌握科学知识、弘扬科学精神、提升科学素养、秉持科学态度、遵循科学规律作为开展领导活动的基础，这样才能提高领导艺术的科学性。

另一方面，领导者在工作中要重视现代管理技术和信息工具的应用。领导者要提高政治站位，把科技创新放在战略地位，支持现代科技发展和创新。同时，在领导工作中自觉应用现代管理技术和信息工具，不断提高领导工作效率。如，运用现代信息技术、大数据技术等辅助决策，提高决策的科学性；掌握办公自动化、互联网络等技术处理领导日常工作，建立用电子计算机及工作大数据处理领导事务的高效能的领导信息系统，提高工作的有效性和科学性。此外，领导者还应具备互联网思维，善于运用互联网开展网络问政和了解社情民意。

总之，领导者要坚持以马克思主义特别是中国化、时代化的马克思主义为理论指导，弘扬科学精神，秉持科学态度，运用现代管理技术特别是信息化技术，不断提高领导艺术的科学性。

三、加强素质修养，增强领导艺术的创造性

一个组织在长期发展过程中，往往形成比较固定的领导模式，有着一套习惯的领导艺术方法。尽管这样的领导艺术适应了当时的组织环境、工作任务特点、领导者和被领导者的状况，但随着客观环境的变化，领导者要根据对各种因素的分析掌握，因地制宜、因时制宜、因人制宜，根据不同的对象和情况，进行领导艺术的创新。

创造性的领导艺术不是无源之水、无本之木。领导艺术的源泉就是领导者在社会实践中形成并表现出来的较高的素质修养。没有较高的职业化领导素养，就没有高超的领导艺术。领导者的政治素质、法律素质、能力素质、道德素质和知识素质等是领导艺术得以产生和发挥的前提和基础。因此，领导者既要增强政治责任感，树立崇高的理想和信念，做到勤政为民，公正廉洁，忠于职守，具有高尚的品德和情操，还要刻苦学习，认真钻研，掌握渊博的知识，并且能够融会贯通，学以致用。领导者要不断加强综合素质的培养和提高，注重领导经验的积累和升华，结合自己所担负的工作任务、面临的环境和条件，不断提高分析问题和解决问题的能力，从而增强领导艺术的创造性。

四、总结实践经验，把握领导艺术的规律性

领导艺术不是按照逻辑顺序从理性的东西中推论得来的，恰恰相反，它是由领导者的阅历、知识和经验所提炼、升华而成的，是领导实践经验的描述、总结和积累。领导艺术

作为一种从事领导工作的技能、技巧，在很大程度上依赖于领导经验。领导经验来源于领导实践。因此，领导者既要勇于实践，在实践中千锤百炼，增长才干，提高能力，又要认真总结经验教训，不断反思实践中的成败得失，将感性认识升华为理性认识，把握领导艺术的规律性。一方面，领导者应该不断总结成功的经验，并将其上升为理论，使之条理化、系统化。另一方面，领导者要善于总结失败的教训，分析原因，制定弥补损失、避免失误的对策。总结成功的经验，汲取失败的教训，可以帮助领导者理解领导活动的性质，掌握领导艺术的法则，从而使领导者更加自觉、更加有效地开展领导活动，提高领导艺术水平。

第九章　领导绩效

领导绩效是领导工作所取得的成绩效能，是领导目标的实现程度。领导绩效是领导活动的出发点和归宿，是领导能力的集中体现。领导绩效考评既是评价领导能力的手段，也是改进领导工作的重要方法。

第一节　领导绩效概述

领导绩效概述

领导绩效是一切领导活动追求的目的，是衡量领导者的能力水平和履职尽责效果的依据。

一、绩效与领导绩效的含义

（一）绩效的含义

绩效是指人们开展某项工作或从事某项活动所取得的成绩和效果。绩效最初被用来评价社会经济管理的结果，后来被广泛应用于人力资源管理，主要用来考核人们工作的结果及其所表现出来的行为方式和能力水平。简单地说，绩效就是指特定行为主体的工作和活动所取得的成果。绩效往往与成就、生产效率、质量、效果、效益等密切相关。

一般来说，绩效主要包括经济、效率和效益。经济（Economy）侧重于考量投入的资源作最经济的利用，即投入成本的降低程度，强调以尽可能低的投入，提供和维持既定数量和质量的产品或服务。这里的经济并非指与政治、文化等并列的一种社会生产活动。效率（Efficiency）侧重于反映单位时间内投入与产出之间的关系，强调在一定的时间内以最少的投入获取最大的产出，常用的效率测定标准是单位成本及劳动生产率，是管理活动的产出同所消耗的人力、物力、财力等要素之间的比率。高效率意味着以最小的投入达到既定的目标，或者投入既定而产出最大。效益（Effectiveness）侧重于产出与效果之间的关系，即有效性程度，强调结果与预期目标相比较的实现程度。效益重点强调工作结果的积极影响，着重于产出对预期目标所作出贡献的大小，如产出的质量、产出是否达到了所期望的社会效果、受众的满意程度等。

综上所述，绩效就是行为主体在一定时期内取得的工作成就，或管理、服务活动所产生的效果。绩效包括经济、效率和效益等内容。绩效的取得是一个复杂的过程，反映了行为主体的行为模式、组织资源管理和行为结果之间的关系。

（二）领导绩效的含义

领导绩效亦称领导效能，主要涉及领导者的组织资源、工作结果、效率、效益以及领导能力等诸多因素。所谓领导绩效，就是指领导者在一定时期内依法履行职能所取得的业绩及其所产生的社会效果的总和。这里的领导者既包括作为领导集体的领导班子，也包括作为领导班子成员个体的领导者。

领导绩效是一个综合性的范畴。它既是领导者履行职能、完成领导任务的活动结果，又是领导者的领导能力和工作水平的集中体现；既是领导者实施领导活动、实现组织目标的质量和数量指标的体现，又是领导者履职尽责所产生的对组织、对社会贡献的实际体现，是领导活动投入的成本与产出的比率。领导者个体的绩效，既受到自身综合素质的影响，又受到其工作环境和客观条件的制约；既受到组织内部因素的影响，又受到组织外部因素的影响；既是领导工作的成本投入、贡献及价值的客观体现，又是领导能力的集中展示和证明。

二、领导绩效的特点

绩效一般具有多因性、客观性、动态性、基础性等特点。多因性是指绩效水平取决于主客观多种因素的综合作用；客观性是指绩效形成的过程和产生的结果都是客观的，总是在特定时间及特定的条件下产生的，并且往往以特定的物质或精神成果的形式表现出来；动态性是指绩效会随时间的推移而发展变化，原来较差的绩效经过努力和改进可能会转好，而原来较好的绩效由于懈怠而可能会降低；基础性是指绩效对个人和组织都具有深远和广泛的影响，是个人和组织发展的基础。

由于公共部门与私人部门具有根本性的区别，因此，公共部门的领导绩效具有许多不同于私人部门的特点，主要包括公共性、综合性、模糊性、继承性等特点。

公共性是指领导绩效在本质上是实现公共利益和公共组织目标的程度，它是领导者和被领导者共同努力的结果。公共性要求领导者不能搞“形象工程”“政绩工程”等急功近利的活动，不能以损害公共利益为手段来实现领导者个人的目的和利益。

综合性是指领导绩效产生的原因和影响都是广泛和综合的。领导绩效是多种因素综合作用的结果，同时，领导绩效的影响也是广泛和深远的。公共部门的领导绩效相对于企业的绩效而言，其产生和影响具有更大的复杂性，涉及的因素更为广泛。

模糊性是指公共部门领导绩效一般难以精确化测量和评估。作为企业，其组织绩效和职工个人绩效具有明确性、可观察性，能够通过投入成本与产出的结果、利润等指标体系进行准确测评。但公共部门的领导绩效，就其内容、结果、影响等来说，一般难以清晰明确地界定和测评。领导绩效的因果关系可能不是直接的，领导绩效的内容也很难具体量化，领导绩效的影响很难准确评估，领导绩效的相关信息也难以准确及时获取等。

继承性是指任何领导绩效的产生和创造，都离不开前人的工作基础和积累，同时，又都不可避免地为后人的工作提供一定的基础、创造一定的条件。领导者应当正确认识领导绩效的这种历史继承性和连续性，谦虚谨慎，戒骄戒躁，客观评价和学习前任领导者，热情培育扶持后继者，以创造更好的领导绩效。

三、领导绩效的基本内容

从领导者履职的活动过程来看，领导绩效主要包括决策绩效、用人绩效、办事绩效、时间绩效、整体贡献绩效等内容。

（一）决策绩效

决策绩效指的是领导者在制定并实施有关政策和方案中所体现的能力和达到的效果。它一般表现为领导者政策的合理性、科学性、及时性、可行性和有效性等方面。在各种纷繁复杂的关系和应接不暇的信息流动中，优秀的领导者往往能够敏锐地洞察问题和潜在机遇，并迅速、及时地作出回应。除此之外，领导者还须充分考虑和反复论证决策的可行性，这需要领导者就决策方案组织认真的科学论证和反复的调查试验。在此过程中，充分尊重和允许不同意见，发挥专家学者的“外脑”作用。在一定程度上，决策绩效的高低反映了领导者洞察问题、分析问题、解决问题的能力，即决策和执行政策的能力，这是领导者进行正确领导和高效领导的基础，也是其领导决策力、执行力的体现。

决策科学中，广义的决策还包括决策确定后的执行政策的过程，决策执行是对决策方案的贯彻实施的过程。决策绩效不仅包括决策方案的正确性、科学性、合理性等，还包括决策执行后是否达到了决策目标，即决策的有效性。在领导活动中，领导者除了结合本单位实际作出谋划、安排和部署的决策外，还要因地制宜贯彻实施上级政策和工作部署，这些都属于广义的决策范畴，因此，决策绩效也包括贯彻落实上级部署的结果。

（二）用人绩效

人是一切活动中最核心、最关键的因素，选才用人是领导的一项重要职能，也是领导活动的关键环节。用人绩效是指领导者在领导活动过程中贯彻党的组织路线和用人原则，在选拔、配备、使用和教育管理下属方面表现出来的能力和效果。这主要体现为领导者执行党管干部的原则和新时代组织路线的自觉程度，遵循选拔任用人程序的规范情况，选拔人才的数量和准确程度（人与事的适应程度），培养人才、吸引吸纳人才数量，留住人才、发挥人才作用的程度，以及人才在实际工作中创造出来的业绩和作出的贡献。领导者用人的理念、原则、依据和标准，不仅影响着人才的选拔和使用，而且对整个领导过程尤其是对领导目标的实现程度具有重大的影响。也就是说，领导者的用人绩效直接影响着领导活动的整体绩效和领导目标的实现程度。一般而言，领导者的用人绩效与领导目标及整体贡献绩效之间呈正相关关系。

（三）办事绩效

办事绩效是指领导者履行职责处理日常事务的能力、效率和效益，主要看职责范围内办事的效率和结果。办事绩效的高低在很大程度上直接影响到整个领导活动及领导目标的实现。在具体的工作实践中，因受到各种因素的制约，人们很难对领导者处理日常事务的成效进行数量意义上的衡量，但可以通过如下几个比例关系来进行评判：一是领导者已解决的问题的件数与应解决的问题的件数之比；二是解决重大问题的件数与处理一般问题的件数之比；三是正确解决问题的件数与处理问题的失误件数之比。在这些比例中，比例越高则说明领导的办事绩效越高。当然，在衡量和评价领导者的办事绩效时，除了从定量的角度分析外，还可以从定性的角度进行分析和评价。

（四）时间绩效

时间是最稀缺的资源，时间供给没有弹性，没有替代品，具有一维性特点。合理有效利用时间对领导工作意义重大。领导者的时间绩效是衡量领导者有效管理和利用时间的尺度。一般而言，领导者的时间绩效越高，对整个组织及目标的贡献就越大。但是，这并不是说认识到时间的重要性并懂得抓紧时间、拼命干就一定能产出更多的成果、获得更大的成效，因为这涉及对时间的安排和利用是否科学合理。凡事都有轻重缓急之分，所以，领导者应集中精力办理属于自己职权范围内的要事、急事、大事，而不必事无巨细、事必躬亲，一些小事或不太重要的事务可放手由下属去做，学会科学授权，从根本上提高时间绩效。一味地紧张忙碌不一定是时间绩效高的体现，宽松从容也不一定就导致时间绩效低。

（五）整体贡献绩效

领导者作为领导活动的主体，既包括个人也包括集体，集体领导者一般是指领导班子。整体贡献绩效就是领导班子集体对组织发展所作出的总体性的贡献和效果，是对组织整体目标实现程度的贡献程度。任何一个组织内部都存在着分工与协作，领导绩效不仅反映在个人所主持、负责的部门工作和单项任务中，更重要的是反映在全局工作和整体协调上；不仅反映在领导过程的阶段性成果，而且更重要的是反映在最终目标的实现程度上。领导者的用人绩效、时间绩效、办事绩效、决策及执行绩效，最终都体现为领导班子对组织的整体贡献绩效。整体贡献绩效的高低是衡量领导班子绩效水平的最基本的尺度。

四、领导绩效的重要性

领导绩效在领导活动中具有重要的地位和作用，对领导者的职业发展和组织目标的实现都具有十分重要的意义。

（一）领导绩效是领导活动的出发点和归宿

人的一切行为都是有目的的，领导活动也不例外。领导活动都是以取得一定的绩效为目的的，领导者所进行的各项工作都以提高领导绩效为出发点和归宿，提高领导绩效的目的和要求贯穿于领导活动的全过程。领导活动是一种高度综合性的复杂工作，最关键的是要把握住领导目标和领导绩效的一致性这个核心。

（二）领导绩效是衡量领导工作结果的重要尺度

领导活动的开展需要投入大量的成本，有投入都应该有产出。领导绩效就是领导活动中一切投入的产出结果。领导绩效是衡量领导工作结果的重要标准。如果领导绩效高，则表明领导工作是成功的、有效的，领导者是称职的、有能力的，领导目标和思路是正确的，领导方法有效的。反之，如果领导绩效低，在很大程度上则说明领导活动没有取得成功，领导者的能力水平有待提高，领导方法有待改进。

（三）领导绩效是选拔任用领导干部的主要依据

任人唯贤、德才兼备是选拔领导人才的重要标准。领导绩效是领导者在一定的客观环境中通过发挥主观能动性所取得的成效，以领导绩效作为选拔领导干部的标准，就可以比较客观全面地了解领导者的素质能力，为考察、识别、选拔任用领导干部提供依据。根据领导绩效来选拔领导干部，不仅可以了解领导者的价值理念、思想品德、能力状况，而且还能发现具有较高领导能力和潜在领导能力的人才。把领导绩效作为选拔任用领导干部的重要依据，能够提高选才用人的成功率，也能够有效激发各级领导者谋事、干事、成事的动机和热情，充分发挥各级领导者的领导能力。

（四）领导绩效是领导者能力的集中表现

取得良好的领导绩效不仅需要投入相应的资源、时间和精力，更需要领导者充分发挥自身的能力对资源进行整合与利用，在领导活动中充分发挥主观能动性进行科学决策和选才用人，认真履行法定职责，创造性地采用多种方法激励下属完成工作任务。影响领导绩效的因素众多，如机遇、资源、环境、激励、能力等，其中能力是关键性要素。在一定条件下，领导绩效的大小、多少与能力的高低有着直接的正相关关系。领导绩效是领导能力的集中表现，直接体现了领导者贡献的大小。

（五）领导绩效是领导发展的驱动力

领导绩效是促使领导者努力工作的“指挥棒”，它既是领导者个人价值的体现，也是组织生存发展的基础，是推动领导者不断前进的动力。一个有事业心与责任感的领导者，总是自觉地把创造优异的领导绩效作为奋斗目标。这种奋斗目标的实现，既是领导者自身价值的展示，也是其不断创造更高绩效的基础和动力。领导绩效的取得，标志着组织目标的不断实现，为组织的生存与发展奠定了良好基础。一个领导者所创造的领导绩效往往可以鞭策、影响和促进其他领导者的效仿，促进全体领导者能力和水平的提高。同时，领导绩效还能够激励员工，鼓舞士气，凝聚人心，促进团结合作。

第二节 领导绩效考评的意义和内容

领导绩效考评的意义和内容

严格意义上的领导绩效是经过考评之后所确认的绩效。领导绩效考评就是对领导工作的结果进行考核考察和测量评价以及最终确认的过程。

一、领导绩效考评的概念

领导绩效考评也称领导绩效评估、领导绩效考核，就是在对领导工作结果进行考核、测量的基础上，评估和评价领导者的能力水平和贡献程度。考核就是以标准核验结果，把领导的实际工作结果与事先确定的目标、任务、绩效标准进行对比对照，找出差距，发现问题，调整完善。对领导绩效进行考核评价，就是对领导者“实际做得怎么样”进行考核评价，是用事实来证明领导者工作的成绩和效果。

领导绩效考评，实际上内在地包含着两个相互依存的具体环节，即测量领导效果和评价领导能力。领导效果的测量是领导能力评价的基础和手段，领导能力的评价则是领导效果测量的直接目的。

领导效果的测量是以一定的领导目标为参照系的。目标决定了领导活动的方向和价值。领导目标的科学性、合理性以及可测量性是领导绩效考评的基础，在一定程度上决定着领导绩效考评的科学性、公正性、合理性，即决定着考评的效度和信度。

领导能力评价是建立在对领导效果进行科学测量基础之上的综合认定。对领导能力的评价是一个十分复杂而重要的问题，考评涉及价值取向的问题，是主观性与客观性的统一。评价是否公正客观，不仅直接影响到被评价者，而且也影响到其他的领导者，影响着领导活动的导向和组织的未来发展。因此，领导能力的评价是一件非常重要且严肃的活动，必须建立在对实际的领导绩效进行科学测量的基础之上，尽量做到公正、客观、合理。

根据以上的分析可知，领导绩效考评就是考评主体采取特定的方法对被考评者一定时期的领导工作效果进行测量并对其领导能力进行评价的活动。它是考评主体运用一定的方法、标准和程序，对领导者的业绩、成就和实际作为进行考核和评价的过程。领导活动所产生的结果一经变为现实就是客观的，是不以任何人的主观意志而改变的，而对领导绩效的考评，就是考评者在一定的价值观和原则指导下，运用一定的方式方法，对领导结果进行考核与评价，具有明显的主观性。因此，领导绩效考评是一种主观性和客观性相结合的过程。另一方面，领导绩效考评本身不是目的，而是手段，通过对领导绩效的考评，进一步引导规范领导者的行为，激励鞭策领导者自觉有效地提高领导素质，改善领导方法，提高领导水平。因此，领导绩效考评是优化领导素质、改善领导方法、提高领导绩效的重要途径和方法。但领导绩效考评毕竟是一件复杂的工作，因为公共部门及其领导者所产出的绩效难以明确界定和量化，工作目标缺乏准确性，而用来进行绩效考评的标准指标的设定难以做到完全科学合理，绩效考评的信息难以做到准确、全面和客观。这些都增加了领导绩效考评的复杂性和难度。因此，必须予以高度重视，不断优化。

二、领导绩效考评的类型

领导绩效考评是一项综合性的系统工程，适应领导绩效考评的多样化趋势，可以根据不同的标准和从不同的角度，将领导绩效划分为不同类型，并在此基础上进行多元化的有针对性的考评。

（一）根据领导层次划分

按照领导层次的不同，领导绩效考评可划分为高层领导绩效考评、中层领导绩效考评和基层领导绩效考评，还可以在各个领导层次内部划分为正职领导绩效考评与副职领导绩效考评。

（二）根据考评主体划分

按照考评主体的不同，领导绩效考评可划分为上级考评、同级考评、下级考评、职能机构考评、自我考评、群众考评、专家考评等。

（三）根据考评时间划分

按照考评时间段的不同，领导绩效考评可划分为日常考评、年中考评、年末考评、阶段考评、任中考评、届满考评，或者定期考评、临时考评等。

（四）根据考评对象的工作性质划分

按照考评对象工作性质的不同，领导绩效考评可划分为行政领导绩效考评、司法领导绩效考评、立法领导绩效考评、党务领导绩效考评、企业领导绩效考评、事业单位领导绩效考评、社团领导绩效考评等。

（五）根据考评的方式划分

按照考评方式的不同，领导绩效考评可划分为定性考评、定量考评。定性考评就是注重对领导者绩效进行描述和阐释，强调从性质上对领导绩效进行评判。定量考评就是侧重于对领导绩效的精确测量和计算，强调运用统计数据来分析领导绩效各变量之间的因果关联性。定量考评要求在考评过程中常常采取标准化、系统化和可操作化的手段获得量化的数据，并用统计学方法进行分析。

（六）根据考评的目的划分

按照考评目的的不同，领导绩效考评可划分为诊断性考评、鉴定性考评、评价性考评、监督性考评。诊断性考评是以了解领导绩效高低原因为目的的考评。鉴定性考评是以鉴定与验证某种结果或预测为目的的考评。评价性考评是以全面考核评价领导绩效为目的考评。监督性考评是以检查督促领导者为目的绩效考评。

（七）其他的考评类型

除了上述考评类型外，领导绩效考评还可以根据考核机构的地位划分为内部考评和外部考评，根据考核的对象划分为领导者个人绩效考评、领导班子绩效考评、组织绩效考评，根据考核的目的划分为管理与改进型考评、责任与控制型考评、节约开支型考评，根据考评的侧重点的不同划分为效果主导型考评、品质主导型考评和行为主导型考评等。

三、领导绩效考评的意义

领导绩效考评是领导活动中既复杂又重要的环节，对提高领导能力和改善领导活动具有重要意义。

（一）领导绩效考评有助于树立正确导向

领导绩效考评是领导活动和领导行为的“指挥棒”，对领导活动的方向和领导行为的改善具有导向性的作用。领导绩效考评的目的在于通过建立考评的标准、确定考评的内容、明确考评的方法，帮助领导者树立正确的工作导向，引导领导者的履职行为，达到提高领导素质、增强领导能力、改善领导作风、促进领导绩效的目的。

（二）领导绩效考评有利于加强领导监督

领导绩效考评需要建立一套系统的考评指标体系，对领导者履行各项领导职能的结果和影响进行客观准确的考核评价。领导绩效的这种考评过程，就是领导环节与过程的再现，就是对领导行为进行检查与分析的过程。通过绩效考评，可以发现问题，找到差距，防止领导活动中的消极行为，纠正领导活动中的越轨行为，保证领导活动的正确和有效。因此，领导绩效考评过程，实质上就是对领导者及其领导活动的一种监察督促行为。领导水平的高低、能力的大小、作风的好坏，不能由领导者本人说了算，而必须由组织化、程序化的考核评估来确定。在考核过程中，把领导者各方面的行为表现和领导活动的各种情况公之于众，动员和吸收被领导者及社会公众积极参与，考核领导活动的成本与效果，评价领导主体的功过与是非，并据此进行公平合理的奖惩，从而形成竞争机制，实现对领导者及其工作的监督，纠正或避免领导活动的偏差。

（三）领导绩效考评有助于改善领导作风

领导绩效考评是以结果为本的管理理念的落实。传统的领导活动模式比较注重投入，而忽视产出和结果。现代领导活动则注重绩效管理，重视领导活动的结果和效能。领导作风的好坏，是影响领导绩效高低的重要因素之一。一般来说，优良的领导绩效与良好的领导作风是密切相关的。因此，通过对领导绩效的考评，在一定程度上可以促进领导作风的改善，有效遏制形式主义、官僚主义和主观主义的不良作风，整肃领导工作中弄虚作假、华而不实的不良倾向，从根本上改善领导作风状况。

（四）领导绩效考评有助于改进领导方法

领导绩效的取得需要具备很多条件，科学有效的领导方法是必不可少的重要条件之一。领导方法是实现领导目标、完成领导任务的手段和中介，离开一定的领导方法，要实现领导目标是不可能的。方法得当，可以事半功倍；方法不当，则事倍功半。通过领导绩效考评，可以总结经验，吸取教训，引导和推动领导方法的改革与创新，增进领导方法的科学性、针对性、可行性和实效性。

（五）领导绩效考评有助于提高领导者素质

领导绩效考评是对领导活动的全过程、对领导者素质的各方面所进行的全面考察与检验。领导绩效本身就是领导者素质能力的外化与展示。领导绩效考评可以帮助领导者发现素质能力的优势与短板，促使领导者自我反省履职担当中的成绩与差距，进一步加强职业修养，增强岗位胜任力，更好履行领导职能。

（六）领导绩效考评有助于发现和培养人才

领导绩效是领导者素质能力在实践中的外化和对象化，领导绩效考评就是对领导者的素质能力的外化和对象化的结果进行考评，实质上是对领导者素质能力的综合考察与评估。因此，通过领导绩效考评及其累积效应分析，组织上可以比较准确地发现和判断一个领导者是否胜任领导工作，是否具有较强的领导能力，还可以发现领导者是否有担当更重要职位的潜力。因此，领导绩效考评不仅可以为领导培训提供依据，还可以为组织发现、培养和使用领导人才提供根据。

四、领导绩效考评的内容

领导绩效考评的内容十分丰富和复杂。领导者既是个体性的又是集体性的，领导绩效既是领导者个体努力的结果，也是领导集体团结奋斗的成果。领导者个体绩效与领导集体绩效相辅相成。因此，考评领导绩效可以从领导者个体绩效和领导班子集体绩效两个方面进行。2019 年 4 月，中共中央办公厅印发了《党政领导干部考核工作条例》，在领导绩效考评内容方面明确指出，领导班子考核内容主要包括：政治思想建设、领导能力、工作实绩、党风廉政建设、作风建设。对领导干部的考核内容主要包括：德、能、勤、绩、廉。这些规定为做好新时代领导绩效考评提供了基本遵循。

以下主要从领导者个体绩效考评和领导集体绩效考评两个方面来介绍领导绩效考评的内容。

（一）领导者个体绩效的考评内容

对领导者个体绩效的考评主要涉及德、能、勤、绩、廉五个方面。

1. 德的考评

德的考评主要指对领导者个人的政治品质和道德品行的考察评估。在政治品质上，考核领导者是否理想信念坚定、对党忠诚、尊崇党章、遵守政治纪律和政治规矩；在道德品行上，考核领导者是否忠诚老实、公道正派、实事求是、清正廉洁，是否遵守社会公德、职业道德、家庭美德和个人品德等。

2. 能的考评

能的考评主要指对领导者的业务技能、领导水平、工作效率等方面的考察评估，即对领导者是否胜任现职或升任更高职务的能力的考评，包括考核领导者的预测决断能力、组织指挥能力、沟通协调能力、激励监督能力、应变创新能力等。

3. 勤的考评

勤的考评主要指对领导者的事业心、精神状态和工作态度的考察评估，包括工作动机、进取精神、负责意识、履职状态、工作作风等。考评领导者勤勉敬业、恪尽职守，认真负责、高效踏实，锐意进取、敢于担当，艰苦奋斗、甘于奉献等方面的表现和情况。

4. 绩的考评

绩的考评主要指对领导者工作实绩的考察评估。工作实绩是领导者在一定的时间内完成工作的数量、质量、效率和贡献。工作实绩是领导者实际为社会作出的并得到社会承认的劳动成果。绩的考评主要是考评领导者是否坚持正确政绩观，考评领导者履职尽责、完成日常工作、承担急难险重任务、处理复杂问题、应对重大考验的情况和实际成效。

5. 廉的考评

廉的考评主要指对领导者规范用权、廉洁奉公情况的考察评估，主要对领导者履行政治责任，遵守廉洁自律准则，率先垂范，秉公用权，树立良好家风，严格要求亲属和身边工作人员，反对不正之风和特权思想、特权现象等情况的考评。

（二）领导集体绩效的考评内容

现代领导活动的一个基本特征和主要趋势就是实行集体领导，在重大决策和干部选拔使用方面尤其强调统一的集体领导。结合中共中央办公厅印发的《党政领导干部考核工作条例》，领导集体绩效考评的内容主要应包括以下几个方面。

1. 决策绩效考评

领导活动自始至终都是围绕决策和执行政策而进行的，政策对领导活动以及社会发展都具有重要作用。对决策绩效的考评主要是对领导决策的正确性及政策执行所带来的效益进行考评。第一，考评贯彻执行党和政府以及上级工作部署的情况，执行落实相关政策的数量和程度。第二，考评在一定时期内领导集体所作出正确决策的情况。通过考察在一定时期领导者联系本单位实际作出的谋划、安排和部署，作出的决策总量中有多少是正确的，有多少是失误的，有多少是既有成功的部分又有失败的部分，它们所占的比例各有多大，在此基础上进行比较分析，就能比较直观地了解领导决策的绩效状况。第三，考察领导实施政策的效果。通过分析决策成本，政策执行成本，政策实施后所取得的总效益、总产出，用总效益除以总投入，就可以知道决策的效益如何，从而对政策执行绩效作出总体的评价。当然，这样的考评实际上是非常复杂的，操作起来也是不容易的。

2. 用人绩效考评

善于发现人才、选拔人才、培养人才、激励人才、吸引人才、正确使用人才是领导者的重要任务。领导活动的目标主要是通过领导者对其下属施加影响而实现的，领导活动的成功与否在很大程度上取决于领导者选才用人的正确性和有效性。考察领导者的用人绩效，主要就是要考察领导者贯彻执行党管干部的原则和新时代组织路线的自觉程度，在重大用人问题上是否坚持集体领导，是否遵循用人规范，是否遵循选拔任用的程序，发现了多少人才，正确地选拔了多少人才，恰当地使用了多少人才，真正地培养了多少人才，留住和引进了多少人才。领导者发现的人才越多，培养的人才越多，正确选拔和使用的人才所创造出的业绩越多，说明领导者的用人绩效越高，组织越兴旺发达；反之，领导者的用人绩效就低，组织就衰败。

3. 工作实绩考评

工作实绩考评主要是考评领导集体的政绩观和工作实绩。政绩观方面，主要考评领导集体是否自觉贯彻落实创新、协调、绿色、开放、共享的新发展理念，是否牢固树立和积极践行为人民服务的理念，是否具有团结协作精神，是否以公共利益和公共福利为最大政绩，真正做到对历史和人民负责。工作实绩方面，主要考评领导集体在推动本地区经济建设、政治建设、文化建设、社会建设、生态文明建设方面的实际成效，在解决民生问题、增强人民幸福感、安全感、获得感、满意感等方面的实际成效，以及履行职能、服务全局大局的情况和实际成效。重点是考评领导集体的整体贡献绩效，这主要是通过考察领导班子工作状态、集体领导规范，以及任期内发展目标的实现程度、对社会贡献大小等指标来衡量。

4. 领导能力考评

领导能力主要指领导班子实行统一集体领导、驾驭复杂局面的能力，决策规划部署推动本地区本单位改革发展稳定、完成目标任务的能力，分工合作团结干事、落实上级决策部署的能力等。领导班子的领导能力考评就是围绕上述要求进行全面考察和评价。党的十九大以后，特别强调考评中要突出领导班子的学习本领、政治领导本领、改革创新本领、科学发展本领、依法执政本领、群众工作本领、狠抓落实本领、驾驭风险本领、善于和敢于斗争本领等方面的考评。

5. 领导作风考评

领导作风考评主要是对领导集体的工作作风、学习作风、生活作风等方面的情况进行考评，主要考评领导集体遵守政治纪律和政治规矩的情况，考察坚持以人民为中心、贯彻群众路线、为人民服务的情况，考察领导集体整治形式主义、官僚主义、奢靡之风、享乐主义的情况，考察实事求是、真抓实干、廉洁高效的情况等。

第三节　领导绩效考评的原则和方法

领导绩效考评是一项重要而复杂的工作，为了保证绩效考评的科学性、有效性，必须坚持正确的原则，遵循科学的程序，采取有效的方法。

领导绩效考评的原则和方法

一、领导绩效考评的原则

2019 年 4 月，中共中央办公厅印发的《党政领导干部考核工作条例》中指出，领导干部的考核工作坚持下列原则：（1）党管干部；（2）德才兼备、以德为先；（3）事业为上、公道正派；（4）注重实绩、群众公认；（5）客观全面、简便有效；（6）考用结合、奖惩分明。这是党政部门领导绩效考评所必须遵循的原则。公共部门领导绩效考评同样必须贯彻和遵循这些原则。

领导绩效考评是一项十分重要而复杂的系统工程，搞得好可以对提高领导绩效起到推动促进作用，搞得不好，轻则消解领导者的积极性，重则导致一个组织的瓦解和衰败。这里着重强调公共部门领导绩效考评须遵循的几个基本原则。

（一）客观公正原则

客观公正原则主要是针对领导绩效考评的属性而言的。绩效考评如果缺失了客观公正，就失去了考评的价值和意义。领导绩效考评是由特定主体即一定的组织和人员进行的，考评主体的价值取向、态度行为对领导绩效考评的结果具有举足轻重的作用。所以，在领导绩效考评中，考评主体必须坚持客观公正原则。客观就是实事求是，真实、准确、全面地反映事物的本来面貌。公正就是一视同仁，对任何组织和个人都不抱偏见、成见。这是中国共产党的实事求是的思想路线在领导绩效考评中的根本要求和具体体现。坚持客观公正的原则，要做到以下几点。

1. 考评者要公正无私，严肃认真，尊重事实，实事求是

要客观真实地考核与评价领导者的绩效，不夸大，不缩小，不失真，这是确保领导绩效考评取得成功的基础和前提。考评者在态度上必须认真负责，公正坦诚，从客观存在的事实出发，不把无法克服的客观因素归咎于领导者本人，不用宗派观念代替全局观念，不用派性代替党性，不用主观想象代替客观存在，不用道听途说代替事实依据，不用成见、偏见、情感代替原则、制度和程序，不以上级领导者的偏好、喜恶、意志代替客观的实际表现和效果。

2. 考评的程序要科学规范，考评标准要合理统一，考评方法要适当有效

考评的程序科学规范，就是要使考核程序规范有序，严谨正当，符合事物发展的规律，不可随意滥为。考评的标准合理统一，就是要以领导岗位目标责任制为基础与依托，因为不同部门、层次、地区、岗位有不同的目标要求，领导绩效考评应严格依据这些不同的目标责任制标准来进行，既不要太高，也不要太低；对相同部门、层次、地区、岗位的领导绩效考评，标准要统一，尺度要一致。考评的方法适当有效，就是指考评的措施要有针对性、可行性，坚持原则性与灵活性的有机统一，保障考评结果的有效性。

3. 考评的材料依据必须全面真实准确

为了保证领导绩效考评的可信度，考评的材料必须做到全面、真实、准确。只有在充分、全面地掌握了原始记录等第一手材料的基础上，依据一定的程序，按照科学的考评方法，才能得出正确的考评结论。真实性是考评材料的生命。考评结论只能依据考察所得到的资料来撰写，而不能按照领导意图去杜撰。对被考评单位提供的有关材料要谨慎认真，对其进行全面、仔细的调查研究和审核，清除材料里的虚假成分，保证考评结论的准确真实，使主观评价与客观结果相一致。

（二）民主公开原则

民主公开原则主要是针对领导绩效考评的过程和方法而言的。所谓“民主”，是指在领导绩效考评过程中，要发扬民主，坚持群众路线，让下属和公众参与和监督考评。在社会主义国家，领导的本质就是服务，领导者是人民的公仆，人民是国家的主人，让人民充分参与国家事务及社会公共事务管理是社会主义民主的本质要求。领导绩效考评工作必须置于人民的监督之下，赋予人民以监督和评价“公仆”的权利。同时，由于领导者工作和生活在下属与群众中间，工作目标的实现程度、职责履行的状况、工作成绩、工作作风以及工作能力，下属和群众看得最清楚，了解最透彻，群众对领导者的表现最有发言权。只有依靠群众，广泛汇集各方面的意见，方能掌握比较全面、客观的考评材料。坚持民主原则，既能使考评结果比较客观公正，又能促使领导者强化“公仆”观念，增强对下属的责任感，改善与被领导者之间的关系，也能使被领导者受到教育，促进领导者与被领导者之间的相互理解和相互支持。

所谓“公开”，就是指在领导绩效考评过程中，首先要将考评的对象、目标、时间、内容、标准、程序等事项在一定范围内公之于众，以便有关人员了解、参与并监督。脱离群众监督的封闭式、神秘化的考评方式，很难真实地反映领导者的绩效。所以，应该充分调动群众的积极性，形成积极主动的民主气氛，杜绝绩效考评中的“暗箱操作”。其次，要将考评的结果在告知被考评者本人的同时，在一定范围内公之于众，有助于领导者总结经验教训，提高领导水平，同时也有助于群众掌握考评情况，激发其主人翁精神和工作积极性，便于对领导者及其活动实施更加有效的监督。

在领导绩效考评中，有的地方试行民主评议、民意测验等方法，这是建立在群众路线的基础上的有效之举。实践证明，只要领导者思想端正，使广大群众愿意讲话，敢讲真话，一般都能比较客观地反映领导者的真实情况。因此，坚持民主公开的原则，对领导绩效考评中发挥人民群众的监督作用具有重要意义。

（三）全面系统原则

全面系统原则要求领导绩效考评要从全局出发，着眼整体，统筹兼顾，综合平衡，突出重点，把握全局，把领导绩效考评工作当作一个整体来对待。考评是对客观存在的领导绩效状况的主观反映和认识，考评和考评对象的关系，就是反映与被反映的关系。领导活动涉及面广，影响深远，要对其活动及结果进行考评，就必须坚持全面系统的原则，才能达到比较客观公正的认识结果。为此，在考评中要做到以下几点。

1. 显绩考评与潜绩考评相结合

对领导绩效的考评，既要看直接的绩效，也要看间接的绩效；既要考评比较明显的政绩，又要考评暂时未能收到显著成效但却对长远发展起作用有影响的潜在政绩，这样才能对领导者的绩效作出全面的客观评价。

2. 政治和业务相结合

考评领导绩效，不仅要看领导者的政治立场、政治态度和思想作风，还要考察领导者的业务水平和工作能力。政治与业务是相互依赖、相互促进、不可分割的统一整体。政治是业务的统帅和灵魂，而业务是政治的具体体现。在领导活动中如果偏离了正确的方向，那么，业务工作的效率越高，领导者的能力水平体现得越突出，则危害性就越大。

3. 眼前和长远相结合

领导活动在客观上既产生短期的立竿见影的结果，又对未来产生深远的影响。因此，对领导绩效的考评，既要看眼前效益，又要看长远效益，不仅要看领导者及其所在的组织完成当前任务的情况，还要看是否对组织今后的发展有长远的战略性的考虑和行动，把眼前工作和长远目标结合起来。

4. 局部和全局相结合

领导活动是一个多层次、多要素、多功能的复杂系统。领导绩效既集中地体现在对所领导的单位、部门的贡献上，也体现在对组织系统各个部分以及对整个社会的贡献上。因此，在领导绩效的考评中，要把每一个特定的绩效状态放到一个更大的系统背景中去考核评定，把全局与局部结合起来，把领导活动放到国家事业发展的大局中进行全面分析，既着眼于全局绩效，同时也不忽视局部绩效，把二者有机地结合起来。

5. 主观和客观相结合

领导活动受各种主客观因素的影响，领导绩效的大小同样也必然受各种主客观条件的制约。主观条件主要是领导者本身的观念、立场、素质和作风等。客观条件主要是上级的支持程度，有关单位及人员的配合和协作程度，客观环境的状况以及体制、制度的科学合理程度等。所以，考评领导绩效必须对主客观因素进行全面分析，既要看领导者的立场态度、工作能力、发展思路等主观因素，又要分析自然条件、社会环境、工作基础等客观因素，把领导者的工作思路、领导过程和工作实绩放在具体的条件下进行分析。

6. 目的和手段相结合

领导绩效考评既要考察领导动机和目的是否正当，还要考察领导方法和手段是否有效，要将二者结合起来，综合考察评价目的和手段的合法性、合理性、正当性。同时，领导绩效考评的目的是通过考评建立一种有效的激励约束机制，以此促进领导者素质的提升和领导绩效的提高。因此，领导绩效考评不应孤立地进行，而应与干部的培养、任用、提拔、晋级及奖惩等环节结合起来。

7. 领导者个体考评与领导集体考评相结合

对领导绩效的考评，不仅要对领导者进行个体考评，同时也要对领导集体进行考评，如此才能对领导绩效形成整体认识。

8. 考评与奖惩相结合

领导绩效考评不是为考评而考评，而是为了了解领导、监督领导、鞭策领导。因此，领导绩效考评必须把考评结果与领导干部的奖惩直接联系起来。绩效考评优秀的，要表彰奖励、提拔重用；考评不合格或者不胜任的，要批评惩罚直至降职解职。

（四）注重实绩原则

注重实绩原则，就是重点考评领导者工作的实际成效。这主要是针对绩效考评的内容来说的。具体来看，一要通过考察领导者所做工作的数量和质量来确定领导者的真正绩效；二要通过纵向和横向比较来衡量其政绩大小，纵向比较看发展、看创新，横向比较看水平、看质量；三要通过综合效益论优劣，不仅要看政绩所取得的经济效益，更要考察其社会效益；四要正确处理个人绩效与集体绩效的关系。领导者的绩效包含在单位和领导集体的工作成果之中，但每个领导者的绩效在集体绩效中所占的比重又各不相同。因此，要按照领导干部的岗位分工和实际贡献，搞清楚领导者个人在领导活动中所起的作用。既不能吃“政绩大锅饭”，把集体绩效平均分摊；也不能搞“政绩垄断”，把全部绩效都算在某一个人的账上，必须实事求是地加以判断和认定。总之，注重实绩原则强调以结果为导向，可以将领导者的主要精力集中到正确的发展方向上，改变那种“不求有功，但求无过”的保守观念，树立“无功即是过”的观念。

（五）科学规范原则

坚持科学规范原则是基于考评的方法、程序和指标体系而言的。首先，要在建立健全领导岗位责任制和任期目标制的基础上，科学确定考评标准。其次，要建立健全科学合理的考评制度，完善考评规程和考评准则。再次，要采取科学的考评方法，尽可能做到科学化、规范化、程序化、合理化。最后，绩效考评的方式方法、程序规则等要符合法律规定，依法进行考评。

领导绩效考评的科学规范主要要求在绩效考评过程中所设计的评价指标体系、所使用的方式方法要具有科学性和规范性。科学性关键看有没有较高的信度和效度。考评信度就是指测量的数据资料与结论的可靠性程度，测量工具稳定地测量到领导绩效的程度。考评效度就是测量的内容（评价体系）是否同测量的要求相符合，能否测评到设计者想要测评到的东西。我们可以从三个方面把握效度：一是观念效度，即评价体系的设计是否具有充分的理论依据；二是内容效度，即评价体系所测评的内容是否充分概括了领导者在实际工作中必须具备且客观存在的各种素质条件，同时还具有时代性；三是标准关联效度，即评价体系测评结果与另一评价结果的相关程度。

二、领导绩效考评的要素

领导绩效考评是一个系统工作，这一系统主要包括绩效考评目标、考评方式、考评制度和考评信息系统等要素。领导绩效考评过程就是对这些要素进行适当的安排和管理。

（一）领导绩效考评目标

领导绩效考评最根本的目的是评价领导者的行为活动和领导状况，考核领导班子的整体绩效，以期督促领导行为和激发领导者的积极性，推动领导活动取得更大的成就。根据领导绩效评估的侧重点的不同，领导绩效考评的具体目标主要有提高组织绩效、考察领导能力、明确责任制和增加组织贡献率等。

要实现这些领导绩效考评的目标，必须健全完善绩效追踪和控制系统，设计科学合理的绩效考评指标体系，选择恰当的考评方法，不断改善对领导绩效的考评和分析。

（二）领导绩效考评方式

领导绩效考评方式是指通过什么样的途径来实现对领导绩效的考评。领导绩效考评可以通过多种途径进行。

1. 自上而下、自下而上和平行的途径

自上而下的途径，就是由上级或者专门部门对领导绩效进行考评。这种途径侧重于评估技术的有效性、可靠性和同质性，可以使考评要素标准化，并有完善的评估机制。其缺点是难以得到下级组织的支持。自下而上的途径就是由下级部门和下属群众对上级领导进行考评。这种途径强调上下组织的协调与合作，能够得到更多组织的支持，考评的有效性较高。平行途径就是由同级部门、同事对相关领导的绩效进行考评。

2. 内部、外部和内外结合的途径

内部绩效考评就是由组织内部力量对领导者和领导班子进行考评。外部绩效考评就是由组织外部的考评者对领导者和领导班子进行考评。内外结合的途径就是进行考评时既由内部的考评者进行考评，也由外部考评者进行考评，把考评的结果进行加权处理和综合分析后得出考评结论。

（三）领导绩效考评制度

领导绩效考评的制度就是领导绩效考评的规则，即按照什么样的规则进行考评。一般来说，正式的领导绩效考评都有比较具体明确的制度安排，对考评主体、考评内容、考评指标体系、考评方法和考评结果应用、考评监督、考评保障等有具体明确的规定。如 2019 年 4 月中共中央办公厅印发的《党政领导干部考核工作条例》，对党政领导干部考核工作的指导思想、原则、考核内容、平时考核、年度考核、专项考核、任期考核、考核结果确定、考核结果运用、组织实施、纪律与监督等都进行了比较具体明确的规定。这是比较典型的领导绩效考评的制度安排。

（四）领导绩效考评信息系统

领导绩效考评信息系统主要包括以下方面。

1. 绩效考评内容信息

从一般领导绩效的要素内容来看，一般包括投入、产出、经济、效率、效益等基本信息。如前所述，领导绩效考评分为领导者个人绩效考评和领导集体绩效考评。领导者个人绩效考评内容一般包括德、能、勤、绩、廉，领导集体绩效考评内容包括决策绩效考评、用人绩效考评、工作实绩考评、领导能力考评、领导作风考评等。

2. 绩效考评信息审核

为了确保绩效信息的准确性与全面性，需要对绩效相关的信息资料进行审查核验。审核绩效考评指标体系选择的恰当性、合理性和有效性，审核所搜集资料信息的可靠性、准确性和完整性，审核用于考评的标准、对结果的解释和考评信息与领导绩效的相关程度等。

3. 绩效考评结果反馈

领导绩效考评正式结束后，根据规定，要在一定范围内公开考评结果，考评对象以及其他人对考评结果都可以提出不同的意见，考评组织者应该对这些反馈意见进行整理汇总和作出回应。这些信息对于进一步完善考评工作具有十分重要的价值。

4. 绩效考评结果使用

对绩效考评结果进行比较和对结果进行评价，这是绩效考评的关键步骤。领导绩效考评信息可以在三方面使用：检验领导者和领导集体是否达到预设的任务目标；考察领导者和领导集体的领导能力；对领导者个人和领导集体进行绩效激励。

三、领导绩效考评的程序

领导绩效考评程序就是对领导者进行绩效考评的各个环节、先后步骤和相关工作过程的有序安排。绩效考评要进行整体规划，一般按照以下程序进行。

（一）准备阶段

周密的思想准备、组织准备和工作准备是考评工作的基础和起点，也是考评工作得以顺利进行的前提。

1. 思想准备

要做好舆论宣传与思想动员工作，提高广大被领导者对领导绩效考评重要性的认识，端正态度，扫清思想障碍，消除不必要的顾虑。同时，把考评中将要运用的具体方法、手段、标准，以及时间安排等公之于众，以期得到多方面的理解、配合和监督。

2. 组织准备

要搞好组织领导和工作安排，包括确定考评主体、对象，控制工作进度。一是成立工作机构，配备人员，明确分工，落实责任，宣布纪律要求等。一般需要成立临时的考评工作机构，抽调工作人员，专门负责考评工作的组织实施。二是确定考评对象范围。三是把握阶段性的任务，控制好工作进程。

3. 考评方案准备

对领导绩效考评的内容、指标体系、规则、方法、环节、时间安排等进行规划设计。这需要解决好四个前提：确定考评的目的、明确考评的性质与对象范围、明确考评的目标任务和确定考评规则。在此基础上做好考评的技术准备，包括制定考评指标体系、选用考评方法等。然后根据考评的内容和对象范围，收集考评所需要的资料和信息。考评内容要全面和系统；考评指标要明确而具体，具有较强的操作性和针对性；考评规则要合理、公平；考评时间、方法、程序等安排要明确、合理、可行。

在确定绩效考评指标体系时，要注重考评标准的有效性，需要考虑以下因素：

（1）准确性，即能够准确有效地测评到领导工作的主要内容，考评到应该涉及的主要工作。

（2）可理解性，即所设计的相关指标及其权重等要让考评者、考评对象以及相关人员能够理解和清楚。

（3）时效性，即考评标准要与领导工作的时间匹配，相关信息的收集要及时。

（4）考评指标要与组织的价值理念相符合，不能与组织目标要求相悖。

（5）考评资料信息收集的成本。设计绩效考评指标时要考虑到相关信息收集的可及性和成本代价。

（6）匹配性，即考评指标要与领导者的职责、工作任务、目标等相一致，不能脱离领导工作职责要求。

（7）全面性，即绩效考评要涵盖工作的主要方面，包括领导及其组织功能的所有方面。

（二）实施阶段

考评实施阶段是整个领导绩效考评工作中最重要的阶段。绩效考评的过程实际上就是一个收集信息、分析信息、作出判断、得出结论的过程。其主要任务是利用各种调查手段全面系统地收集领导活动的各种信息资料，并在此基础上认真地审核查验、系统地整理分类、统计分析，运用相应的评估方法，对领导绩效进行考评，作出考评结论。

考评者应本着客观、慎重、全面、负责的精神，将被考评的领导者的自我总结与群众评议以及平时的表现与测评记录联系起来，进行综合的比较、分析和归纳，从定性与定量两个方面，对被考评的领导者在特定时期内的各方面表现作出全面、概括、准确的书面评语。在实施考评的过程中，考评者既要认真按照事先所确定的考评方案有条不紊地进行，又要灵活机动，善于随机应变，妥善处理考评过程中所出现的意外情况。

实施阶段要特别注意以下四点：第一，考评者须认真负责，不能走过场，流于形式。第二，考评的材料依据和结论必须真实可靠，真实性是领导绩效考评的生命，不能草率，不能造假。第三，考评工作必须独立进行，不受非正当因素的影响。第四，对考评过程进行必要的监督，防止疏漏和失误。

（三）结束阶段

考评结束阶段主要包括处理考评结果、撰写考评报告、公布考评结果、修正考评结论、调解考评争议、使用考评结果、保存考评资料、兑现考评奖惩等工作。

四、领导绩效考评的方法

领导绩效考评方法多种多样。根据领导工作的不同内容、层次和性质，不同系统和部门、不同地区和单位，应分别采用与之相适应的考评方法。我国各级组织、人事部门为实现领导绩效考评的科学化、民主化与制度化，在领导绩效考评过程中，不断地进行实践探索与理论总结，逐渐形成了一套比较完备的考评方法体系。

（一）民意测验法

民意测验法是一种现代社会广泛采用的了解社情民意的考评方法。它是采取投票、对话、问卷等方式就被考评者的绩效对民众进行调查的方法。投票法是由考评者对被考评者的绩效按照优秀、良好、较好、一般、较差、差的等级进行投票表决。这种方法可以在组织中的全体人员中进行，也可以在部分人员中进行。这种方法的优点是简便易行，快速高效，省时省力；缺点是投票者之间容易相互影响，难以保证考评结果的准确性，同时，考评的内容和结论过于简单。对话法是考评者选择熟悉情况的人员进行谈话或开小型座谈会，以面对面的方式直接了解被考评者绩效的方法。其优点是直观、灵活、快捷、反馈及时；缺点是要求考评者具备较高的综合素质，尤其要掌握基本的访谈技术技巧，并具有敏锐的洞察力，而且适用范围有限。问卷法则是考评者根据考评内容事先设计问卷，然后利用问卷来收集考评信息的方法。这种方法的优点是简便易行、匿名性强、便于定量分析，结果较为客观；缺点是考评结果的有效性依赖于问卷设计的科学性与回答者认真程度与严肃程度，问卷的回收率较低。

（二）目标对照法

目标对照法就是由考评者按照领导活动中事先确定的目标、目标体系以及细化的指标体系，对照检查被考评者完成目标的情况，从而评定其领导绩效的方法。可以说，目标对照法是考评工作中最基本的方法，它渗透于各种方法之中。因为目标具有可分性、层次性、阶段性、综合性、明确性等特点，所以考评时就可以从内容、层次和时间上分项、分层、分段地进行，全面地对照检查考评。运用目标对照法进行考评的前提条件是被考评者所在组织或单位事先要有规范、明确和全面的目标体系，并且在这个目标体系中总目标与次级目标既要有质的要求，也要有量的规定。对无法量化的目标必须力求详细阐明其性质、特征以及完成期限和途径，以提高考评的可行性。为保证考评的客观性，在实际操作中要注意考虑那些领导者无法控制的因素对实现领导目标的影响，如突发性事件与重大的政治变革等。此外，要严防“目标替换”的现象发生，即以领导者决策范围之外的目标替换领导者所要追求的目标。

（三）比较考评法

比较考评法就是通过选择一定的参照系来对比被考评者绩效的方法。在使用比较考评方法时，可以从纵向和横向两个方面进行比较。纵向比较主要是通过现在与过去进行比较，现在的情况与可预测的未来进行比较，此次考评情况与上次考评情况进行比较等。横向比较主要包括在同类地区、部门或单位之间的领导者或领导集体之间进行比较，在不同地区、部门或单位的同类或同级的领导者或领导集体之间进行比较等。没有比较就没有评价。所谓绩效大小，不但是与预定目标比较而言，也是与同等条件下的其他领导者比较而言。比较法作为考评领导绩效的重要方法，可以多视角、多层次与全方位地进行，这种考评法既可以增加考评的说服力，又可以促进被考评者在相互比较中发现自身的优势与不足，从而有利于相互促进，扬长避短，可产生很好的激励作用。这一方法的优点是方便易行，简单明了，成本低，见效快；缺点是选择参照系比较困难，领导活动复杂多变，领导活动的可比性不强，在现实生活中，完全相同的组织、环境是没有的，正像没有两片完全相同的树叶一样，因此，不恰当的比较，容易造成考评的简单化和非客观性。

（四）专家考评法

专家考评法是由专业的考评者对被考评者进行考评的方法。专家是指在特定的领域具备较高专门知识、经验和技能的人，在这里主要是指那些熟悉被考评者工作领域以及考评方法技能的那些人员或组织。专家的优势是既“内”又“外”。所谓“外”，是对于某一领域组织的领导活动来说，当事的领导者是局内人，其他人员包括专家是局外人，具有“外”的优势，没有直接参与决策，可以超脱某些利害关系，能做到旁观者清。所谓“内”，是指这些专家具有专业知识和技能，是内行，其专业知识技能使他们能够超越普通人的局限，容易理解领导活动自身的特殊性。因此，利用专家进行领导绩效考评，是一种比较重要的方法。

（五）统计分析法

统计分析法是把领导活动的目标分解成各项指标，对照工作的实际效果，运用统计数据检查领导任务完成情况，从而评价领导者工作绩效的一种方法。比如，通过对一个市全年社会总产值、工农业总产值、人均国民收入、农民人均收入、上缴税利、地方财政收入、基建投资完成额、粮食总产量、九年制义务教育普及率、人口自然增长率等情况的统计分析，把这些指标与上一年相比算出递增率，必要时还可建立数学模型，就大体可以考评出该市领导者的绩效。这种方法是一种典型的定量分析方法，比较客观具体，但还需要与其他方法综合运用，才能更准确有效。

（六）自我述职法

自我述职法即领导者自我鉴定的方法，就是领导者对一定时期内的工作情况进行总结评价，得出结论，并向上级或其他部门进行汇报的一种方法。例如，某市行政领导班子在年终或任职期满时，向市人大或其常委会报告职务履行情况、工作成效、个人所起作用、工作存在问题和今后打算。述职过后，再组织与会者对述职报告进行评论。这种自我述职、自我鉴定，是全面考评领导绩效的一种不容忽视的方法，对于领导者自我约束、自我监督、自我反省和提高领导绩效起着积极作用。

领导绩效考评方法多种多样，在选择和使用各种考评方法时，必须从实际出发，具体问题具体分析，讲求针对性、适用性与有效性，并在理论与实践总结的基础上不断发展并形成新的考评方法，以使领导绩效考评方法体系日益充实与完善。因此，在采取上述方法对领导绩效进行考评时，为了提高绩效考评的有效性，还要注重在实践中做到以下三个结合：

1. 领导考评与群众评议相结合

在领导绩效考评的过程中，将领导考评与群众评议结合起来。领导绩效考评一般要在特定的考评组织部门的主持下进行，该考评组织部门对测评结果拥有最后决定权。同时，领导绩效考评还须走群众路线，让广大群众参与考评。考评组织部门在考评领导者时，要通过不同的形式向群众了解被考评者的相关情况，听取群众的意见和要求，以防止考评的片面性，从而在更深层次上认识被考评者的政治思想、道德品质、工作作风等方面的实际表现。

2. 平时考评与定期考评相结合

平时考评即动态考评，就是通过经常性的实际观察，跟踪了解领导活动的全过程及其效果，实质是注重动态性考评的积累，要注意建立领导者的工作纪实系统，注意对平时考评的结果进行综合分析，以力求客观与全面。平时考评具有及时性和连续性的特点，相对比较具体而明确，可信度也比较高。定期考评即静态考评，就是按照月、季、半年或一年为限来考评领导者在特定期限内的领导活动的最终结果，包括领导目标责任制完成的情况及其所领导的地方、部门或单位的发展情况、各项社会发展指标的完成情况、生产力发展情况、人民生活水平提高情况等。定期考评重在把握阶段性的现实状态，从而为领导绩效的最终确定提供依据。

3. 定性考评与定量考评相结合

定性考评是考评主体在民意测评、问卷调查、个别谈话与查看资料的基础上，主要根据经验和印象，对被考评者的绩效的质的方面进行评价的一种方法。定量考评则是考评主体运用现代科学知识与方法，如采取系统工程学、心理学、模糊数学等学科的某些原理与方法，将领导者的德、能、勤、绩、廉分解为若干个指标，并根据各种具体指标对领导者的德、能、勤、绩、廉进行计量论质、评级记分，从而在数量上相对精确地反映领导者的绩效，并利用电子计算机对考评结果进行整理、计算、分析。采取定性考评与定量考评相结合的方法时，要注意以下两点：一方面，要根据工作任务与工作性质的不同特点，区别对待。能够量化的工作绩效尽量量化，而难以或根本无法量化的工作绩效则不要人为地加以量化，应改为从质的规定上去进行评价。另一方面，在进行定量考评时，不能搞唯数字论，以防止出现“官出数字”“数字出官”的情况；在进行定性考评时，不要搞唯经验论，以避免发生仅凭印象取人的情形。

主要参考文献

1. 习近平. 习近平谈治国理政：第1卷［M］. 2版. 北京：外文出版社，2018.

2. 习近平. 习近平谈治国理政：第2卷［M］. 北京：外文出版社，2017.

3. 习近平. 习近平谈治国理政：第3卷［M］. 北京：外文出版社，2020.

4. 习近平. 习近平谈治国理政：第4卷［M］. 北京：外文出版社，2022.

5. 孙钱章. 领导新方略［M］. 北京：人民出版社，2000.

6. 袁贵仁. 领导者科学思维观［M］. 北京：中共中央党校出版社，2005.

7. 黄强. 现代领导理论［M］. 福州：福建人民出版社，2001.

8. 黄强，彭向刚. 领导科学［M］. 北京：高等教育出版社，2011.

9. 王乐夫. 领导学：理论、实践与方法［M］. 3版. 广州：中山大学出版社，2006.

10. 孙健，朱立言. 领导科学与艺术［M］. 3版. 武汉：华中科技大学出版社，2021.

11. 万良春. 新编领导科学教程［M］. 5版. 北京：中共中央党校出版社，2012.

12. 刘峰. 新领导观［M］. 北京：北京大学出版社，2005.

13. 李成言. 现代行政领导学［M］. 北京：北京大学出版社，2023.

14. 刘建军. 领导学原理：科学与艺术［M］. 4版. 上海：复旦大学出版社，2022.

15. 彭向刚. 领导科学概论［M］. 3版. 北京：高等教育出版社，2019.

16. 孙立樵. 现代领导学教程［M］. 2版. 北京：中共中央党校出版社，2006.

17. 丁瑜. 领导学纲要［M］. 苏州：苏州大学出版社，2003.

18. 张成存. 领导科学概论［M］. 西安：陕西人民教育出版社，1988.

19. 吴维库. 领导学［M］. 北京：高等教育出版社，2006.

20. 高军. 领导科学与艺术［M］. 北京：高等教育出版社，2003.

21. 常健. 现代领导科学［M］. 天津：天津大学出版社，2004.

22. 苏保忠. 领导科学与艺术［M］. 2版. 北京：清华大学出版社，2009.

23. 冯秋婷. 新编领导科学简明教程［M］. 北京：中共中央党校出版社，2001.

24. 邱霈恩. 领导学［M］. 3版. 北京：中国人民大学出版社，2011.

25. 周三多，陈传明，刘子馨，等. 管理学：原理与方法［M］. 7版. 上海：复旦大学出版社，2018.

26. 哈罗德·孔茨，海因茨·韦里克. 管理学：全球化视角（第11版）［M］. 马春光，译. 北京：经济科学出版社，2004.

27. 詹姆斯·库泽斯，巴里·波斯纳．领导力：如何在组织中成就卓越［M］．徐中，沈小滨，译．4版．北京：电子工业出版社，2018.

28. 盖勒·C阿弗利．领导学：模式与案例［M］．邹琪，译．上海：上海财经大学出版社，2006.

29. 理查德·哈格斯，罗伯特·吉纳特，弋登·柯菲．领导学（第8版）［M］．朱舟，译．7版．北京：机械工业出版社，2016.

30. 乔恩·L皮尔斯，约翰·W纽斯特罗姆．领导者与领导过程［M］．北京华译网翻译公司，译．北京：中国人民大学出版社，2003.

31. 加里·尤克尔．组织领导学［M］．影印本．北京：清华大学出版社，2017.

后　记

经全国高等教育自学考试指导委员会同意，由公共管理类专业委员会负责高等教育自学考试课程教材《领导科学》（2023 年版）的审稿工作。

《领导科学》（2023 年版）自学考试教材由对外经济贸易大学彭向刚教授担任主编，负责书稿的策划和统稿。参加本教材审稿讨论会并提出修改意见的专家有：中共江苏省委党校胡宗仁教授、南京理工大学程倩教授。在此，对所有付出辛勤劳动的编审人员表示感谢。

公共管理类专业委员会最后审定通过了本教材。

全国高等教育自学考试指导委员会
公共管理类专业委员会
2023 年 5 月

图书在版编目（CIP）数据

领导科学 / 彭向刚主编. --北京：中国人民大学出版社，2023.12

全国高等教育自学考试指定教材

ISBN 978-7-300-32161-5

Ⅰ. ①领… Ⅱ. ①彭… Ⅲ. ①领导学-高等教育-自学考试-教材 Ⅳ. ①C933

中国国家版本馆 CIP 数据核字（2023）第 168139 号

全国高等教育自学考试指定教材

领导科学

（含：领导科学自学考试大纲）

（2023 年版）

全国高等教育自学考试指导委员会　组编

主编　彭向刚

Lingdao Kexue

出版发行	中国人民大学出版社		
社　　址	北京中关村大街 31 号	**邮政编码**	100080
电　　话	010－62511242（总编室）		010－62511770（质管部）
	010－82501766（邮购部）		010－62514148（门市部）
	010－62515195（发行公司）		010－62515275（盗版举报）
网　　址	http：//www. crup. com. cn		
经　　销	新华书店		
印　　刷	北京密兴印刷有限公司		
开　　本	787 mm×1092 mm　1/16	**版　　次**	2023 年 12 月第 1 版
印　　张	15. 5 插页 1	**印　　次**	2023 年 12 月第 1 次印刷
字　　数	363 000	**定　　价**	49. 00 元